支配の政治理論

田上孝一［編著］

Political Theories of Domination

Kōichi Tagami

社会評論社

支配の政治理論　＊目次＊

序　文　11

第Ⅰ部 ◆政治支配の思想史

第1章　プラトンの支配論 ……………………………………17
　　　　――魂への配慮としての政治
　　　　　　　　　　　　　　　　　　　　　隠岐‐須賀麻衣
　　はじめに　17
　　1. 何のための「政治」か　18
　　2. 魂への配慮　19
　　3. 支配の理論　21
　　　3–1. 哲学と政治的権力の統合：『国家』の場合
　　　3–2. 法による支配：『法律』の場合
　　　3–3. 二つの支配の交差
　　おわりに　26

第2章　マキァヴェッリの支配論 ……………………………30
　　　　――その近代性に関する若干の指摘
　　　　　　　　　　　　　　　　　　　　　　　村田　玲
　　はじめに　30
　　1. 僭主政治の教説　30
　　2. 教会権力の問題　34
　　3. 喜劇の誕生　37
　　おわりに　41

第3章　スピノザの支配論 ……………………………………46
　　　　――個人・社会・国家の安定化機能としての宗教
　　　　　　　　　　　　　　　　　　　　　　服部　美樹
　　はじめに　46
　　1. 最高権力形成――自然的結合と社会契約論　47
　　2. 宗教の意義と機能――服従の教えと喜びの感情の増大　50
　　3. 国家の基礎にして庶民の社会倫理としての啓示宗教　52

   4. 各政体と教会制度　54
  おわりに　55

第4章　アダム・スミスの支配論 60
　　　　──支配を必要としない社会のしくみを描く
　　　　　　　　　　　　　　　　　　　　　玉手　慎太郎

  はじめに　60
  1. 本章の課題　60
  2.『国富論』について　61
    2-1. 分業
    2-2. 分業と市場
    2-3. 分業と自然調和
    2-4. 政府と支配
  3.『道徳感情論』について　68
    3-1. 同感
    3-2. 同感と自然調和
  おわりに　70

第5章　J.S.ミルの支配論 76
　　　　──政府の強制的介入を通じた幸福の最大化
　　　　　　　　　　　　　　　　　　　　　小沢　佳史

  はじめに　76
  1. ミルの功利主義と危害原理　78
  2. 帝国内の属国の人々に対する支配　79
    2-1. 非文明的属国
    2-2. 文明的属国
  3. 自国の人々に対する支配 (1) ──歳出面　82
    3-1. 未成年者への教育
    3-2. 軍隊による治安の維持
  4. 自国の人々に対する支配 (2)　84
    ──歳入面（見せびらかしの消費と飲酒への政府介入）
  おわりに　87

第6章　マルクスの支配論 90
　　　　──生産力の制御とゲノッセンシャフト
　　　　　　　　　　　　　　　　　　　　　田上　孝一

  はじめに　90
  1. 常識イデオロギーによる支配　91

  2. 支配の本質　*93*
  3. 被支配者による支配構造の再生産　*97*
  4. 支配の原因としての分業　*99*
  5. 愛を原理とするゲノッセンシャフト　*102*
  おわりに　*106*

第7章　ニーチェの支配論 ……………………………… *109*
——「力への意志」における支配概念の考察
飯田　明日美

はじめに　*109*
1. 奴隷道徳の発生史　*110*
  1-1. 二千年前の善悪の基準
  1-2. キリスト教道徳という「奴隷道徳（die Sklaven-Moral）」の発生
2. 奴隷道徳批判　*113*
  2-1. ニヒリズムという病（奴隷道徳の育成した人間）
  2-2. 弱者の自己欺瞞
3. 「力への意志」と支配　*116*
  3-1. 「力への意志」とは即ち支配を求めること
  3-2. 「支配」の具体像
おわりに　*119*

第8章　ベルクソンの支配論 ……………………………… *123*
——社会的抵抗の目的と動機
斉藤　尚

はじめに　*123*
1. 『試論』における自由な行為　*124*
2. 自由な行為の政治的・経済的意義　*125*
  2-1. 内的自由の維持としての自由な行為
  2-2. 社会抵抗としての自由な行為
    ①政治的な抵抗の可能性
    ②経済的な抵抗の可能性
    ③新たな疑問点
3. ベルクソンと実践　*131*
4. 社会的抵抗の道徳性　*132*
おわりに　*134*

第9章　フランクフルト学派の支配論　……………………………… *136*
　　　　──〈支配の理性〉と〈支配批判の理性〉

楠　秀樹

はじめに　*136*
1. 「フランクフルト学派」とは何か？　*136*
2. 〈支配の理性〉　*138*
   2-1. 『第三帝国前夜のドイツの労働者とホワイトカラー──その社会心理学的研究──』（1929）
      ──プロレタリアートの統合と知識人の孤独
   2-2. 『権威と家族』（1936）──小なる権威から大なる権威へ
   2-3. 『権威主義的パーソナリティ』（1950）と『啓蒙の弁証法』（1947）
      ──悲観的支配論
3. 〈支配批判の理性〉　*142*
   3-1. 『公共性の構造転換』（1962）
      ──第一世代から第二世代において継続する悲観的支配論
   3-2. 『イデオロギーとしての技術と科学』（1968）
      ──システム支配に対する生活世界の視点

おわりに　*147*

第Ⅱ部 ◆政治支配と現代

第10章　リベラリズムと支配 ……………………………………………… 153
——ロールズのリベラリズムと非支配としての自由
宮本　雅也

はじめに　153
1. 積極的自由と消極的自由の二分法　155
2. 多元主義とロールズの正当化を重視するリベラリズム　157
3. 正当化を重視するリベラリズムと非支配としての自由　161
おわりに　165

第11章　コミュニタリアニズムと支配 ……………………………… 167
——公・私・共の三領域とその緊張関係の擁護
奥田　恒

はじめに　167
1. 応答するコミュニタリアニズムとその背景　168
　1-1. アカデミック・コミュニタリアニズム
　1-2. 応答するコミュニタリアニズム
2. 二つの支配への抵抗　170
　2-1. 個人主義批判
　2-2. 保守主義との異同
　2-3. 自律と秩序のバランス
3. コミュニタリアニズムと政府・町内会関係　174
　3-1. 町内会の基本的特徴
　3-2. 緊張関係の維持と「伝統による支配」
おわりに　177

第12章　功利主義と支配 …………………………………………………… 182
——リバタリアン・パターナリズムの擁護論から
木山　幸輔

はじめに　182
1. 功利主義とは何か　182
2. リバタリアン・パターナリズムとは何か　183
3. 功利主義とリバタリアン・パターナリズム　184
　3-1 リバタリアン・パターナリズムを擁護する功利主義？
　3-2. J・S・ミルとリバタリアン・パターナリズム

  3-3. P・シンガーとリバタリアン・パターナリズム
 4. リバタリアン・パターナリズムの功利主義的擁護論への批判
  ：功利主義と支配　*189*
  4-1. リバタリアン・パターナリズムとそれを用いる援助構想への
    支配に関連する異論
   (a) 統治の目標における支配：目指される福利についての共約不可能性？
   (b) 統治者と被治者の関係における支配：統治者の能力と被治者の無能？
   (c) 統治行為の支配化：独創性の妨げとなる心的態度？
  4-2. 支配に関して再照射される功利主義とそのありうる応答
 おわりに　*192*

第13章　グローバリゼーションと支配 ……………… 197
  ——植民地主義の悪性を題材として

福原　正人

 はじめに　*197*
 1. 植民地主義それ自体の悪性　*197*
 2. 実際の同意　*199*
 3. 適格な受容可能性　*201*
 4. グローバルな支配関係　*204*
 おわりに　*206*

第14章　バイオテクノロジーと支配 ……………… 209
  ——フーコーの司牧権力の観点から

三羽　恵梨子

 はじめに　*209*
 1. バイオテクノロジーと医療をめぐる支配関係　*209*
 2. インフォームド・コンセントの考え方の発展　*211*
 3. フーコーの司牧権力論　*213*
 4. インフォームド・コンセントはいかにして専門家支配への
  抵抗でありえたか　*215*
 5. ヘルスプロモーション　*218*
 おわりに　*222*

第15章　支配の経済学 ……………… 225
  ——自由な経済学における二重の支配

笠井　高人

 はじめに　*225*
 1. 自由な経済学　*226*

2. 経済学による支配　*228*
3. 支配された経済学　*231*
おわりに　*234*

第 16 章　支配の社会学 ……………………………………………… 238
　　　　　──ウェーバーの支配論

　　　　　　　　　　　　　　　　　　　　　　　　宮崎　智絵

はじめに　*238*
1. ウェーバーにおける支配の概念　*239*
2. 支配の三類型　*242*
　2-1 合法的支配 (legale Herrschaft)
　2-2 伝統的支配 (traditionale Herrschaft)
　2-3 カリスマ的支配 (charismatische Herrschaft)
3. 支配の正当性　*247*
4. ウェーバー支配論の意義　*249*
おわりに　*250*

第 17 章　支配の神学 ……………………………………………… 252
　　　　　──無支配を目指す未来学

　　　　　　　　　　　　　　　　　　　　　　　　福嶋　揚

はじめに　*252*
1. 神学とは何か　*253*
2. 聖書における「支配」　*253*
3. 「主」「全能」「力」　*255*
4. 社会倫理的に見た「支配」　*257*
　4-1. 国家と資本への対抗運動としてのバルト神学
　4-2. 柄谷行人の交換様式論
　4-3. 交換様式論とキリスト教
おわりに──未来学としての神学　*261*

執筆者紹介　*265*

序　文

　本書は 2017 年 2 月に同じ社会評論社より刊行した『権利の哲学入門』の続編として企画されたものである。

　前著では現代社会を考えるに当たっての鍵概念として権利を選び、新進気鋭の若手研究者を中心とした執筆陣による力作を集めることができた。幸いにも前著は好評をもって迎えられ、執筆に参加した若手研究者にとっても有益な研究業績とすることができた。今回の本ではこの実績を踏まえて、権利と同じように現代社会を考える上で重要な概念になると思われる、支配の問題を取上げる。

　前著の序文では、人間にとって必須な存在の内に、人間生活にとって重要であればあるほど、それへのニーズが常に満たされ、その存在自体が意識されないのが望ましいものがあるとして、まさに権利はそのような存在の一つではないかと指摘した。権利が意識されるのは往々にしてそれが損なわれている状況においてであり、権利が満たされている場合に人は権利それ自体を意識しないものだと述べたのである。

　今回取上げる支配も、権利同様にこうした関係が成立するのではないかと思われる。多くの人が集い社会を形成する以上は、常に何らかの利害対立が生じざるを得ない。この際、対立が社会自体を解体せしめるまでに先鋭化しないように、利害を調整する必要が生じる。この場合、各個人は何らかの社会規範へと強制されるわけで、このような強制それ自体を支配といってしまえば、人間社会に支配は付き物である。しかし通常はこのような強制一般を支配とは言わない。強制が支配として意識されるのは、本来は適用されるべきではない範囲にまで強制が広がってきた場合である。特に個人生活における自由、とりわけ内面の自由が侵されていると感じたとき、人は強く支配というものを意識するのではないか。支配も権利同様に、過不足なく適用されている場合は、人々はその存在自体を意識しない。権利はその不足が意識され、支配はその過剰が意識されるのである。

　実際、支配的な権力を有する為政者は、自らの支配欲を満たす場合は勿論、そのような邪な欲望がなくても、被治者を管理し易くするという官僚主義的なニーズに促されて、支配の領域を常に拡張しようとする傾向を持たざるを

得ない。まさにこれこれこそが、現代の日本で起きている現象ではないか。

　この間政府与党は様々な施策によって、個人の内面的自由を侵害するような強制を推し進めて来た。少なくない反対者がいるというのに、日の丸と君が代を国旗国歌に制定し、さらにはこれを起立し拝して唱和しない者を非国民扱いする。信条の自由が蔑ろにされている。日の丸や君が代を尊ぶのが個人の自由であるように、これを善しとしないのもまた個人の自由であることが看過されている。個々人が集まって国となっているのであり、国があって個人があるのではない。国家が個人の上に立った社会がどのような惨事をもたらしたのか、日本人はすっかり忘れ去ろうとしている。

　効率的な支配という観点からすれば、支配勢力は被治者の主体性を極力奪い去り、所与の社会規範を絶対的な真理として無批判的に受け止めるような心術を次世代に植え付けるのが効率的である。これが現在進められている道徳教育の真相だと見ることも、殊更捻くれた見方でもあるまい。

　道徳や倫理は人間にとって基本的なものであり、これによって社会の秩序が保たれると共に、各人の生き方に確かな原則を与え、各人を有意義な人生に導く一助となる。その意味では道徳や倫理は人間にとって最も重要なものの内に数えられる。だからこそ青少年の道徳心の育成は、一律なものとして外的に押し付けられるべきではなく、個人の自由な主体性の発露として、信条の多様性への承認を前提として推し進められるのでなければならない。多様であるべき道徳の問題にあって、子供に一様な答えを内面化させるのを強制することは、主体性のある自由な市民の育成のためにはむしろ害をなす可能性が大きい。子供に教えるのは最低限守るべき社会的なルールに留めるべきで、多様な道徳問題に一律の答えを強制的に教え込むことは、内面的自由の絶対性を基本的な価値として素直に承認できないような心性を持った子供を生み出すことにつながる。しかしこれは、我々が尊んでいるはずの自由で民主的な社会の成員にはふさわしくない。道徳教育の強制は自由と民主主義の根幹を揺るがすことになるというのは、決して杞憂ではないだろう。

　しかしそれだからこそ、現在の支配勢力は管理し易い被治者を再生産するための絶好の機会として、道徳教育を悪用しようとする。こうして日本の現状を少し省みるだけでも、支配の問題が焦眉の課題となっていることが痛感させられる。

　このように重要な支配の問題に対して各章執筆者は、各人の専門に根ざしながら、それぞれができる形で理論的な貢献をしようと試みた。

本著は前著の続編ではあるが、書き手の多くを刷新し、マンネリズムに陥ることを避けた。とはいえ、本自体の構成は前著同様に第一部を思想史、第二部を現代的問題を直接扱う各章で構成した。このやり方が権利同様に現代社会のキータームである支配の本質をつかむためには有益ではないかと考えるからである。ただし、本書では前著と異なり第二部の後半に、経済学と社会学と神学のそれぞれで、これらの学問分野においても鍵概念となる支配の問題がどのように扱われているかということについて、幾分教科書的な解説が加味された各章を配した。これというのも、本書のアプローチの基調が政治哲学的なものであるために、それだけでは零れ落ちる視座や論点もあろうかとおそれたためである。

　無論こういうことは本書の限界を自ら吐露することにもなる。権利がそうであったように支配の問題も、本書の各章で全てその理論的問題点が掬い取れるというものではない。例えば具体的な社会問題としての各種支配のあり方について、本書で取上げたグローバリゼーションやバイオテクノロジー以外にも、取上げるべき問題は多々ある。勿論第一部の思想史的考察にあっても、当然取上げるべき思想家が取上げられていないのはなぜかという叱責があることだろう。しかしそれは前著と同様に、何巻もの叢書ではなく一冊の編著でできることの限界があるとお詫びする以外にない。

　このように自ずとその限界がある本書の第一部ではあるが、取上げるべき思想家の選出に当たっては、支配の問題を考える際に典拠となる古典家であることを第一としつつも、その中から前著との重複を少なくするように心がけた。プラトンと同じように重要なアリストテレスが今回の論集では割愛されているのは、そのためである。カントやヘーゲルも同じである。

　その代わりに本書では、前著にはなかった古典家を多く含めることができた。この中にはマキァヴェッリやニーチェのように、支配という言葉から常識的に連想されるような古典家の他に、ベルクソンのような一見して支配とは関連が薄そうな哲学者も含まれている。ところが当該章を見れば分かるようにベルクソンは、政治支配の絶対拒否を貫いた大杉栄のようなアナーキストに多大な影響を与えてもいるのである。また中国共産党創始者の一人である李大釗（り・たいしょう）も、実はベルクソンに強くインスパイアされていた(木下英司『中国マルクス主義の原像：李大釗の体用論的マルクス主義』新泉社、2000年)。

　このように編者としては、第一部の各章での議論で支配の思想史が語り尽

くせたとは全く考えてはいないものの、支配について語ってきた先人についての、本書ならではのユニークな顕彰になり得ているのではないかと自負している。

　第二部では先に述べたように、グローバリゼーションやバイテクノロジーといった現代社会で最重要視されている諸問題を取上げ、経済学、社会学、神学からする支配論の展開を試みたが、これに加えて政治理論としては定番となるリベラリズムとコミュニタリアニズムにおいて、それぞれ支配の問題がどのように扱われているかという論考を含めた。

　本書ではさらに功利主義と支配について、近年注目を浴びているリバタリアン・パターナリズムという思潮と関連させて、国際援助という具体例を素材にして議論している。この際、リバタリアン・パターナリズムの論敵としてJ.S.ミルが挙げられているが、果たしてミルをそのように理解していいのかどうかという疑問もわく。この点で、第一部で取上げられたミルの支配論と併せて、再検討が必要になってくるだろう。

　本書はこのように、原則的に独立した論考で構成されながらも、支配という文脈で各章が有機的に関連付けられている。読者はそれぞれの興味に導かれるままに、どの章からでもどの章だけでも読まれればよいが、全体を通して読むことで、本書全体が支配というテーマによって緩やかな統一を成していることが分かるだろう。本書が現代社会において重要性を増している政治支配の問題に関して、読者に改めて考えるきっかけを与えることができる一書足り得ていることを、執筆者一同は祈念している。

　末筆ではあるが、前著『権利の哲学入門』が出て一年と経たない内に続編の刊行を打診した編者の厚かましい願いを快く聞き入れて、再び若手研究者にチャンスを与えて下さった、松田健二社会評論社社長に深甚の感謝を申し上げる。

田上　孝一

第Ⅰ部　政治支配の思想史

第1章　プラトンの支配論
――魂への配慮としての政治

隠岐 – 須賀麻衣

はじめに

　「政治」の概念は古代ギリシア人たちのあいだで生まれた。彼らは長い時間をかけて、専制君主制から貴族制を経て民主制を獲得していった。本章で取り上げるのは、そうして築き上げられた民主制に陰りが見え始めた頃に、政治という営みをその原点に立ち返って考えたプラトン（紀元前五 – 四世紀）の支配論である。

　プラトンを研究対象とする際には二つの点に注意する必要がある。ひとつは、私たちの手元に残された彼の著作のほとんどが対話という形式をとって書かれていることである。しかもその対話のなかで、プラトン本人が自らの主張を展開する人物として登場することはない。多くの対話篇ではソクラテスが主要な人物として議論を行うが、他の人物たちもソクラテスに劣らず個性に溢れ、鋭い見解を示す。このような対話篇としての著作のどこにプラトンの主張があるのかという問題は、哲学であれ政治理論であれ、「プラトン」に向き合う人が心に留めておくべき点である。もうひとつは、プラトンを政治理論の領域で研究する際に特に重要な点である。彼の哲学は二千年以上にわたる歴史のなかで、それぞれの時代状況に応じて研究の対象とされながら、ときに崇められ、ときに厳しい非難を浴びてきた。特に二十一世紀に生きる私たちにとって、両世界大戦前後に隆盛した全体主義的なプラトン解釈との向き合い方は、今なお敏感にならざるを得ない課題である[1]。プラトンを全体主義に接続する解釈を、古びたものとして一蹴することもできる。しかしプラトンの政治理論は、彼自身が現実の政治問題にさまざまな仕方で関わるなかで示されたものであり、それを紐解く私たちも、その現実政治への適用の可能性について真摯に向き合って考えなければならない。

　こうした点を念頭に置きつつ、以下では「政治」の概念をプラトンの哲学に即して考察することによって、彼の支配の理論を探っていこう。

1. 何のための「政治」か

　近代以降の政治思想ないし政治理論で中心的に論じられる問題、たとえば社会契約論で中心となる統治の正当性はどのようにして獲得されるのかといった問題に回答を与えようとしてプラトンの政治的作品を読むと、期待を裏切られたと感じるかもしれない。彼の政治理論の特徴は、時代的制約もあるとは言え、政治がテーマとなる時にはほとんどつねに魂についても論じられることである。政治的な諸制度が既にある程度完成し、「政治家」と呼ばれる人々が既に存在する状況下で、プラトンはあえて「政治」それ自体を考察対象として繰り返し取り上げている。したがって、「支配」について考えるためには、まずプラトンの「政治」概念を読み解く必要がある。

　初期対話篇[2]『ゴルギアス』の後半部分で、主要な話し手であるソクラテスは、「僕は自分が思うところでは、唯一とは言わないまでも、真に政治の技術に取り組んだ数少ないアテナイ人のなかの一人であり、現在の人々のなかでは政治を行なっている唯一の人間だ」と述べる（521d）。興味深いのは、ペリクレスをはじめとする古代アテナイの政治とデモクラシーの発展に大きく寄与した政治家を吟味したのちに、この発言が見られるということである。プラトンが考えるところでは、「政治を行う人」というのは、政治共同体（古代ギリシアにおいてはポリスと呼ばれる）に暮らす市民たちの魂に配慮する人、彼らの魂を世話する人である。ここには、魂の世話、言い換えれば魂に秩序をもたらすことこそが、共同体における秩序を実現するための最も確実な方法であるという認識がある。この基準に照らして『ゴルギアス』中のソクラテスは、ペリクレスのような「偉大な」政治家たちに落第点を与え、上記に引用した言葉を発するのである。しかし、「真に政治の技術」に取り組んだソクラテスを実際に待ち受けていた運命は、ポリスからの死刑宣告であった[3]。彼の死刑を目の当たりにしたプラトンは、政治の技術としての「魂への配慮」という意志を継ぎつつも、ソクラテスが私的に実践した街頭での個別的な対話という方法とは異なる仕方でこの意志の実現を試みる。すなわち「魂への配慮」を、書物を通じて時と場所をも超えながらさまざまな共同体に住まう人々に勧めるのである。

　「魂への配慮」としての政治というモチーフは、プラトンが執筆を始めた頃から晩年の著作に至るまで一貫して見られる。たとえば、プラトン最後

の著作と言われる『法律』でも、政治を行う技術は「魂に関わることの世話をする技術」と定義されている（650b）。他方で、プラトンの作品のなかで最も政治的と言っても過言ではない中期の代表作『国家』では、政治は魂への配慮であると簡単に定義されることはない。むしろそこでは、政治と魂の関係はより複雑に「ポリスと魂のアナロジー」という形で表現される（368d–369a）。「正義」の定義のために活用されるこのアナロジーは、政治的共同体と魂は不可分であり、相互影響関係を有していることを示唆している。ソクラテスは、魂における正義を発見することは、小さく書かれた文字を遠くから読むようなもので困難であるから、大きく書かれた文字であるポリスの正義をまず考察しようと提案する（368d–369a）。この言明の背後には、個人は自らが暮らす共同体から影響を受けながらそこでの規範を「内面化」し、そうすることでその魂の性格が形成されるのと同時に、今度はその性格をもって共同生活を営むことによって、それを共同体全体の特性へと「外面化」してゆくという、個人の魂と共同体の間の循環的な関係が前提として潜んでいる（Lear 1992: 193）[4]。

ではいったいなぜ、政治は魂にかかわる営みで、個人の魂は政治共同体と共に論じられなければならないのか。「魂への配慮」としての政治とは何なのか。

2. 魂への配慮

「魂への配慮」について考察するにあたって、まず魂とは何かと問う必要があるだろう。しかし、これに明快な回答を与えることは難しい。ギリシア語で「プシューケー (psyche)」と呼ばれる魂は、psychology（心理学）などの語源である一方で、プラトンにおいては現代語が意味するような形で一個人の内面のみにかかわるのではない。この傾向は特に後期の思想において顕著になる。『法律』や『ティマイオス』が属する後期思想において魂は、宇宙の原動力、森羅万象の支配者と理解される（たとえば『法律』869a–897c）。現代の私たちには簡単には理解しがたいとしても、このような宇宙論にまで拡がりを持った魂論が、政治にかんする議論を行っているのと同じ著作の中で展開される点は注目に値する。本章で扱う魂にかんする議論にはこのような宇宙論的側面は直接的に関係しないが、「魂」という言葉がプラトン哲学においては個人のみに属するのではなく、宇宙全体と繋がりを

持つ点は心に留めておいてよいだろう。ここではさしあたり、プラトンの支配論に関連する限りでこの概念の見取り図を描こう。

　ソクラテスの最期が語られる『パイドン』では、魂は人間の不死の部分と理解されており、それゆえ死は「魂の肉体からの分離」と言われる（64c）。したがって、豪華な衣服や靴の所有など、身体の外観にかかわることに関心を寄せることは、魂への配慮の対極にあることになる[5]。非常に大雑把に言えば、魂は人間を構成する非身体的・非物質的なものというイメージを持っている。この対抗関係から帰結する魂の内部構造が詳細に説明されるのが、『国家』における「魂三部分説」である（435c–442e）。三部分というのは、魂を構成する理知的部分、欲望的部分、気概的部分を指す。理知的部分は知識を獲得する部分であり、魂全体を支配する役割を本性的に備えている。欲望的部分はその名のとおり欲望や渇望を感じる部分で、さまざまな快楽の仲間と呼ばれる。最後に気概的部分は、適切に教育されれば理知的部分の補助者となる部分である。しかし不適切な教育が施されれば、気概的部分は欲望的部分に加担してしまい、そうなるともはや理知的部分が全体を支配することは困難になる。これらは等比率で魂を構成しているわけではなく、欲望的部分が最も大きい部分を占めるとされる。

　三部分の説明のうちにすでに含意されているように、魂における正義とは、理知的部分が魂全体を支配し、残りの二つの部分が支配の座に就こうとしないという意味で、全体に節制が行きわたり「調和」のとれている状態であると定義される（443c–e）[6]。このような魂のモデルに基づいてプラトンは「魂への配慮」を考える。つまりプラトンにおいては、理知的部分によって残りの部分が支配されるという、魂における正義＝調和のとれた状態に、自らの魂、あるいは他者の魂を到達させようとすることが「魂への配慮」のひとつのあり方なのである。

　では、なぜこれが「政治」の仕事の中核をなすのか。この点にかんしては、魂の正義よりも不正に着目した方が理解しやすいだろう。『国家』においては、人々が集まって暮らす共同体がもつ政治体制は、そこに住まう人々の性格に対応するという前提がある（435e、544d）。つまり政体の性質とその構成員の性格はつねに似ると考えられるのである。魂における不正は、理知的部分によって全体が支配されていない状態を指すが、プラトンはこれを、魂のうちで「内乱（スタシス）」が生じている状態であると描写する（444b）。魂の「内乱」は政治共同体における混乱状態に相応する。『国家』で描かれるポリ

スには魂の三部分に対応する形で、守護者（支配者）、その補助者、生産者（被支配者）という三つのグループが存在するが、政治レベルでの「内乱」は、本来支配を行うべきグループに対する反乱が起き、これら三つのグループの間の調和が保てなくなった状態を指す。政治レベルでの内乱は、理想的な体制を持った政治共同体を堕落させてゆく引き金である（545d）。それゆえポリスを正義にかなった形で統治することは、魂における「内乱」を阻止すること、つまり魂に配慮することになる。

3. 支配の理論

　これまで述べてきた「魂への配慮」を可能にする政治体制のために、プラトンはどのような支配の理論を構築したのか。政治体制にかんするプラトンの見解には、一見したところ大きな変化が見られる。簡単に言えば、中期の代表作である『国家』では哲学者が支配者となる体制が理想として描写される一方で、後期の大作『法律』では法による支配体制が目指すべき体制として論じられている[7]。以下では、プラトンの支配の理論の中核をなすこれら二つの支配の体制について概観した上で、そのような相違がなぜ生じたのか考えよう。

3-1. 哲学と政治的権力の統合：『国家』の場合

　プラトンの政治理論において最も有名なのが、『国家』に登場するいわゆる「哲人王」支配論である。哲学と政治的権力の統合が主張される第六巻の一文（473d）を引用しよう。

> 哲学者たちがポリスにおいて王となって統治するのでない限り、あるいは、現在王と呼ばれ、権力者と呼ばれている人たちが、真実にかつ十分に哲学するのでない限り、すなわち、政治的権力と哲学とが一体化されて、多くの人々の素質が、現在のようにこの二つのどちらかの方向へ別々に進むのを強制的に禁止されるのでない限り、諸々のポリスにとって不幸のやむときはないし、また人類にとっても同様だ。

　興味深いのは、プラトンがひとつのポリスを強国へと育てようとして哲学

と「政治的」権力の一致を主張しているのではないことである。この支配体制は人類の不幸を終わらせるために要請されるのである。プラトンはこれがいかに突飛な発想であるかを理解している。それゆえ彼は、ありうる哲学無用論への反論として「星を見つめる男」の喩え話を持ち出す（488d–489a）。ポリスが一隻の船だとすると、一体どのような人が舵を取るべきか。腕力の強いものだろうか。否。舵を取るべき人物は、大海にいてどちらに進むべきかを知る人物である。このような人物は、船の上で星を見つめることによって方角を理解している。しかし乗船している他の人々は星を観察することの意味を知らないために、このような「星を見つめる男」は舵取りに不向きだと考えている。この男こそ、ポリスにおける哲学者だというのである。

　『国家』においては、この支配体制の内部構造は詳細には語られない。しかし、次に挙げる点からは哲人王支配制の特徴を知ることができる。まず哲学者＝権力者（支配者）には、共同体を守護するのにふさわしい素質を備えていることが要求される。その素質とは、「生成と消滅によって動揺することなくつねに確固としてあるところの、かの真実在を開示してくれるような学問に対して、つねに積極的な熱情を持つ」ことである（485b）[8]。ただしこれはあくまでも素質に過ぎず、素質は必ずしもそれを備えた人物を哲学者にする保証とはならない。この素質を持った人間を真の哲学者にするのは、目に見える世界に生じるさまざまな現象から、思惟によってのみ知られる存在へと魂を「向け変える」教育である（518c–d）。教育プログラムは音楽・体育に始まり、数学、天文学を経て、最後は哲学的問答法（ディアレクティケー）によって締めくくられる。これは、洞窟の中で影だけを見て育った人間が、洞窟の外へと強制的に連れ出され、影ではなく外の世界に存在している事物を、そして最後にはその事物を見えるようにしている太陽を認識する過程に喩えられる。全教育課程を終えた人間は、生まれながらに備えていた哲学者としての素質を開花させたことになる。

　この課程は教育であると同時に、哲学者＝支配者にふさわしい人間の選抜という役目も負っている。これら全てを修得し、実際の公務に就いたのち、支配者たるにふさわしいと判断された者は、五〇歳を超えてようやく支配者としての地位に順番で就くことになる。ここで特徴的なのは、支配者となることが許される年齢の高さもさることながら、強制されて支配の地位に就くという点である（540b）。真実在を知った人間は、影しか見ることができず、さらにはこれまで影しか見たことのない人々によって殺されるかもしれない

洞窟内に再び帰りたいとは思わないためである。

　支配者にかんしてはさらに二つの点が注目に値する。ひとつは、性別による素質の差はほとんどないと見なされていることである。プラトンは、肉体的な強靭さの差はあるかもしれないが、ポリスを守護し支配するという素質それ自体の点では、男女は同等の素質を備えていると考える（456a、540c）。これは「習慣に反した」光景を生むと述べられていることからも明らかなように、当時としては画期的な考え方であった（452a）。もうひとつは、支配を行う人が属さなければならないコミュニティーの特殊な環境である。彼らは財産と家族を共有し、家も食事も共同で過ごす。彼らは、文字どおり私的所有物は何一つ持たない中で生活を送るよう強いられる（458c–d）。これは私的財産の拡大、果てしない欲望の充足という、人間が最も陥りやすい魂の「内乱」に対する、プラトンなりの対処法であったと考えられる。

3-2. 法による支配：『法律』の場合

　プラトン最晩年の著作である『法律』に目を転じてみると、そこにはもはや『国家』で論じられていたような「哲人王」支配を理想の体制として見出すことはできない。哲学者に代わってポリス統治の役割を担うのは、タイトルに冠せられている法律（ノモス）である。ただし、『国家』で示された哲人王支配に似た体制は、『法律』においても「最善」のものとして語られている。『法律』で議論を先導するアテナイからの客人によれば、「真の立法者が自然の恵みによって現れて、しかも彼がポリスの最高の権力者たちとある種の力を共有する場合」には、最善のポリスが実現する（710e–711a）。しかしこれは「私たちの時代」、すなわち神々が統治を行わなくなった時代においては不可能なこととして、実現可能な支配体制の選択肢から排除される。そこで次善の体制として法の支配が提示される。

　プラトンにおける法の支配は、神、あるいは人知を超越した神的なものと密接なつながりを持つ。これを説明するために彼は神話（ミュートス）を持ち出す。はるか昔のクロノス[9]の時代には、人間を統治できるのは人間より優れた存在であるという理由から、神に近い種族であるダイモーン（神霊）が人々の統治を行っていた。これはちょうど、羊の群れを世話するのが人間の羊飼いであって羊ではないのと同様である。ダイモーンによる統治は、人々の間に平和と慎みをもたらしながら、彼らの生活を「内乱のない幸福なもの」

にした。これが支配の起源にかんする神話である（713c–e）。

　ダイモーンによる直接統治は今の時代には期待できない。今や人間が最大限なしうることは、かつての幸福な統治を模倣することである。そこで、かつての支配者であった神に近い存在に代わるものとしての法律が必要になる。法律ではなく人間がポリスを支配する限り、「不幸や労苦を免れるすべはない」ためである（713e）。神話を法による支配の基礎づけとしながら、その支配についてアテナイからの客人は次のように述べる（714a）。

> 私たちは手段のかぎりを尽くして、いわゆるクロノスの時代の生活を模倣すべきであり、そして知性の行う秩序づけを法律と名づけて、公的にも私的にも、私たちの内部にあって不死につながるものに服しながら、ポリスと家を整えなくてはならない（略）。

　人間の魂のうちで唯一神的な部分、かつて人間を支配していた存在に直接的な繋がりをもつ部分は「知性」と呼ばれる。ポリスに法律を与える立法者は、この知性に従って法制を整えなければならない。こうすることで、クロノスの時代の幸福をもたらした統治が、法を媒介として間接的な仕方で復元されることになる。『法律』の企図は、アテナイからの客人が中心となって「言葉の上で」建設するポリス——これは同時に、建設予定の植民地マグネシアでもある（919b）——のために、このような優れた立法者が制定する法律の青写真を示すことにある。

　『法律』は『国家』とは異なり、法律の具体的内容、およびそれに基づく支配の制度を詳細に記している。ここでは、これまでの立法者が「誰一人としていまだかつて心に留めていない」（722b）と言われる法律の構成に簡単に触れておきたい。アテナイからの客人によれば、法律は二つの要素から成り立つ必要がある。ひとつは法律への服従を促す説得的要素で、もうひとつは服従を命令・指示する強制的要素である。これら二つの要素はそれぞれ、前者が法律序文、後者が法律本文という形で法律のうちに書き込まれることになる。本文には、富の公平な分配や土地と財産の共有制、役職および議会の制度、犯罪の内容とそれに対する刑罰といった諸々の制度が細かに記されるのに対して、序文は法律に服すべき市民が「法律としての指示を心を開いて受け入れ」、その内容に「すみやかに納得」してくれるように、彼らの魂に働きかけることを目的とする（723a）。序文は、なぜ人々がポリスを支配

する法律に服さねばならないのかを説明し、自発的な服従を促す役目を負っている。

この意味において序文は、市民の魂を導くという点で教育とその目的を一にしている。『法律』では音楽（歌、踊り、詩）を通じた教育のあり方に多くの議論が割かれているが、これは法律を敬いながら、それに自発的に服従する市民を作り出すための、法律序文の一部と見なすことができる。

3-3. 二つの支配の交差

ここまで、プラトンにおいて論じられる哲人王支配と法の支配という二つの支配体制を概観した。しかし、いったいなぜ彼は二つの支配体制を提示したのだろうか。この問いを検討することは、理念における政治と現実のそれの間に横たわる溝を考察することでもある。最後に、プラトンがなぜ『国家』と『法律』において、異なる理想的支配体制を提示しているのか、その理由を考えてみたい。

両者の相違については、これまでいくつかの方法で説明が試みられてきた。ひとつは、プラトンは『法律』を執筆する頃には哲人王支配という思想を放棄していたという見方である（たとえば Burnyeat & Frede 2015: 43）。僭主制のシュラクサイへの度重なる訪問が、哲人王支配というある種の専制的体制への反省を促したとも考えられる[10]。しかし、後期思想においても哲人王支配に似た体制が最善と見なされていることを考慮すれば、プラトンが哲人王支配を完全に放棄したと結論づけるのは早急に過ぎるだろう。

上記とは異なる解釈可能性は、それぞれの著作が理想として示すポリスの目的の相違に支配体制の相違を基礎づける立場である。大雑把にまとめると、『国家』におけるポリスは一つの理念型として示されているのに対して、『法律』のそれは実践指向を持ったものとして理解できる。前者は「天上に掲げられた範型」(592b) という表現も示しているとおり、ポリスを建設する際に参照すべきモデルである。これはちょうど、我々が円を描く際に思い浮かべる、実際には目にしたことがない完璧な円に似ている。このようなポリスは「天上」にあるがゆえに神々には相応しく最善だが、死すべき存在である人間が暮らす現実の共同体にはそぐわない (Horn 2013: 16–17)[11]。したがってこのポリスは、「非実現性を前提として構想されている」可能性が高いのである（内山 2012: 70）。しかしこれは、『国家』での議論が究極として魂の

議論に還元されることを意味するのではない。そうではなく、プラトンが理想の実現において非常に慎重だったことを示唆している。これに対して『法律』で描かれる理想的な体制としての法の支配は、神々に相応しいこの完璧なモデルを、人間が暮らす「荒々しい現実にどのように移し替えられるかの提案」と見なすことができる（エルラー 2015: 305）。あるいは逆向きのベクトルで考えるならば、現実の政治を「可能な限り理念型へと接近させる試み」が、『法律』における理想的なポリスの建設であると言うこともできよう（Schofield 2010: 23–26）。この解釈に従えば、本節で示してきた二つの支配体制は、それぞれ別個の体制というよりはむしろ、最善の支配体制を二つの異なる観点、すなわち理念と実践の観点から眺めたときに現れる二つの姿を表現していると考えられる。

おわりに

プラトンは『第七書簡』において、現実政治が次々に変転してゆくさま、そして信頼する友であるソクラテスの死刑を目の当たりにした当時の心境を、「眩暈をおぼえた」と述懐している（325e）[12]。プラトンは若い頃には政治に携わりたいという野心を持っていたが、現実の政治において生じたさまざまな出来事が彼の野心を打ち砕き、彼を哲学的探求へと向かわせたという。しかしそれでも彼は、シュラクサイ訪問を通じて現実政治にかかわりを持った。「自分がまるきり口舌の徒にすぎず、実行面には何一つ進んで手を染めようとしない人間に見える」ことを恐れたためである（328c）。そのような彼にとって、キャンバスに「美しい動物」としての理想的な政治体制を描くと同時に、それに命を与え、現実においてそれを「動かす」方法を考え出すことがライフワークであったことは想像に難くない（『ティマイオス』19b–c）。

本章で「魂への配慮」としての政治というモチーフを手がかりに概観してきた二つの支配体制、哲人王支配と法による支配は、上記のライフワークに取り組むなかでプラトンが導き出した、魂の世話を行うための政治体制の二つの側面である。神ではなく人間が人間を支配するという、人類の歴史においては当然の政治現象を、プラトンは一度個人の魂のレベルまで解体し、その根本からの見直しを図った。プラトンにおける「支配の理論」とは、政治体制の考察であると同時に、人間それ自体、あるいは人間の魂の観察である。

プラトンの政治理論を紐解くとき、私たちは彼の優れた観察眼を通して、自分自身の魂に向き合うよう促される。彼の対話篇は、読者を考える旅へと誘う招待状である。それを受け取る私たち読者は、彼の著作を場所と時代の隔たった所に佇む傍観者として読むのではなく、対話篇に登場する人物たちと共に考え、批判することを忘れてはならない。

【注】
(1) 全体主義的解釈の代表者としてつねに名前が挙げられるのはカール・ポパーである。納富は、ポパーの批判をそのまま受け入れた人々とその批判を無視したプラトン研究のあいだで対話が交わされてこなかったことを危惧し、著作のなかで簡単ではあるが慎重に検討を行なっている（納富 2012: 32–43）。
(2) プラトンの作品は一般的に、初期・中期・後期に分類される。それぞれの作品の分類については、内山 2014: 20 を参照。
(3) 『ソクラテスの弁明』によれば、ソクラテスは若者を堕落させた罪と、ポリスが認める神々ではなく新奇な神霊を信仰しているという不敬罪に問われ（24b–c）、裁判の結果死刑を宣告された。
(4) ポリスと魂のアナロジーをめぐっては今なお解釈が分かれており、これが唯一の解釈というわけではない。Lear は「内面化」と「外面化」という概念を用いてこれを分析しているが、これには多くの批判・検討が寄せられている。
(5) ただしこれは、身体への配慮を怠ってよいということを意味するのではない。身体それ自体の美しさを保つための体育の重要性は、たびたび認められるところである（たとえば『ゴルギアス』464b–c）。
(6) 魂三部分説をプラトンが後期の思想まで維持していたか否かについては論争の余地がある。たとえば『法律』に見られる「神の操り人形」（644d–645b）を始めとする心理モデルには、気概的部分が欠如しているようにも見える。
(7) 初期対話篇においては、体制について詳細な議論が行われることはないためここでは取り上げないが、政治的テーマが論じられる『ゴルギアス』の「真の弁論術」を用いる政治家（502d–503b）などには、中期の哲人王思想へとつながる構想の萌芽を見ることができるかもしれない。
(8) ここで言われている「真実在」とは、感覚的世界に存在する諸々の個別的な現象にその根本原因を与えると同時に、たとえば正義という概念を考える際の基準（範型）の役割も果たす、いわゆる「イデア」である。イデアをめぐる議論は、『国家』以外の著作でも論じられておりプラトンの哲学を研究する上で重要な位置を占めるが、ここで詳細を論じることはできない。プラトンのイデア一般、また善のイデアについては、金

山 2014 を参照。
(9) ギリシア神話では通常ゼウスの父として描かれるが、ここでは黄金時代の支配者としての側面が強調されている（『法律』（上）1993: 437–438）。
(10) プラトンは友人ディオンの依頼を受けて、シケリア島シュラクサイの僭主ディオニュシオス 2 世に助言を与え教育を施すために、シュラクサイを二度（それ以前にも一度）訪問している。この教育は失敗に終わりプラトンは落胆した。詳細については、ブラック 1992: 53–68 を参照。
(11) ただし、『国家』においては理想的なポリスは「実現は困難であるが決して不可能ではない」と述べられている（502c）。内山はこの一文を「現実化への距離の大きさを強調しながら、そのようなものとしてなお現実的意味を持ちうるものであることを示唆」していると解釈している（内山 2012: 70）。納富は『国家』第九巻のテキスト読解の後に、「プラトンの意図が理想国の実現にも置かれていた」と結論づけている（納富 2012: 239）。「天上に掲げられた範型」をどのように考えるべきかについては議論の余地がある。
(12) 『第七書簡』はプラトン自身の作品と考えられることが多いが、しばしば擬作と見なされることもある（擬作説を唱えている近年の研究としては、Burnyeat & Frede 2015）。しかし仮に擬作であるとしても、眩暈の感覚はプラトン自身が体験したものである十分考えられる。

【凡例】
プラトンの著作からの引用は、主として岩波書店から出版されている『プラトン全集』を参照したが、訳語は適宜変更している。引用箇所はすべて欄外に記されているアルファベットと数字に基づく。本章の主要な考察対象である『国家』と『法律』は文庫版の次の四冊を参照した。
プラトン（藤沢令夫訳）1979『国家（上・下）』岩波書店。
プラトン（森進一、池田美恵、加来彰俊訳）1993『法律（上・下）』岩波書店。

【参考文献】
Burnyeat, Myles and Michael Frede, Dominic Scott (ed.) 2015 *The Pseudo-Platonic Seventh Letter*, Oxford University Press.
Horn, Christoph 2013 Politische Philosophie in Platons *Nomoi*, in C. Horn (ed.), *Platon Gesetze (Nomoi)*, Akademie Verlag.
Lear, Jonathan 1992 Inside and Outside The *Republic. Phronesis*, Vol. XXXVII/2.
Schofield, Malcom 2010 The *Laws'* two projects, in C. Bobonich (ed.), *Plato's Laws: A Critical Guide*, Cambridge University Press.

内山勝利 2013『プラトン「国家」 逆説のユートピア』岩波書店。
内山勝利 2014「プラトン案内」内山勝利編『プラトンを学ぶ人のために』

世界思想社。
エルラー、ミヒャエル（三嶋輝夫、田中伸司、高橋雅人、茶谷直人訳）2015『知の教科書：プラトン』講談社。
金山弥平 2014「イデア」内山勝利編『プラトンを学ぶ人のために』世界思想社。
納富信留 2012『プラトン　理想国の現在』慶應義塾大学出版会。
ブラック、R. S.（内山勝利訳）1992『プラトン入門』岩波書店。

第2章　マキァヴェッリの支配論
　　　──その近代性に関する若干の指摘

村田　玲

はじめに

　1532年、最初の印刷に付されたニッコロ・マキァヴェッリ（Niccolò Machiavelli）の『君主論』は、あたかも燎原の火が移るがごとき凄まじい勢威を得て、西方世界全域に伝播した。大動乱の世紀、『君主論』について語った最初期の論者たちは、そのフィレンツェ人を「悪の教師」（a teacher of evil）と断定した。かかる悪評は、諸々の文芸作品を媒介して極度に通俗化されながら、およそ18世紀中庸まで持続する。だが、19世紀初年以降、『君主論』の著者に対する非難は次第に微弱化して、20世紀に至りほぼ消滅する。かつての悪魔、詐欺師、殺人鬼、等々の汚名は払底し、愛国者、科学者、共和主義者、そして近代政治学の定礎者としての評価が確立するのである。以下本論は、はなはだ素朴なひとつの問いについて考究する小品である。何故、「悪の教師」は近現代世界において比類なき名声を獲得しえたのか。

1. 僭主政治の教説

　マキァヴェッリが『君主論』中に開示した「スタートのアルテ（支配の技術）」（arte dello stato）に関する教説は、僭主政治（tyranny）の教説である。古代政治学の範疇上、僭主政治とは、もっぱら支配者の意志に拠る法律なき支配（rule without law）であり、これに服従する意志のない臣民に対して行使される支配である（Strauss 2000: 68, 訳176）[1]。あるいは僭主政治を、政権の簒奪者による正当性なき支配、または苛斂誅求をこととする驕慢な支配と定義したとしても[2]、この命題は完璧に妥当する。マキァヴェッリの政治的諸著作中、「スタート」なる術語は、政治闘争において優勢にある特定の市民や党閥、ならびにその「力」（forza）や「勢力」（potenza）を指示している。だが、この術語は、ほとんど相互に識別不能なまでに隠微な多義的諸

用法のなかで、きわめて頻繁に政治組織の公的な統治権力、ついでその支配領域を指示する術語へと転化するのである[3]。このことは、マキァヴェッリが私的な権勢と公的な統治権力との間に質的差異を認めていないことの証左であり、さらには公的な統治権力もまた、あくまで「より強大な力」（maggiore forza）による実定的（de fact）な、暫定的秩序を樹立するのみであるという洞察の表現といえる。そして「君主」（principe）とは、公的な支配権力としての「スタート」を把持する市民や党閥である[4]。『君主論』が最大の注意を払って観察しているのは、「新しい人々」（uomini nuovi）の台頭、つまりは特定の私人による公的な支配権力の掌握という現象、すなわち簒奪の政治現象である（Skinner 1989: 98）。ここに描出される「新しい君主」（principe nuovo）の鮮烈な形姿は、貪婪な欲望と悪意に満ち、忘恩的で嫉妬深い臣民、自発的服従を期待し得ないばかりか、いまにもおのれが「スタート」を奪取するか、外敵と通じてこれを招来せんとする臣民と対峙している。卓越せる「力量」（virtù）を具備した「新しい君主」ならば、「スタート」を略取するのみならず、それを維持、強化、拡大して、ついには帝国を建設することさえもできるだろう。『君主論』の明白な実践的意図は、僭主（tyrant）そのものとしての「新しい君主」の「力量」を極大化すべく、これに「スタートのアルテ」を開示することにある。

　「スタートのアルテ」に関する実践的教説を基礎づけているのは、確かに『君主論』の著者を近代政治学の始祖と断定する誘惑を生起させるほどに反伝統的な、ほとんど前例のない理論的教説である。しばしば「アルテ」なる術語を「自然」（natura）との対比において運用するとき、マキァヴェッリは古代哲学を踏襲している（see, D., Ⅱ, 3）。ただし古典的理論は「アルテ」、すなわち「人為（作為）」を「自然」に取って代わるべきものではなく、あくまで「自然」の営為を補完するものと想念した[5]。古典的理論は、「自然」の秩序の実在性を自明視している。人間が「自然的」（physei）に「ポリス的動物」（zōon politikon）であること、そして善き市民たちに共有されるべき正義の観念が「自然」（natura）に根拠を有していることを、なかば所与としているのである[6]。だが、『君主論』中に強烈な極彩色をもって活写されているのは、「自然」による秩序の自明性が払底し、すべてが「偶然」（accidente）に、ときとして「運命〔の女神〕（Fortuna）の気まぐれ」と同一視される「偶然」にゆだねられているかのような環境なのである[7]。かかる環境において、た

とえ暫定的であろうとも、なんらかの秩序を樹立すべき「新しい君主」は、ひとりの僭主として出現せねばならない。僭主とは、あたかも哲学者のごとくに、「全体」（whole）を志向して止まぬ「行為の人間」（man of action）の謂である。「新しい君主」は、ひとつの「全体」をおのれの「力量」によって産出せねばならず、あらゆる「素材」（materia）におのれの「形式」（forma）を打刻せねばならない。このとき「新しい君主」は、まさしくダヴィデ王のごとき破壊者にして創造者であり、いかなる犠牲も厭うことはない（see, D., I, 26）。「スタートのアルテ」に関する理論的教説の反伝統的特質は、「自然」の好意をたのむことなくもっぱら「アルテ」によって、つまりは「人為（作為）」によって、政治秩序の「全体」を製作する展望において発生している。かくして僭主としての「新しい君主」が創設する秩序を簡潔に形容しようと試みるならば、古典的名著にみえる周知の言辞を、陳腐の誇りをおそれることなく借用するほかはない。すなわち、それは「芸術作品としての国家」der Staat als Kunstwerk なのである（Burckhardt op.cit.: 4, 63, 訳 9, 94-95）。

　イノサン・ジャンティエ（Innocent Gentillet）によるマキァヴェッリ駁論書（1576年）は、かかる「スタートのアルテ」の歴史的境位を策定するにあたり極めて有益な文書である[8]。この書物は、マキァヴェッリの諸教説に関する最初期の詳論として認知され、たとえばクリストファー・マーロウ（Christopher Marlowe）の戯曲『マルタ島のユダヤ人』（1590年前後初演）とともに、「悪の教師」なるマキァヴェッリの一般的心象の形成と流布に寄与したことが疑われる一群の文書に属する。それがジャン・ボダン（Jean Bodin）の『国家論』と同年に、同言語で発生し、しかもひとつの政治環境、ひとつの歴史的局面を共有していることは興味深い事実である。ジャンティエは、新旧の宗派抗争の渦中にあって、かくもフランス王国の動乱が熾烈化した根本原因は『君主論』の隠然たる、ただし圧倒的な汎流行にあることを指摘し、これを糾弾することでフランス王権に「善き統治」を勧説しようと意図している。駁論中、『君主論』の著者によって開示されているのは「政治〔ポリス〕の学」（politicke science）ならざる「僭主政治の学」（tyrannical science）であることを、ジャンティエは賢明にも断言する（Gentillet: the preface, Aii）。信義、慈悲、鷹揚、等々の伝統的美徳を擁護しつつ、詐術、残忍、吝嗇、等々に関する『君主論』の名高い主張を「僭主政治の技術」（the art of tyrannie）として、ジャンティエは執拗に指弾するのである（ibid.: 142-143）。その批判は、

「スタート」の簒奪劇が慣例化した腐敗せるイタリア諸都市の経験を、マキァヴェッリが不適切にも一般化したことに対する批判であるといえる。確かに「僭主政治の学」が、千年の王統を誇るフランスの対蹠地にあるようにみえるイタリアの、「毒茸のように一晩のうちに生えてくる権勢家（potentates）や僭主政治の設立者ども（tyrannizers）」(ibid.: the preface, Aiiii)の観察に基礎づけられていることは疑いない。それゆえにこの駁論書は、王朝権力による正当的支配が、「獅子の獰猛」と「狐の狡知」の実践という「必要性」(necessità)に憑かれた「新しい君主」たちの僭主的支配とは絶対的に異質であるという（see, P., 2; P., 19）、どちらかといえば周知の事実を再確認しているだけであるかのようにみえるのである（see, Anglo 2005: 281-284）。

　しかしながら、ジャンティエが真実のところ激高しつつも慨嘆し、心底において震撼せねばならなかったのは、マキァヴェッリによる特定の実践的教説ではなく、これが暗黙裡に前提としている理論的教説である。マキァヴェッリの勧説する「スタートのアルテ」が理論的前提としているのは、地上におけるすべての統治組織の起源が僭主政治にあるという、いわば世界歴史の「原・事実」である（see, Strauss 1958: 70-71, 訳 73-74）。マキァヴェッリは、フランス王権の起源もまた、原始に「スタートのアルテ」を行使した「新しい君主」の僭主政治であったことを正しく認識している。マキァヴェッリは、いよいよ諸侯の勢力を接収しては伸張をとげつつあるフランス王権の「国家理性」(raison d'état)の運動に、かつてライン右岸より西方帝国属州に乱入し、旧居住民の抹殺、土地財産の強奪のうえ新たな統治権力を樹立して、地理上の呼称までも全面的に刷新した古代蛮王の残像を感知している（D., II, 8; see, IF., I, 5）。王権、サリカ法、三身分の位階秩序をふくむフランス基本法の起源は僭主政治である。さらにマキァヴェッリは、同時代におけるすべての世襲王権のみならず、古代世界における最も偉大な共和政体の起源もまた僭主政治にあったことを示唆してはばからない（see, D., I, 9）。したがって、それらは「自然」の営為となんら共鳴するところがなく、もっぱら「アルテ」、すなわち「人為（作為）」によって構成されたのである。しかるに「人為（作為）」によって構成されたものは、「人為（作為）」によって解体しうるものである。「スタートのアルテ」に関する教説のことごとくを基礎づけるところの、かかる理論的教説が白日のもとに開示されるとき、あらゆる既成の公的秩序の自明性は喪失され、その正当性の妥当根拠は致命的損傷を被

り、地上の政治生活は恒常的な紛乱の渦中へと滑落することを、ジャンティエは明敏に知覚したのであった。フランスの動乱の根源的な原因が、新旧宗派の対立以上に、『君主論』の流布にもとめられた所以である。ジャンティエ以下、最初期における『君主論』の批判者らが、マキャヴェッリを空前の、おそらくは絶後の巨悪と断定せねばならなかったのは、これら批判者のすべてが、政治秩序の窮極的な根拠を「自然」にもとめた古典的自然法思想の精神圏において思惟していたからである。これら批判者らは、はるかな『君主論』の地平のかなたに、旧秩序の全的崩壊をもたらす巨大な政治革命の予感すら知覚している (Meinecke 1957: 91-94, 147, 訳 105-108, 169-170; see, IF., Ⅲ, 13; cf., Strauss 1958: 127, 訳 140)。

2. 教会権力の問題

「スタートのアルテ」に関するマキャヴェッリの実践的教説中、物理的暴力装置、すなわち「軍隊」(arme) に関する諸々の勧説が枢要部分を占有せねばならないことは容易に想像可能である。『君主論』には、「戦争」(guerra) とその準備こそが「君主」の「唯一のアルテ（技芸）」であるという極端苛烈な主張もみえる (P., 14)。「良い軍隊」(buone arme) なくしては、つまり物理的強制力なくしては「良い法律」(buone legge) も無効であるがゆえに、『君主論』は「法律」に関する議論を「省略」して「軍隊」について語るのである (P., 12)。マキャヴェッリの生前に刊行された唯一の著作の表題が「戦争のアルテ」(dell'arte della guerra) であったという事実は、たんなる伝記的挿話以上の含蓄を包蔵している。『君主論』の実践的教説において、かぎりなく「スタートのアルテ」は「戦争のアルテ」に近似する (see, Cassirer 1946: 161-162, 訳 209)。

概してマキャヴェッリは、政治的敗者たちを冷淡な軽蔑の眼差しで眺めている。ただし 2 人の政治的敗者、すなわちドミニコ会修道士ジロラモ・サヴォナローラとヴァンレンティーノ公爵チェーザレ・ボルジアについて、顕著な評価の差異が生じていることは注意を要する。修道士が嘲笑を含んだ侮蔑の標的となるのに対して (see, P., 12)、公爵が喫した敗北への軽侮は、公爵の「力量」への賞賛によってほぼ抹消される (P., 7; P., 26)。というのも「新しい君主」としての公爵は「良い軍隊」の「必要性」をよく認識し、すみやかに「おのれの軍隊」(arme proprie) を組織したのであり、あまりに極端な「運命」の

悪意にさえ見舞われなければイタリア救済の星となったことだろう。これに対して「新しい君主」としての修道士は、世紀末の黙示録的狂乱に乗じて、説教壇からの激越なる弁舌をもって「スタート」の簒奪に成功しておりながら、あくまで口舌をたのんで「良い軍隊」の組織を怠ったために、時流の変転に際会してはなすすべなく敗北したのである。武装した者が非武装の者に服従するはずはない（P., 14）。「スタート」を「祈祷」（paternostri）によって防衛することなどできるはずはない（IF., Ⅶ, 6）。かかる洞察から、やがて人口に膾炙する秀逸なる名句が発生する。すなわち、「なべて武装した預言者（profeti armati）は征服し、非武装の預言者（profeti disarimati）は敗亡した」（P., 6）。

　ここにおいて、『君主論』の立論に対して想定しうる最も深刻な疑義のひとつが提起されることになる。つまり『君主論』は、世界歴史上に最も高名な「軍備なき預言者」と聖書宗教の圧倒的勝利について、十全に説明することができないはずである（Strauss 1958: 83-84, 訳 89）。ローマ教会権力はシャルルマーニュに帝冠を授与してよりのち（IF., Ⅰ, 9）、非武装であるにもかかわらず武装した者たちを意のままに指嗾しつつ、その俗権を維持、ときに強化してきたのである（D., Ⅰ, 12）。『君主論』は、「聖職者による君主政体について」（De principatibus ecclesiastics）と題された章において、教会権力の存在が自然的理性によっては説明不可能であることを承認しているようにみえる（P., 11）。それは、いわゆる「司牧者権力」（pouvoir pastoral）に関する原始的な、かつ興味深い考察である。「聖職者による君主政体」は、統治権力を把持しつつもこれを防衛することがない。その臣民たちは、これに反抗することも、これを簒奪することもできなければ、ここから離脱することさえもできない。『君主論』は、教会権力が「超越的な諸原因」（cagioni superiori）、つまりは「超自然的な諸原因」（cagioni soprannaturali）に由来することを承認し、うやうやしくもこれを理性的推論の対象から除外しているようにもみえる。

　だが、イノサン・ジャンティエは、教会権力の例外的超越性に関する『君主論』の議論が不埒な戯言に過ぎないことを精確に認識していたはずである。ジャンティエの憤激は、聖書宗教の起源に関するマキャヴェッリの説明を閲したとき、絶頂に達したものと思われる（see, Gentillet: maxime, religion, 9）。すなわち、聖書宗教の起源はひとりの「武装した預言者」、モーセによる征

服活動である。モーセとその後継者らは、あたかも西方帝国を蹂躙した北方蛮族のように、強悍なる諸部族を率いてパレスチナに乱入し、旧居住民の抹殺、土地財産の強奪のうえ新たな統治権力を樹立して、この土地を「ユダヤ」と命名した（D., Ⅱ, 8）。聖書宗教は、あらゆる異教的宗派の制度祭式を破壊し、古代神学の記憶のことごとくを湮滅へと至らしめ（D., Ⅱ, 5）、ひとつの「全体」となることを欲望した。聖書宗教の起源もまた、赤裸の僭主政治であった。この覇業に「超自然」の契機などあろうはずもなく、「超自然」のことどもに関する「諸々の虚言」（bugie）は、端的にモーセとその後継者らの「アルテ」、したがって「人為（作為）」の産物である。マキァヴェッリは、第2世ローマ王ヌマ・ポンピリウスの事績を物語るとき、すべての信仰共同体が政治的起源を、換言するならば人間的起源を有していることを示唆している。ローマ市の「創設者」（fondatore）としての偉大なる僭主、ロムルスの獣的獰猛を欠いていたヌマは、おのれの不足を補うべく、ひとつの「宗教」（religio）を「創設」（fondare）した（D., Ⅰ, 11）。ヌマはおのれの意欲するところを、ニンフによる諸々の託宣と偽って正当化しては禽獣同然の臣民を慴伏せしめ、いとも狡獪にこれを統治した。ローマ人の「宗教」もまた、「諸々の虚言」の「アルテ」をよくしたひとりの僭主の「創設」（fondamento）に始まる。ただしモーセと異なり、ヌマが「非武装の預言者」の範疇に属すことは留意されるべきである。

　おそらくマキァヴェッリは、ヘブライ人やローマ人の「宗教」の起源に関する政治的な、つまりは人間的な説明を、あらゆる「宗教」の起源に関する説明へと一般化することができると想定した。信仰共同体の起源についての理論的教説を開示することの不可避的帰結として生起したところの、驚倒すべきマキァヴェッリの陳述に、おおいにジャンティエが畏怖したことは間違いない。すなわち諸種の年代記が示しているところでは、世界歴史上の支配的宗派（setta）は「5000年か6000年の間に2度か3度」、交代を繰り返してきたというのである（D., Ⅱ, 5）。『君主論』が「聖職者による君主政体」を指示するに際しても「スタート」の名辞を適用していることからも窺い知れるように（P., 11）、マキァヴェッリは「キリスト教共同体」（res publica christiana）もまた、「超自然」ならざる「人為（作為）」の産物として、あくまでひとつの実定的、かつ暫定的な秩序以上のものではないことを知っている。ジャンティエ以下、最初期における『君主論』の批判者らは、マキァヴェッ

リを空前の、おそらくは絶後の巨悪と断定せねばならなかった。人間的事柄の秩序のことごとくが「人為（作為）」に帰せられ、そこから「自然」の契機のみならず「超自然」の契機までもが削除されるとき、信仰共同体の紐帯は破壊され、人類の政治生活のみならず精神生活までもが確固たる根基を喪失して、無限の虚空を彷徨せねばならないのである。

　「非武装の預言者」の評価をめぐり『君主論』に対して提起されうる疑義が適正な問題機制のもとに把握されるのは、ここにおいてである。かの「非武装の預言者」が勝利して、「良い軍隊」を欠く「聖職者による君主政体」が維持されてきたのは、「超自然的な諸原因」のなしたるところではない。窮極においてマキァヴェッリは、稀有ではあろうが「良い軍隊」なくして存続する「スタート」が可能であることを認識している。「司牧者権力」もまた、ただ「諸々の虚言」に依拠して千年の支配を維持しうる。それゆえに「事実上の真実」（verità effettuale）を根拠として、2人の「新しい君主」、かのドミニコ会修道士とヴァレンティーノ公爵に対する『君主論』中の評価の差異を説明することはできない。この差異は、むしろマキァヴェッリの抱懐した道徳的信念に起因している。マキァヴェッリの「力量」の概念が最も狭義に解されるとき、それはほぼ武装戦士の卓越性と一致している。マキァヴェッリは大会戦場を疾駆する完全武装の戦士の雄姿に理想的人間像をみとめ、「非武装の預言者」や「司牧者」に対しては生理的な嫌悪の念を抱いている。『君主論』を特徴づけるところの、確かに過剰な軍備の「必要性」の主張と「チェーザレ」（Cesare/Caesar）の賛美は、「武装した世界」としての古代世界の諸徳に与して「非武装の世界」の諸徳を否認するという、ひとつの道徳的信念の表出なのである。したがって近現代世界におけるマキァヴェッリの弟子たちは、「自然」に抗い「超自然」を蔑して万事を「人為（作為）」に帰するという、『君主論』の理論的教説を継承して未曾有の技術文明に精神的基礎を提供しながらも、『君主論』に遍満する道徳的信念については、絶対的に峻拒したといえる[9]。

3. 喜劇の誕生[10]

マキァヴェッリの思想的営為の反伝統的特質、あるいは近代性（modernity）を精確に把握する鍵は、その「スタートのアルテ」に関する実践的教説ではなく、これが前提としている理論的教説を吟味することである。無論、「獅

子の獰猛」と「狐の狡知」の実践が人類の政治生活と同程度に古いことは疑いなく、例外状態における超法規的な非常手段の行使については、古典古代より観察の対象でありつづけてきた。研究史上、再三にわたり「マキァヴェッリの独創性」(the originality of Machiavelli) を否認するか、極度に過小評価する諸説が提起されてきた所以である[11]。しかしながら「君主の鑑」に関する論議の巨大な伝統のなかで、ただひとりマキァヴェッリのみが、ただひとり『君主論』の著者のみが、初期近代に扇情的な衝撃を惹起して「悪の教師」の汚名をこうむり、ついには「マキァヴェリズム」(Machiavellism) なる用語までも出来することになった歴史的事実は、依然として不動である。それゆえに、マキァヴェッリの政治的諸著作を閲しては、これらを猛然と糾弾した最初期の論者たちの戦慄の本質を究明することが肝要となる。イノサン・ジャンティエら最初期の批判者たちは、大概において地上の政治生活を基礎づけている「自然」の秩序の存在を自明視した。さらに「恩寵は自然を廃棄せず、これを完成する」(gratia non tollit naturam, sed perficit) という、聖書宗教に付随する超越性、すなわち「超自然」の性格に関する教義を信仰した。これら論者は「自然」と「超自然」によって、いわば二重に条件づけられた領域として「人為（作為）」の、換言するならば「アルテ」の可能的領域を想念した。しかるに、あるときマキァヴェッリは「自然的な、そして超自然的な諸事物に関する知識」について、おのれがまったくの無知であることを赤裸々に告白したのであった (D., Ⅰ, 56)。あらゆる政治組織から「自然」の基礎を、あらゆる信仰共同体から「超自然」の基礎を剥奪し、これらすべてを人間的諸原因に還元するという思想的営為の独創性は、かかる無知ゆえに可能となったといえる。まさしくこの無知の理論こそが、古典古代と聖書宗教の伝統に属する精神圏において思惟した学識者らには、人間的事柄の秩序に対して最も破壊的な作用を及ぼす邪説と判断されたのである。「悪の教師」に対する呪詛は、マキァヴェッリ没後ほぼ2世紀にわたり持続する。フリードリヒ2世 (Friedrich Ⅱ) の『反マキァヴェッリ論』(1740年) の序文劈頭には、バルフ・スピノザ (Baruch De Spinoza) と『君主論』の著者の類縁性を指摘しつつ、これらを「道徳の掟」と「信仰の基礎」の破壊者として非難する記述がみえる[12]。

だが、フリードリヒ2世の『君主論』に対する駁論書は、これに対する批判の伝統的、あるいは前近代的形態の最後の残響であった。『ドイツ憲法論』

（1802年）中、ヘーゲル（G.W.F. Hegel）はフリードリヒ2世による批判を空虚と断じ、ボダンとジャンティエの次世紀にリシュリュー枢機卿がフランス王国において実践したこと、つまりは強大なる「国家」（Staat）の樹立をイタリア半島において切望した英雄的人物として、マキァヴェッリを賛美した[13]。そして『イタリア文学史』（1870年）中、デ・サンクティス（Francesco de Sanctis）がマキァヴェッリをリソルジメントの精神的淵源と位置づけて最大限の賛辞を呈したとき、ヘーゲルの主張は拡大的に反復されることになる（De Sanctis 1965: 490, 訳366）。『君主論』の著者を「悪の教師」として、さらには悪魔、詐欺師、殺人鬼として誹謗するという、初期近代において広範に流布した言説は19世紀をつうじて急速に遠景に後退し、20世紀に至りほぼ消滅する。昔日の史上空前の巨悪は、かくして愛国者、科学者、あるいは共和主義者として再評価の対象となるものの、絶対的に看過されてはならないのは、しばしば相互に無関係にもみえるこれら多様な再評価が、一様に明瞭な好意的色彩を帯びていることであるだろう。

　マキァヴェッリの政治的諸著作に対する評価の劇的といえる転換が、17世紀から18世紀に至る西方世界において進捗した精神的刷新と雁行的に連動していたことは間違いない。いわゆる「目的論的世界像」から「機械論的世界像」への転回は、学問的認識の根本的な性質の変貌を伴っていたことが指摘される。しばしばそれは「思弁」theoria から「実践」praxis への、あるいは「観想的学問」scientia contemplativa から「活動的・操作的学問」scientia active et operativa への転換として要約される（Koyré 1957: 6-9, 訳9-16）。17世紀の進行に応じて次第に明白となってゆく自然学諸分野の赫々たる勝利は、諸々の自然現象の合法則性を解明するのみならず、これらを予測して、ついには人間の「自由な意欲（自由意志）」（libero arbitrio）によって支配する展望を開拓してゆく（cf., P., 25）。古典的理論家たちが夢想すらしなかった信念、「人為（作為）」すなわち「アルテ」が僭主のように「自然」を征服して、完全な包括的秩序を構成しうるという信念が出現する。「摂理」や「宿命」といった超越的諸観念は、ますます衰微してゆく。地上最強の「力」（potentia）としての「科学」をわがものとした人間は、比類なき「運命の統御者」（domitrice della Fortuna）として、かつての「超自然」の役割を、つまりは神的恩寵の役割を代行することさえもできるのかもしれない。外在的に「アルテ」の可能性を条件づける「自然」や「超自然」の観念に立脚した前

近代的伝統が、数世紀の悲惨な精神的混迷と、少なく見積もることはできそうにない人的犠牲を経て崩落したのちに出来したのは、人間的営為に関する未曾有のオプティミズムであった。

「人為（作為）」の領域を大幅に拡張した新しい自然学は、諸々の物質に対する「力」の獲得を可能ならしめるのみならず、やがて人類の政治生活に関する法外なオプティミズムを産出する。前近代的な生活感情の基底には、「人間本性」(human nature) のうちに諸々の個人、都市、王国を没落へと至らしめる恒常的な不完全性が内在するという、「悲劇的な人生感覚」が潜んでいた（Steiner 1961: 125-127, 訳 154-155）。あるいは地上における人間的苦悩は、畢竟、原罪によって神的恩寵から失墜したためであるとする古い観念は、生活感覚の隠微な襞の内奥にまで深く根を張っていた。だが、「自然」や「超自然」の観念が極度に無力化し、人間の本然的な欠陥や原罪に関する言説が虚妄として排斥されるとき、人間的事柄における諸々の悪は「人為（作為）」に、すなわち非合理的な陋習に、錯誤に満ちた教育に、偏見に歪められた迷妄に、そしてこれまで王侯貴顕どもが構築してきた社会制度や政治組織に起因するという思念が発生する。人間を束縛する鎖は、人間によって製作された。それは人間の鎌と鉄槌で破断することができる。人類の未来は、人類の「アルテ」と「自由な意欲（自由意志）」の「力」で形成することができる。ジャン＝ジャック・ルソー（Jean-Jacques Rousseau）によって語られた「人倫の神話」は、容易に想像できるように、そして現実にそうなったように、巨大な政治変動を準備せずにはいない。かかる精神的刷新が人間生活に瞭然たる可視的変化をもたらすに比例して、『君主論』中に開示された「スタートのアルテ」を基礎づけるマキァヴェッリの理論的教説は、邪説であるどころか福音とみなされる。それは政治的、社会的変革をつうじて、人類の全苦悩を除去せんとするオプティミズムの、炎のパトスの無限に豊穣な濫觴となる[14]。

ダンテ（Dante Alighieri）は、おのれの叙事詩三部作を「喜劇」(commedia) と規定した。三部作が、まず「地獄」において悲嘆に満ちていながらも、ついで「煉獄」を経て「天堂」に至っては歓喜の大団円を有するためである。だが、「天堂」における救済はあくまで神的恩寵の賜物であるがゆえに、ダンテ没後まもなく「神聖喜劇（新曲）」(la divina commedia) なる三部作の表題が確立する。マキァヴェッリの精神的営為に起源して、その近現代世界の弟子たちが構想した展望は、地上において、しかも「人為（作為）」によっ

て大団円を成就せんと企図するがゆえに、「神聖喜劇」ならざる「人間喜劇」（la umana commedia）の展望であることになる。政治哲学史上に『君主論』以下諸著作が占める意義の正当な評価は、「人間喜劇の誕生」の波及効果に対する正当な歴史的評価と一致するといえるのかもしれない。ただし、ここにおいて指摘されねばならないのは、もしも「人間喜劇」の計画によって確かに様相を一変させた惑星の現状を『君主論』の著者が見知ったならば、おそらくは軽蔑と嫌悪の念のあまり唾棄するように思われることである。師弟の乖離は、弟子たちが「人為（作為）」の可能性を拡張する理論的教説については忠実に継承し、その潜勢力を最大限に活用しておりながら、師の抱懐していた道徳的信念を拒絶したことの帰結であるだろう。

おわりに

フランシス・ベーコン（Francis Bacon）の『学問の進歩』（1605年）中にみえる評言を引証しつつ、マキァヴェッリは「事実」と「価値」を峻別し、「価値判断」を差し控えたために現代政治学の発火点となりえたという解説が、しばしばおこなわれる。しかしながらこの解説は、『君主論』以下諸著作が、ときに相矛盾する憶断を多分に含んだ諸々の「価値判断」に満ちているという単純な事実ゆえに、成立困難である。20世紀政治学はマキァヴェッリ政治学の後裔であるという指摘が一定の有意性を帯びるのは、むしろ20世紀政治学が「権力」（power）の概念を機軸として発展を遂げた事実を勘案するときである。政治現象のことごとくを「影響力語群」（influence-terms）によって語ることは（see, Dahl and Stinebrickner 2003: 12）、そこに「人為（作為）」を、したがってほとんど無限の変更可能性を想定していることの証左である[15]。あらゆる政治現象を予測しこれらを操作して、自然科学の勝利を再現せんとする抱負と無関係とはいえない20世紀政治学の「権力」の言語のうちに、マキァヴェッリの反伝統的因子の血脈をみとめることは、おそらく妥当である。そして現代の社会理論が、以前は「自然」の産物とみなされてきた秩序に「権力」を、つまりは「人為（作為）」を指摘するとき、マキァヴェッリに始源を有し、ルソーによって彫琢されたオプティミズムが猛然と駆動していることは確実といえる。ただし、現代世界においてマキァヴェッリの精神的営為の模倣がより忠実となるならば、マキァヴェッリが探求を怠った問題もまたいっそう明瞭な輪郭を帯びて表現されることは必定である。たとえば

現代世界の「フェミニスト」が、「性差のどこまでが生物学的に決まり、どこからが社会的・文化的な影響に左右されるのか」という問題を、「決着のつかない論争」として放置するとき[16]、「ノモス」(nomos) と「ピュシス」(physis) をめぐる古典的問題、政治哲学にとって根源的といえる問題が回避されていることは明白である。あるいはマキァヴェッリの思想的営為の歴史的布置に関する十全な理解は、「自然」(nature) の観念と、これの征服ないしは克服ではなく「陶冶」(cultivation) としての「文化」(culture) の観念の再発見という要請を、政治学徒に知覚させるのかもしれない。

【注】
(1) アリストテレス『政治学』1295a; クセノフォン『オイコノミコス』ⅩⅩⅠ, 12;『メモラビリア』Ⅳ, 6, 12;『キュロスの教育』3, 18;『ヘレニカ』Ⅶ, 1, 46 をみよ。
(2) コルッチオ・サルターティ『僭主論』1 をみよ。池上監修 2010 年：102-105（米田潔弘訳）。
(3)「支配者と、それに付随するものをいっしょにして lo stato と呼ぶ。そしてこの名称はやがて不当にも、一つの領土全体を意味することになる」(Burckhardt 1988: 407, 訳 292)。「スタート」の概念の詳細な分析については、佐々木 1970 年：98-107 を参照せよ。「... 正に典型的にティラニーの論理 ...」（同 98）。
(4) 以下のごとき用法も可能であることに注意せよ。「かくして上層平民とゲルフ会がスタートを回復し、下層民はスタートを喪失したが、下層民は 1378 年から、これら新たな事態が発生した 1381 年のあいだ、スタートの君主（principe）であった」(IF., Ⅲ, 21)。
(5) アリストテレス『自然学』194a, 199a; キケロ『神々の本性について』2, 57; トマス・アクィナス『君主の統治について』12 をみよ。
(6) アリストテレス『政治学』1253a; キケロ『国家について』1, 25 をみよ。
(7) 若きマキァヴェッリとルクレティウス『物の本性について』との邂逅を示す伝記的事実から、マキァヴェッリの世界像とエピクロス哲学との関連を指摘する研究が活性化している。とくに Brown 2010 を参照せよ。ただし、エピキュリアンは政治的著作を執筆することもなければ、君主の助言者になろうともしなかった。
(8) なお、ジャンティエのマキァヴェッリ駁論書の英訳版の諸影響ついては、村田 2010 年を参照せよ。
(9) マキァヴェッリの「道徳的信念」に関しては、村田 2006-2007 年を参照せよ。
(10) 以下の論述について、村田 2016 年のとくに第 5 章を参照せよ。

(11) 鹿子生 2013 年は、「マキァヴェッリの独創性」を最小限に見積もった研究の代表的事例といえる。だが、この研究もまた「彼〔マキァヴェッリ〕の新しい方法」を、「国家の成功の人為的要因を探求し、フォルトゥナという要因を可能な限り説明から排除しようと試みること」として理解している（鹿子生 2013 年 : 288-294）。
(12) フリードリヒ 2 世 2016 年 : 25。
(13) ヘーゲル 1967 年 : 156-168。さらにヘーゲル 1994 年 : 295-296 をみよ。
(14) 「ルソー的楽天主義」（Rousseauist optimism）の射程に関して、川出 2014 年 : 95-96 をみよ。また、本稿の追究した問題にとって、モンテスキューが国家による市場経済への介入を「マキァヴェリズム」と呼んだという事実は、なかなか興味深い情報であることになる。これについては、川出 1996 年 : 170-172 をみよ。
(15) 川崎修／杉田敦編 2012 年 : 8-10 をみよ。
(16) 上野 2015 年 : 7 をみよ。

【参考文献】

ニッコロ・マキァヴェッリの原典については、Niccolò Machiavelli, a cura di Corrado Vivanti, *Opere*, 3vols.（Einaudi-Gallimard, Torino, 1997, 1999, 2005）に拠る。言及に際して、とくに『君主論』については P、『ディスコルシ』については D、『フィレンツェ史』については IF と略記し、巻および章番号を（　）内に記す。拙訳。

イノサン・ジャンティエの著作については、Innocent Gentillet, *Discours sur les moyens de bien gouverner et meintenir en bonne paix un Royaume ou autre Prncipauté. Divisez en trios parties: du Conseil, de la Religion et Police que doit tenir un Prince. Contre Nicolas Machiavel Florentin ; Discourse upon the means of well governing and maintaining in good peace, a kingdom, or other principalitie. Divided into three parts, namely, The Counsell, the Religion, the Policie, which a Prince ought to hold and follow. Against Nicolas Machiavel the Florentine,* translated into English by Simon Patericke, printed by Adam Flip (London, 1602) に拠る。（　）内に記されるのは英訳版の頁番号である。

Anglo, Sydney 2005 *Machiavelli: The First Century, Studies in Enthusiasm, Hostility and Irrelevance,* Oxford University Press.
Brown, Alison 2010 *The Return of Lucretius to Renaissance Florence*, Harvard University Press.
Burckhardt, Jacob 1988 *Die Kultur der Renaissance in Italien: ein Versuch*, A. Kröner. ヤーコプ・ブルクハルト、柴田治三郎訳『イタリア・ルネサンスの文化』（上）（下）中央公論社、1974 年。
Dahl, Robert A. and Stinebrickner, Bruce 2003 *Modern political analysis*, sixth

edition, Prentice Hall.

De Sanctis, Francesco 1965 *Storia della letteratura italiana*, Sansoni. フランチェスコ・デ・サンクティス、在里寛司・藤沢道郎訳『イタリア文学史（ルネサンス）』現代思潮社、1973年。

Ernst, Cassirer 1946 *The Myth of the State*, Oxford University Press. エルンスト・カッシーラー、宮田光雄訳『国家の神話』創文社、1960年。

Koyré, Alexandre 1957 *From the Closed World to the Infinite Universe*, Johns Hopkins Press. アレクサンドル・コイレ、野沢協訳『コスモスの崩壊——閉ざされた世界から無限の宇宙へ』白水社、1999年。

Meinecke, Friedlich 1957 *Die Idee der Staatsräson in der neueren Geschichte*, herausgegeben und eingeleitet von Walther Hofer, R.Oldenbourg Verlag. フリードリヒ・マイネッケ、菊盛英夫／生松敬三訳『近代史における国家理性の理念』みすず書房、1960年。

Skinner, Quentin 1989 "The State", *Political Innovation and Conceptual Change*, edited by Terence Ball, James Farr, Russell L. Hanson, Cambridge University Press.

Steiner, George 1961 *The Death of Tragedy*, Yale University Press. ジョージ・スタイナー、喜志哲雄／蜂谷昭雄訳『悲劇の死』筑摩書房、1995年。

Strauss, Leo 1958 *Thoughts on Machiavelli*, The University of Chicago Press. レオ・シュトラウス、飯島昇藏／厚見恵一郎／村田玲訳『哲学者マキァヴェッリについて』勁草書房、2011年。

―――――― 2000 *On Tyranny*, revised and expanded edition, edited by Victor Gourevitch and Michael S. Roth, The University of Chicago Press. レオ・シュトラウス、石崎嘉彦／飯島昇藏／面一也訳『僭主政治について』（上）、石崎嘉彦／飯島昇藏／金田耕一他訳『僭主政治について』（下）現代思潮新社、2006-2007年。

厚見恵一郎 2007年『マキァヴェッリの拡大的共和国——近代の必然性と「歴史解釈の政治学」』木鐸社。

池上俊一監修 2010年『原典 イタリア・ルネサンス人文主義』名古屋大学出版会。

石黒盛久 2009年『マキアヴェッリとルネサンス国家——言説・祝祭・権力』風行社。

上野千鶴子 2015年『【新版】差異の政治学』岩波書店。

小川侃 2015年『ニッコロ・マキアヴェッリと現象学』晃洋書房。

鹿子生浩輝 2013年『征服と自由——マキァヴェッリの政治思想とルネサンス・フィレンツェ』風行社。

川崎修／杉田敦編 2012年『【新版】現代政治理論』有斐閣。

川出良枝 1996年『貴族の徳、商業の精神——モンテスキューと専制批判の系譜』、東京大学出版会。

―――――― 2014年「公共の利益のための学問——ルソーとフィジオクラー

ト」、『政治思想研究』第 14 号。
佐々木毅 1970 年『マキアヴェッリの政治思想』岩波書店。
村田玲　2006-2007 年「道徳の自然誌—マキァヴェッリ政治学の道徳的基礎に関する予備的諸考察」（上）（下）、『早稲田政治公法研究』第 81-85 号。
───　2010 年「マキアヴェリズムの本質—マキァヴェッリ政治学における近代性の解明のための予備適所考察」、『年報政治学』2010-Ⅱ号。
───　2016 年『喜劇の誕生—マキァヴェッリの文芸諸作品と政治哲学』、風行社。
フリードリヒ 2 世　2016 年『反マキアヴェッリ論』大津真作監訳、京都大学学術出版会。
ヘーゲル　1967 年『政治論文集』（上）金子武蔵訳、岩波書店。
───　1994 年『歴史哲学講義』（下）長谷川宏訳、岩波書店。

第3章　スピノザの支配論
——個人・社会・国家の安定化機能としての宗教

服部　美樹

はじめに

　本論の目的は、バルフ・デ・スピノザ (Baruch de Spinoza: 1632-1677) の支配論を、政治と宗教の関係という視点から明らかにすることにある。
　スピノザは倫理学・哲学の書『エティカ (Ethica:1677)』の著者として名高いが、その政治思想は必ずしも周知であるとは言い難い。そこでまず、政治思想史上でのスピノザの位置づけを確認しておこう。その生存中に刊行された、政治と宗教を主題とする『神学・政治論 (Tractatus Theologico-Politicus :1670)』は、神の自由意志や奇蹟の否定などその非キリスト教的要素のゆえに、涜神の書として母国ネーデルラントだけではなくヨーロッパ中で物議をかもし、その政治思想がまともにとりあげられることはなかった。それが研究対象となったのは、ようやく20世紀初頭に入ってからであり、スピノザはデモクラシーの論者に数え入れられるようになった[1]。
　とはいえ、そのデモクラシー論にただちに固有の意義が認められたわけではない。教科書的には、スピノザは長らくホッブズの亜流として位置づけられてきた。『神学政治論』第16章が論じる、各人の自己保存の権利＝自然権の集結としての社会契約論による「最高権力 (summa potestas)」構成という論理は、近代政治思想の祖であるホッブズ (Thomas Hobbes: 1588-1679) が既に『リヴァイアサン (Liviathan)』で論じていたものだからである。実際ネーデルラント共和国では、ホッブズの『市民論 (De Cive)』や『リヴァイアサン』はいち早くオランダ語に翻訳され、ネーデルラント・カルテジアンと呼ばれる開明的な在野の思想家達は、国家の絶対性と教会に対する優位を説くホッブズの政治理論を積極的に吸収していた。スピノザはネーデルラント・カルテジアン最左翼に数え入れられており、ホッブズからの理論的影響は『神学・政治論』に反映されていると考えられる[2]。こうしてスピノザのデモクラシー論は、ホッブズ類似の社会契約論として、したがってリベラリズムやリベラ

ル・デモクラシーに連なる政治思想とみなされてきた[3]。

このようなスピノザ理解に一石を投じたのが、アルチュセールやネグリらによる、マルクスに代わりうる政治思想という視点からのスピノザ読解である。それは、デカルトを嚆矢とする近代的思考に異議申し立てをするポスト・モダニズムの潮流のなかで登場した、リベラル・デモクラシーに対する批判という側面をもつ。ポスト・マルクス、ポスト・モダニズムとしてのスピノザの政治思想解釈によれば、国家成立後も民衆の力が法制度に封じ込められることなく潜在し続けるという点に、スピノザのデモクラシー論の特筆すべき特徴がある[4]。それでは、国家の絶対性と安定性を維持する一方で、国家に制度化されえない民衆の力をどのように内在的に制御するのか。スピノザの支配論は、この二つの要請を実現しうる政治の仕組みを構築することに向けられている。

本論では、このようなスピノザの支配論を、『神学・政治論』と『政治論 (Tractatus Politicus:1677)』(絶筆)を対象として考察する。また、哲学的主著『エティカ』の、感情のメカニズムを論じる第3部「感情の起源および本性について」、ならびに社会や国家の基盤となる諸徳を論じる第4部「人間の隷属あるいは感情の力について」を中心に参照する。というのは、後述するように、スピノザでは政治は理性にではなく感情に属し、政治権力を構成する力はもっぱら感情ないし欲求の力だからである。

1. 最高権力形成──自然的結合と社会契約論

最初に、最高権力(政治権力)がどのように形成されるのかを概観する。『神学・政治論』は聖書解釈の書であり、実在した古代ヘブライ神政国家における最高権力形成過程が社会契約の一形態として解析されている。一方『政治論』では、合意の形式を問わず、自然権結集による最高権力形成の一般的メカニズムが論じられている。そこで、『政治論』における最高権力形成の論理をたどることにしよう。

スピノザの「自然権 (jus naturae)」の特徴は、それが規範的要素をもたない「自然の力そのもの (ipsum natural potentium)」だという点にある。自然権は「万物を生起させる諸法則 (lex) あるいは諸規則 (regula) そのもの」である (TP2/4,277,19)。そして、「万物を生起させる諸法則」は「本性の必然性に依拠する法」であり、「自然の普遍的諸法則」という意味での「神の法」で

ある (TTP4,58, 上 148-150)。したがってスピノザでは、自然法は自然法則に解消され、自然権＝力＝法則（自然法）という等式が成立する。自然権は「そのものの力の及ぶところまで及び」(TTP16,189, 下 164,TP2/4,277,19)、各人はその存在や活動において自らがなしうるに相当するだけの量の自然権をもつ (TP2/3,2/4,276,18-19)。

とはいえ、「そのものの力」（自然権）が及ぶところまで及ぶ状態とは、自然権の万能を意味するわけではなく、むしろその無力を意味する。なぜなら、自然状態では各人は他の圧迫から自己を防御しうる間だけ「自己の権利」のもとにあるにすぎず、「盲目的な欲望の法則」(TP2/5,277,19,TTP16,189, 下 164-165) に導かれて自然権を行使するがゆえに、各人は「本性上敵」(TP2/14,281,27. E4P37S.2,238, 下 50) であり、単独で自己の自然権を維持することは不可能だからである。このような状態では、自然権は各人の力によって決定される限り「無」に等しく「意見 (opinione)」のなかに存在しているにすぎない (TP2/15,281,28)。

そこで、自らの自然権を行使し自己保存の利益を真に実現するためには、「相互扶助 (mutuo auxilio)」と「協力 (junctae virres)」のもとで「和合的に (concorditer)」生活することが必要になり、人々は、自己の自然権を断念して他人の害悪になることをなさないという保証を相互に与え合うということを約束する (TP2/15,281,128. E4P37S.2,237-238, 下 49-50) に至る[5]。こうして、「共通の同意 (communi consensus)」(TP2/15,2/16,281,29) のもと、「共通の権利 (jura commuia)」(TP2/15,281,28)、「最高権力」(TP2/15,281,28) が成立する。これにより、各人は単独である場合よりもいっそう多くの自然権を保持することができ (TP2/13,281,27)、しかも「ますます多くの人」が結合するほど各人は「ますます多くの権利」をもつことができるようになるのである (TP2/15,281,28)。

しかも、最高権力のこのような自然的結合は人間本性に基づいたものだから、政体の如何を問わずどのような社会や国家であっても、政治権力の起源は民衆の同意と「民衆の力 (multitudnis potentia)」(TP2/17,278-279,29)（＝自然権）に求められる。したがってスピノザでは、いかなる最高権力もデモクラティックに形成される。ちなみに、共通の同意は明示的にも黙示的にもなされるのであり、そのなかでも歴史上存在した明示的な合意の一例が、スピノザが社会契約論類似の契約であると解釈した古代ヘブライ神政国家における神との契約である。

ところで、このデモクラティックな力は、最高権力を形成し国家が成立した後も、完全に法や制度に封じ込められるわけではない。なぜなら、人間は「自己の本性の諸法則によって行動しかつ自己の利益をはかる」がゆえに、「各人の自然権」は「国家状態においても終息しない」(TP3/3,285,37) からである。例えば、個人の次元では「自らの権利（＝力）において約束違反をなしうる場合には」、その人は「自己の権利を放棄したのではなく言葉を与えたにすぎず」、いかなる契約も利益に関してしか拘束力をもたないので、約束した当人の意思が変わらない間だけ有効であるにすぎない (TP2/12,280,26-27,TTP16,192, 下 171)。つまり、法や法秩序は常に事実や実力によって凌駕されうる。それだけではなく、国法のもとでは罪であったとしても、自然の法則（スピノザは自然の法則を自然法と同一視している）という観点からは、法や約束に反する行為には何ら非難すべき点はないのである。

　このような論理は、個人間にだけではなく、国家と国民との関係にもあてはまる。すなわち、「各人が自然状態においてそうであるように、全国家の体躯と精神もまた、実力 (potential) をもってなしうるに相当するだけの権利 (juris) を有し」、「おのおのの国民あるいは臣民 (subditus) は、国家 (civitas) 自身が彼らより強力であればあるだけ、それだけ少なく権利をもつことになる」(TP3/3,285,36) と、国家状態における支配の安定性は端的に、国家が有する実力、すなわちそのとき国家が有する自然権の力の多寡と相関関係にある。例えば、国家よりも特定の国民や集団が権利を多く保持する状態とは、最高権力が自らの力を減じた状態、つまり国民からの信頼を失った状態である。この状態は、人々が自然権委譲の際にかわした約束を破り「臣民」の地位を放棄し、「国家の規定」(TP3/3,285,37) が禁じるにもかかわらず「各人が勝手に国家の決定や法律の解釈」を行い、「正義」を主張し、自らが自らの「裁判官」と化した状態、つまり法の解釈権を国家ではなく個人がもつ「統治権の分割」状態である (TP3/3, 285,36-37)。

　こうして、スピノザでは、「民衆の力」は明示や黙示の合意に基づき（古代ヘブライ神政国家では、神との間で明示的な合意として契約が結ばれた）法的支配関係を打ち立てる最高権力である一方で、自らが打ちたてた法秩序を掘り崩す力として国家状態のもとに潜在し続ける。この民衆の力は、法を制定し国家を成立させた後も統治者を牽制し、ときにそれに対抗する[6]。言

い換えれば、いかなる国家であれ、法と事実、法的権利と自然的力、法的正当性と事実上の正当性という力と法の対抗性の構図が潜在しているのである。

　もっとも、国家の維持それ自体が「最高善」である(TTP16,192, 下 171)と明言するスピノザにとって、国家成立後に民衆の事実上の力が作動することは、むしろ懸念すべき事態である。

　では、どうすれば民衆の力を制御することができるのか。スピノザが着目したのは、人々の感情、とりわけ宗教的感情である。スピノザは、『神学政治論』緒言で迷信的宗教が人々の心の動揺に付け入り社会や政治を不安定化させる要因であると論難する一方で、心の平安が得られない限り——そしてほとんどの場合、平安を得るのは困難である——宗教を求める心が人間からなくなることはないと洞察していた(TTPPre.5-8, 上 39-45)。このような人間心理に基づいてスピノザが得た発想は、宗教的感情の力を逆に政治的安定化のための力に転換するという方法であった。国家の平和のためにスピノザが採用したのは、政治から宗教を切り離すことで政治の自立を確保するという発想ではなく、政治的安定の確保という視点から宗教を捉え直し、民衆の宗教的感情を社会や国家の平和の基盤とするという方向性であった。

2．宗教の意義と機能——服従の教えと喜びの感情の増大

　スピノザによれば、宗教の本質は「服従」を教えることにある。すなわち、「信仰は真の教義よりも敬虔な教義を、換言すれば、精神を服従へ駆るような教義を要求する」(TTP14,176, 下 135)、あるいは「宗教教義に服従する者が気づかない限り」「何ら真理の影を持たない多くの教義があっても差し支えない」(TTP14,176, 下 135) と、スピノザは宗教の本質は真理を教えることにではなく、服従にあると明言している。例えば、モーセは「理性によってイスラエル人たちを説得しようとしたのではなく、契約、誓い、恩恵によって義務付けようとし」、違反に対して「刑罰の威嚇」、服従に対しては「報償」を約束した（TTP14,174 下 130）と解釈されているように、神からの恩恵を受けるために必要なのは、義務の履行であり服従である。

　宗教のこのような本質的構造はキリスト教であっても変わらない。すなわち、「新旧両聖書は服従の戒め(obedientiae disciplinam)」以外の何ものでもなく(TTP14,174, 下 130-131)、聖書の目的は服従の義務と隣人愛を実践するこ

とにあり、「福音書の教えも、神に服従しなければならないという単純な信仰以外の何ものも含んでいない」（TTP14,174, 下 131）と、キリスト教もまた服従を教える宗教であることにかわりはない、とスピノザは考えている。

　では、宗教のどのような要素が人々に服従を促すのだろうか。古代ヘブライの宗教に関するスピノザの解釈に目を向けよう(7)。モーセの宗教では、服従は神への怖れからではなく、神への敬虔の感情から生じる。すなわち、モーセは「恐怖の念からよりも敬神の念からのその義務を果たさせよう」と意図し、神の名における将来の約束や「恩恵」によって服従をとりつけようとした。モーセは戦争遂行のためには、兵士を励まし勇気づけるほうが有効であると判断し、「恐怖によってよりも自発的意志によって」義務を遂行させようとした (TTP5,75, 上 185)。つまり政教一致の古代ヘブライ神政国家では、敬神の感情から生まれる神への服従はそのまま政治的服従として、国民を一致団結させていたのである。

　後年の『政治論』では、最も有効な支配方法は相手に自分を畏怖させることよりも愛させることだと述べているように（TP1/10,280,25）、支配者に対する恐怖ではなく支配者に対する愛＝自発的な服従こそが、いかなる国家の支配にとっても有効だという論理は、より鮮明になっている。

　では、どのようにすれば、神を愛するのと同じように、統治者に対する愛が人々のなかにうまれるのか。この点についてスピノザは、「土地の自然」や「民族の気質」に調和するようにすべてが定められるべき一方で、強制ではなく自発的に義務が履行されるようにするべきであると念押しをしている（TP10/7,356,182）。風土や歴史、また文化や習俗や慣習などを通して形成されてきた国民の気質に適合するように、法や制度が整えられるなら、人々の支持をとりつけやすいのは言うまでもない。

　とはいえ、統治者が民衆からの愛と服従をとりつけるために、すべての国家に共通する最も有効で簡単な方法は、民衆の欲求を充足し、人々が欲する利益を実現することである。スピノザはこの点について、やはり神政国家の解析を通して自らの見解を述べている。再び聖書解釈に目を転じよう。その聖書解釈によれば、そもそも古代ヘブライ人は「神の驚嘆すべき力を経験したあとでなければ、神はいかなる取り決めも彼らと結ばなかった」とあるように、自分たちの利益が顧慮されることを確認してから神と契約を結んだ。一方、神＝神政国家は、「どの国民もヘブライ国家の臣民以上の大なる

権利によって自己の財産を配慮した者はなかった」と言われるほどの、「すべての人間的行動の核心であり源泉である利益への顧慮」が実現していた (TTP17,205, 下 199)。

具体例を挙げれば、国民は長老と同じ分だけの田畑を自己の所有物として所有することができ、貧困のために土地を売却した場合でも五十年節と呼ばれる特別の年がくれば返却されるといった諸制度が、宗教的要請として確立していた。加えて、「王たる神の好意を得るには隣人に対する、すなわち国民同士に対する愛を最高の敬虔をもって行わなければならなかった」という隣人愛の奨励は、貧困を比較的耐えやすいものにしていた (TTP17,216, 下 221)。このような、国民の福祉を増進する制度を整備し、国民同士の相互扶助を奨励し実践することで、「何人も祖国に対する裏切りや祖国からの離反を思いつくことはまったく不可能であり」、反対に「すべての者は他国の支配を受けるよりはどんな難儀をも甘受する気にならざるをえなかった」(TTP17,214, 下 218) と形容されるほど、神政国家における神と統治者は愛されていたのである。

政治の法や制度と宗教の法や制度とが完全に合致していた古代ヘブライ神政国家では、上述のような仕組みで、神への愛と服従＝国家への愛と服従が、裏を返せば神の支配＝国家の支配が成立していた。それだけではなくスピノザは、神政国家で人々が共有していた神への愛は、多くの人々がキリスト教を信じる世俗権力の国家、すなわち国家と宗教の成立が同時的ではない国家においても成り立つと考えている。それはなぜか。その理由を明らかにするために、感情のメカニズムと、スピノザが理解するキリスト教の特徴を見てみよう。

3．国家の基礎にして庶民の社会倫理としての啓示宗教

スピノザによれば感情は、外部からの刺激によって生じる受動状態である。受動の感情は、喜びの感情、悲しみの感情、欲望の三つに分類され、喜びの感情は自己保存の力を増大させ、悲しみの感情は自己保存の力を減少させる。これに対して、事物を必然性のもとで認識する（スピノザはこれを「十全な観念」「神の観念」とよぶ）際に現れ（E3P58,D58, 上 233)、「働きをなす限りにおける私たち自身に関する」「喜びや欲望」の感情は能動感情であり (E4P37S1,236, 下 47)、「理性の導き」によってもたらされる。例えば神を

敬う「敬虔」の感情は、能動感情の一つである。能動感情としての敬虔からは、「理性の導き」のみに従って生きようとする感情である「勇気 (animositas)」、「理性の導き」のみに従って他者の利益を考慮し「他の人間を援助しかつ彼らと交友を結ぼうと努力する欲求」である「寛容」といった感情が、さらにそれらから「節制 (sobrietas)」、「礼譲 (modestia)」、「慈愛 (clementia)」、「友情 (amicitia)」といった諸感情が派生する (E3P59S,188, 上 234)。他方、神への服従＝信仰もまた受動の喜びの感情や敬虔をもたらすが、それは受動である点で、能動感情とは根本的に異なる。

しかしながら、「私たちは受動という感情によって決定されるすべての活動へ、その感情なしにも理性によって決定されることができる」(E4P59,254, 下 70) とあるように、スピノザの意図は「理性の導き」から生じる能動感情（理性・哲学）を受動感情（信仰・宗教）の優位に置くことにはない。むしろスピノザは、受動の喜びに積極的な意義を認めている。すなわち、「善である限りにおける喜びは理性と一致する」(E4P59,254, 下 71) と定理化されているように、啓示宗教による喜びの感情と能動感情としての喜びの感情が合致しうるという点に、スピノザの力点が置かれていると言ってよいだろう。というのも、理性の導きと啓示宗教の教えとから生じる感情が一致している状態は、哲学と神学とが実際の社会では喜びの感情の共有として共存すること、つまり思想の自由と宗教的敬虔とが平和のうちに共存することを意味するからである。『エティカ』でも、「国家の基礎」は「敬虔 (pietas)」、「宗教心 (religo)」の感情にあると記される所以である (E4P31S1,235-236, 下 47、E3P54,S,188, 上 234)。

さらにスピノザは、キリスト教の教えが普遍的な道徳でもありうる点を高く評価している。そもそも「理性の導き」から導出される「敬虔」「寛容」「節制」「礼譲」（謙譲）などの諸感情は、キリスト教が勧奨する徳目と一致している。それゆえ、キリスト教信仰を継承してきた一般民衆にも、それらの徳は受け入れやすく実践しやすいだけでなく、社会的・国家的紐帯に資するからである。イエスを救世主ではなく最高の哲学者であると述べているように (Ep.75,314,331、Ep.78,314,344、TTP.1,21, 上 70-71)、イエスは宗教として教えを説いたが、その内実は「理性の導き」と完全に一致するとスピノザは解している。つまり服従から生まれる神への愛と理性の指図から生じる神への愛は、ともに国家への愛を形成することができる。

とはいえ、スピノザがたんに統治技術の観点から喜びの感情の増大を説いている、とみるならそれは失当である。なぜなら、喜びの感情が増大しているとき、その人は自然権を自ら行使し、最高権力を構築する目的であった自己保存の利益を実現しているからである。つまり喜びの増大は、個人の「活動能力」や「完全性」の増大を意味する (E3Affectum Definitions,23Ex.190, 上237-238)。それゆえスピノザは、能動であれ受動であれ喜びの感情が頻繁になることを奨励している (E5P10S,288-289, 下 111-112)[8]。

以上みてきたように、哲学や理性がもたらす能動感情としての敬虔の感情であれ、信仰がもたらす敬虔の感情（宗教心）であれ、喜びの感情は個人の、社会の、そして国家の平和と活力を測る指標である。こうして宗教——近代西欧国家ではキリスト教——とそこから生じる敬虔の感情が、人々の相互扶助（隣人愛）を可能にし国家への愛をうみ出すことで、民衆の力は国家を平和的に維持する力として、国家のなかで作動し続けるのである。

4．各政体と教会制度

それでは、政治と宗教に一定の親和性があるとしたスピノザが勧奨する宗教は、どのような宗教なのか。それは、最高の存在と最高の正義であり、最も憐れみ深い唯一の神が存在し、正義や隣人愛を実践するよう人は義務付けられているという教えを内包する「普遍的宗教 (Catholica Religo)」、「普遍的信仰」(fides catholica, fides universalis)「理性による普遍的教説 (catholicum rationis documentum)」（TTP16,231, 下 254）であり、誰もが受け入れることができ、神への服従の絶対的前提となるような教義、換言すれば、教会に論争が生じる余地がまったくない教義のみを含む宗教である[9]。このような宗教は、万人が共有し守るべき普遍的道徳と言い換えることができるだろう。

スピノザは、普遍宗教宗が実際の社会や国家のなかでどのように位置づけられるかを考察した。『政治論』の主題は、民衆の力——それは感情や欲望の力である——を国家の安定や平和を担保する力としてどのように制度化するかを、君主政、貴族政、民主政の各政体において明らかにすることであるが、宗教や教会のあり方もそれぞれの政体に即して詳細に検討されている。

まず、君主政では、王が帰依する宗教は「宮廷内に特別の礼拝堂」を建立しなければならない。君主国では、都市は教会堂建設のために費用を負担してはならず、またどのような宗教であれそれが「国家の基礎」を危うくす

るものでない限りその信仰は認められなければならない。その一方で、臣民は自分の信じる宗教の教会堂を自分たちの費用で建てなければならない (TP6/40,307,84) とあるように、世俗的な君主政では、宗教は私的な事柄なのである[10]。

次に貴族国家では、「普遍宗教」としての「国教」が前提されている。国教以外の宗教やそのための教会堂の建設も認められてはいるものの、国教のために奉献される教会堂は他の宗教や宗派のそれよりも大きく立派でなければならず、洗礼、婚姻の聖別、按手などの主要祭式の権限は、専門的・職業的な司祭ではなく、統治権者・為政者であり「国家の擁護者・解釈者」である「貴族」や「元老院議員」がもつべきである。こうして普遍宗教は、閑暇に恵まれた特定の専門家（聖職者）が教義の解釈権を排他的に独占することもなく、分派の発生やそれに伴う宗派間の抗争、宗教の迷信化、そしてそれらが惹起する社会の混乱を抑止することができる宗教であり、誰もが受け入れ、実践することのできる開かれた宗教である[11]。残念ながら、民主政は絶筆なったゆえに宗教については論じられていないものの、人間は本性上宗教を求めるというスピノザの考えからするなら、やはり普遍宗教が制度化されると解される。

ところで、このようなスピノザの発想は、宗教を統治技術に貶め、信仰をないがしろにするとの批判を受けるかもしれない。しかしながら、普遍宗教は「内的崇敬」や「敬虔そのもの」から区別された、「敬虔の実行と宗教への外的崇敬」としての宗教であり (TTP19, 228-229, 下 249)、道徳的・実践的正しさを本質とする教えであり、他方で「敬虔そのもの」としての信仰は、国教的宗教の有無にかかわらず保障される（信仰の自由）。こうして、国家では、神への服従（「神への愛」と「隣人愛」の実践）と国家への服従（道徳と法の遵守）がともに成立するのである。

おわりに

国家の安定及び平和を保つためには、国家成立後も存続する最高権力としての民衆の力をどのように制御するのか。この問いに対するスピノザの解答は、喜びの感情の増大化や福祉の充実を通して人々の祖国愛を育むことにあった。なかでも宗教は各人の喜びの感情を増大させ、民衆の力を社会や国家の平和を支える力へと方向づける重要な要素である。スピノザは普遍宗教

という、誰もが支持することのできる宗教を、国家のシステムの中に組み入れることで政治的安定性を確保しようとした。

このようにみてくると、スピノザの支配論の特徴は、政治と宗教の間に強い牽引関係を認めるという、政教分離を自明視する主流的な政治思想の論理とは異なるアプローチをとる一方で、自由や平和の実現、喜びの増大（自らの思うところに従って生きること）、福祉の増進といったリベラル・デモクラシー的価値の実現それ自体を支配の正当性根拠としている点にある。

近年、リベラル・デモクラシーの典型ともみられてきた西欧諸国家で、ポピュリズムの抬頭、移民や難民に対する非寛容といった現象が目につくようになってきた。自由、寛容、平等といったリベラル・デモクラシーを支える価値が、その価値を実現・実践することにより、逆にリベラル・デモクラシーが内部から掘り崩される危機に瀕している。このような時代にあってスピノザの政治思想は、リベラル・デモクラシーの価値に内在しつつ現実のリベラル・デモクラシー体制を問い直すための、一つの有力な参照点となるだろう。

【注】
(1) スピノザの政治思想を単独で研究対象として本格的に論じたのはダッフである。Duff 1903.
(2) ネーデルラントの歴史や当時のネーデルラントの状況、スピノザの思想のネーデルラントおよびヨーロッパにおける位置づけについては、例えば以下を参照。Bunge,Wiep van.2001. Israel 1995. Israel2001. Price, J. L. 1994. Wilson 1968.
(3) スピノザを自由主義に位置づける古典的な研究として、Feuer.1964. スピノザをリベラル・デモクラシーに位置付ける研究として例えば、Strauss1965. スピノザの政治思想に関する代表的な研究として（単著）森尾 1983、飯島 1997、柴田寿子 2000。
(4) Althusser 1965. Negri 1997.
(5) このように、人々が本性上相互協力関係に入ることを、飯島はスピノザでは「社会的社交性」が本性上存在していることを示すと述べている 飯島 1997, 200-201。
(6) この力こそ、ネグリが永久革命的な力としてスピノザの政治思想に見出した民衆の構成的な力である。Negri 1997.
(7) 神政国家の関するスピノザの聖書解釈については、服部 2014 を参照。
(8) セベラックは、『エティカ』第三部定理 59 に着目し、受動としての喜びの感情は至福（第三種直観）に至るには量的には不十分であるが、悲し

みを伴わず過剰にならないがゆえに質的には絶対的に善い感情であり、この感情を増大することは「よい人生と思惟のために」不可欠であるとしている (Sévérac 1998, 52-53)。ドゥルーズも参照。ドゥルーズはおおよそ次のように述べている。たとえ受動感情であっても、本質の最低の度合いは含んでいるから、受動感情としての喜びの感情であっても活動能力に近づく。したがってスピノザの倫理問題では「いかにしてわれわれは喜びの諸感情を最大限に感じられるようになるか」を考えなければならない (Deleuze1968, 252-266,254-255)。

(9) 普遍的宗教の教義としてスピノザは、①神が存在する、②神の唯一性、③神の遍在性、④神の最高の力を有し自らの裁量と恩寵によってこの力を行使する、⑤神への服従は正義と隣人愛のうちに存在する、⑥神に服従する者は救済され、欲望の支配下に生きる者は棄てられる、⑦神は痛悔者をゆるす、という7つの教義にまとめている (TTP14,177-178, 下 137-139)。

(10) 例えば Verbeek 2003:60 を参照。「宗教は明らかに私的な事柄であり、いかなる政府の関わりも要求しない」

(11) アンリ・ローは、スピノザが普遍的信仰によって、民衆をより開かれた宗教へ導こうとしているとみなしている (Laux 1993:233-234)。普遍宗教は「全人類に共通する宗教」(religio toti humano generi) (TTP12,162, 下 104)、「理性の普遍的教説」(catholicum rationes documentum) (TTP19, 231, 下 254) とも言われるが、スピノザは人為的に普遍的宗教を創設することまでも考えていないと考えられる。

【凡例】
スピノザの著作は次のものを用いた。*Spinoza Opera, im Auftrag der Heidelberger Akademie der Wissenschaften*, herausgegeben von Carl Gebhardt, Carl Winters Universitaetsbuchhandlung, Heidelberg,1925.
スピノザの著作については、現在国際的に最も標準的とされている略記号を用いている。著作および著作中の略記号は以下のとおりである。
E→Ethica Ordine Geometrico demonstrate.(Bd. Ⅱ)(畠中尚志訳『エチカ』岩波文庫、1904 年、改版 1976 年)
同著作中の略号は次のとおりである。
Def.=Defnitio(定義)、Axi.=Axioma(公理)、P=Propositio(定理)、D=Demonsratratio(証明)、C=Corollarium(系)、S=Scholium(備考)等
例 (E4P18S,222-223, 下 28-31)→Ethica Ⅳ Propositio18 Scholium,p.222-223, 畠中尚志訳『エチカ』下巻 28 − 31 頁)
TTP→Tractatus Theologico-Politicus.(Bd. Ⅲ)(畠中尚志訳『神学・政治論――聖書の批判と言論の自由――』上・下、岩波文庫、1994 年)
TP→Tractatus Politicus.(Bd. Ⅲ)(畠中尚志訳『国家論』岩波文庫、1904 年、改版 1976 年)(本論では『政治論』と訳している)

Ep.→Epistitae.(Bd. Ⅳ) (畠中尚志訳『スピノザ往復書簡』岩波文庫、1958 年)

【参考文献】
Althusser, Louis.1965. *Pour Marx*, Paris: Maspero, 1965 (河野健二・田村俶・西川長夫訳『マルクスのために』平凡社ライブラリー、一九九四)
Bunge,Wiep van.2001. *From Stevin to Spinoza: an Essay on Philosophy in the Seventeenth-Century Dutch Republic*, Leiden : Brill.
Deleuze, Gilles.1968. *Spinoza et la Problème de l'expression*, Paris: Minuit (工藤喜作・小柴康子・小谷晴勇訳『スピノザと表現の問題』法政大学出版局、1991 年).
Deursen, A.T.van.1999. "The Dutch Republic, 1588-1780," in *History of the Low Countries*, J. C. H. Blom and E. Lamberts(eds.),, translated by James C. Kennedy, New York: Berghahn Books, pp.143-220.
Duff, Robert A. 1970.*Spinoza's Political and Ethical Philosophy*, New York: Augustus M. Kelley, reprinted (First Edition 1903).
Feuer, Lewis Samuel. 1964.*Spinoza and the Rise of Liberalism*, Boston: Beacon Press (Originally Published 1958).
Israel, Jonathan, Irvine1995. *The Dutch Republic: Its Rise, Greatness and Fall 1477-1806*, Oxford: Clarendon Press.
―――. 2001. *Radical Enlightenment: Philosophy and the Making of Modernity 1650-1750*, Oxford: Oxford University Press.
Laux, Henri. *Imagination et Religion chez Spinoza: La Potentia dans L'histoire*, Paris: Librairie philosophique J. Vrin, 1993.
Negri, Antonio. 1997.*Le Pouvoir Constituant: Essai sur les Aiternatives de la Modernité*, Paris: P. U.F. (杉村昌昭・斎藤悦則訳『構成的権力――近代のオルタナティヴ』松籟社、1999 年).
Price, J. L. 1994.*Holland and the Dutch Republic in the Seventeenth Century: The Politics of Particularism*, Oxford: Clarendon Press.
Strauss, Leo. 1965. *Spinoza's Cririque of Religion*, translated by E.M. Sinclair, Schocken Books, 1965.
Wilson, Charles Henry. 1968.*The Dutch Republic and the Civilization of the Seventeenth Century*, World University Library, Weidenfield and Nicolson (堀越孝一訳『オランダ共和国』平凡社、1971 年).

飯島昇藏 1997.『スピノザの政治哲学―『エティカ』読解をとおして』早稲田大学出版部 .
川口博 1986.「議会と主権――オランダ共和国の成立」『オランダとインドネシア――歴史と社会』栗原福也・永積昭監修、山川出版社 .
服部美樹 2014. 「スピノザにおける神政国家と民主政の関係――法の可能性と民主政の不可能性」『政治哲学のために』飯島昇藏・中金聡・太田

義器編、行路社
森尾忠憲 1983.『デモクラシー論の先駆―スピノザの政治理論』学文社.
柴田寿子 2000.『スピノザの政治思想―デモクラシーのもう一つの可能性』
　未来社

第4章　アダム・スミスの支配論
――支配を必要としない社会のしくみを描く

玉手　慎太郎

はじめに

　18世紀イギリスの道徳哲学者アダム・スミスを、最も有名な（そして最も重要な）経済学者の一人であるとここで断言しても、決して異論は生じないであろう。よく知られているように、スミスは市場における個々人の利己心の調和を解き明かし、これを「見えざる手」と呼んだ。この貢献によってスミスは近代経済学の創始者として位置付けられるとともに、社会思想史において欠くことのできない存在となっている。本章では、スミスの思想を本書の主題である「支配」に照らして、より正確に言えばその裏返しである「非支配」をテーマとして読み解くことを試みる。

1. 本章の課題

　アダム・スミスは1723年6月5日、スコットランドの港町カーコーディに生まれた[1]。グラスゴー大学の「道徳哲学」の教授として名声を博したのち[2]、フランス周遊を経ながら自由な執筆活動を行った。晩年はスコットランドの関税委員を務め、1790年7月17日、エディンバラにて没した。その長い学究活動にもかかわらず、生涯に残した著作は2冊と少ない。一冊は倫理学の書である『道徳感情論』（1759年初版）、そしてもう一冊が、経済学を誕生せしめた書として知らない人はいないであろう『国富論』（1776年初版）である[3]。とはいえスミスは決して筆が遅かったわけではなく、晩年までこの2冊に何度も改訂を加えたのであった。
　スミスについては近年、自由放任主義の論者として「誤解」されてきた、という点が強調される傾向にある[4]。巷をさわがす市場万能論者らがしばしば自説のバックグランドとしてスミスの「見えざる手」を持ち出すのみならず、政府の市場介入を批判的に見る立場の専門的経済学者らもまたスミスに

言及することが少なくないが、誠実にスミス自身の言葉を読めば、彼が政府に一定の役割を見出していたことは明らかだというわけである。この理解は確かに重要なものである。しかしながら、そのような強調を受けて、なるほどスミスは積極的な政府介入論者だったのだな、という理解を得ることはやはり誤りである。スミスが市場メカニズムの新たな理解を提示し、政府の問題点を批判したこともまた間違いないからである（上述の誤解を解こうとする論者たちももちろんこれに同意するだろう）。

　では、一面的な自由放任でも政府介入肯定でもないスミスの思想の全体像とはいかなるものであろうか。本稿では、スミスの思想を統一的に理解するために、議論の補助線として「支配」というタームを導入する。一言で言ってしまえば、「支配」という観点から再整理することによって、スミスの思想を統一的に理解することが可能である、というのが本章の主張である。

　とはいえ、そもそも「支配」とは何であろうか。「支配する」という日本語は多義的である。たとえば英語の場合、これに対応する動詞には主たるものだけでも３つある。(1) "rule"：この場合には決まりごとを課すという含意が強い（法の支配 "rule of law" が典型例であろう）。(2) "control"：この場合には統制するという含意が強い（支配株主は "controlling shareholder" である）。(3) "dominate"：この場合にはより抑圧するニュアンスが強くなる（支配欲は "desire to dominate" と訳されることが多い）。このように「支配」の用法にはかなりの幅があると考えられるが、いずれの用法にも共通する意味として、支配とは他者の行為を当人の意思と関係なく恣意的に制御することである、との理解が可能であろう。本稿では支配を以上のように定義する。そしていささか先取りして述べれば、スミスが強く拒否したのは（政府ではなく）支配である、というのが本稿の結論である。支配を必要としない社会の構想こそが２冊の著作をつらぬくスミスの基本的態度であったことを、以下で明らかにしていきたい[5]。

2. 『国富論』について

2-1. 分業

　『国富論』について話を始めよう。日本では『国富論』という名で定着しているが、正式な書名は『国の豊かさの本質と原因についての研究』である。さらにこの「国の豊かさ」とは、序文によれば「国民が年々消費する生活の

必需分や便益品」の総量のことである⁽⁶⁾。すなわちこの本の目的とは、以上の意味における国の豊かさの原因、いわば経済発展の原動力を明らかにすること、および経済発展を促進していくために必要な政策・政府のあり方を明らかにすることである。

『国富論』は五編構成である。国の豊かさの原因が労働であること（第一編）、そしてその労働をどう行使するかが長期的に国の豊かさを決めることが理論的に（第二編）かつ歴史的に（第三編）主張されたのち、国を豊かにしようとこれまでイギリスで用いられてきた政策が批判的に検討され（第四編）、最後に政府の望ましいあり方について論じられる（第五編）⁽⁷⁾。まず前半部分からみていこう。

広く知られているように、スミスの『国富論』は「分業」という概念を中心に展開されている。スミスはこの大部の著作を次の一文から始める。「労働の生産力の最大の改良と、それがどこへであれ向けられたり適用されたりする際の熟練、腕前、そして判断力の大部分は、分業の結果であったように思われる」⁽⁸⁾。分業こそが経済発展の原動力であった、というのが本書の第一の主張である（一編一章）。

有名なピン工場の例もすぐに登場する（われわれとしては小学校で名札を止める際に用いた「安全ピン」をイメージするとわかりやすいだろう）。針金を引き延ばす人、それをまっすぐにする人、切断する人、尖らせる人、ピンの頭の部分を取り付ける人、等々と作業を分割し、それぞれに人を割り当てることによって、10人で一日に4万8千本以上のピンを作ることができる。しかしこの10人が個々別々に働いていたなら、一人あたり一日に20本も作れなかっただろう。スミスは以上のように述べ、分業による生産力の増大のすさまじさを力説し、そしてこれと全く同じように、社会全体においても、分業の導入によって労働の生産力の増大が引き起こされたと論じる⁽⁹⁾。

しかしながら、ちょっと立ち止まってほしい。分業が生産性を高めるという主張は確かにうなずけることではある。しかし、それは革新的な発見なのだろうか？　少し考えてみればわかるように、役割分担して作業に取り組むことが効果的だ、というだけなら、すぐに誰でも思いつきそうなものである。小学校でグループ学習に取り組んだ時のことを思い出してほしい。図書室に行って調べてくる人、発表する模造紙に文字を書く人、絵を描く人、みんなの前でしゃべる人、といったように、役割分担をしたのではないだろうか。そうして分担したほうが効率良く作業を進められることを、われわれは子供

の頃からよく知っているわけだ。ならば当時の人々だってこんな簡単なことを知らなかったはずがない。

　ではいったい、スミスの分業論の重要性・革新性はどこにあるのだろうか。

2-2. 分業と市場

　スミスは分業によって生産性が高まることを指摘したすぐ後に、次の2点を指摘する（一編二・三章）。第一に、分業の規模は市場の大きさに依存する。筆者による例を一つ挙げよう。あるところに、とても手先が器用で、またデザインセンスもある農家の男性がいる。彼はそれらの点でとても優れているので、農作業をしながら衣服を作るより、いっそ着物職人になる、すなわち朝から晩まで衣服の生産に特化する方がよさそうである。しかし、その試みがうまくいくのは、当たり前だが、作った服を売ってその代わりに生活必需品を買うことができる場合に限られる。人はシャツを食べて生きていくことはできない。一日に素敵なシャツを100枚作ることが有益なのは、そのシャツを売って、その代金で食べ物を買ったり家賃を払ったりすることができるからである。このように、人々がある労働に特化する（分業する）かどうかは、その結果として売り買いできる可能性の大きさ、すなわち市場の大きさに依存する。堂目（2008）の明快な言葉を借りれば、スミスは「分業が交換の原因なのではなく、交換が分業の原因だと考えている」（158頁）。

　第二に、市場が存在するならば、分業は自然に生じるとスミスは論じる。上の例を続けよう。シャツを一日に100枚売り切る見込みがある（それだけの市場規模がある）とき、彼には（農業をやめて）シャツの生産に特化するのをためらう理由があるだろうか？　そんな理由はない、とスミスは考える。というのも、もし当人が合理的であるならば、生活状態を改善するチャンスを逃すはずはないからである。もちろん見込みは外れるかもしれない。しかし見込みが高い（市場規模が十分に大きい）ならば、人々はほうっておいても自分の得意な産業にめいめい勝手に特化するだろう。

　ここまでの議論をまとめよう。分業の進展は市場の規模によって決定される。よって当の市場の規模にとって適切な水準以上に分業が発展することはあり得ない。しかしまた、人々が合理的に自身の境遇の改善を追求するならば、当の市場の規模にとって適切な水準以下に分業がとどまることもありえない。以上より、人々が自分の生活のことを考えて自由に行動するだけで、市場規模に過不足なく対応した分業が自然に成立する。スミスは以上のよう

に論じる。

　ここで再び先の小学校の話に戻ってみよう。グループ学習において役割分担を行うときには、誰かがそれを「仕切って」くれていたのではないだろうか。Aくんはこれをやってね、Bさんはあれをやってね、というように。もし誰もそういう指示を出さずに、みんなが好きなことをやったら、大変なことになってしまう。このように、通常であれば分業は、誰か指示を出す人がいて、その人によって役割分担が「統制される」、という形で行われるものである。あるいはオーケストラを考えてみてもよい。様々な楽器がそれぞれの旋律を受け持つことで、全体としては個々の楽器の限界をはるかに超える表現力が得られるのであり、これも分業の利益と言えるだろう。しかしそれは全体を見渡す作曲者によって綿密に計算されて作られた楽譜と、それを音楽性豊かに理解し、各パートをリアルタイムに「統制する」指揮者がいて初めて実現することである。

　ところがスミスの言う分業はそういうものではない。それは誰による統制もなしに成立する分業である。人々に適切な役割を与えるような上位の統制者は必要ない。市場というフィールドが存在するならば、個々人が自身の境遇の改善を追求することによってそのまま分業が自然に成立するとされる。スミスの分業論の決定的かつ革新的な点がここにある。

2-3. 分業と自然調和

　野原 (2013) が指摘したように、これは分業が位階制秩序（ヒエラルキー）を前提するかしないかという問題である。野原によれば、スミス以前の分業論においては人間のあいだに能力的な差異がある（優れた人とそうでない人がいる）こと、また各々の私的な善の追求は基本的に社会全体の共通善のためにならないことが前提されていた。社会全体の共通善のための階級的な役割分担こそが、そもそもの分業の意味であった。

　先に分業の効果それ自体は当たり前のことだと述べたが、実際のところ、すでに古代ギリシャにおいて分業の利益が指摘されている。『国家』においてプラトンは次のように述べている。「それぞれの仕事は、一人の人間が自然本来の素質に合った一つのことを、正しい時期に、他のさまざまのことから解放されて行う場合にこそ、より多く、より立派に、より容易になされるということになる」（プラトン 1979, 上巻 134）。また『カルミデス』においても次のように問いかけられる。「君の考えでは、こういう法律のもとでは、

国はよく治まることになるだろうか。その法律の命じるところによると、各人は自分の上衣を織ったり洗ったりせねばならず、はきものも手づくり、そのほか、油瓶や浴用あかすり等々の日用品にいたるまで、万事このりくつで、他人のことなどかまわずに、めいめい自分のことだけをなし行わねばならないのだがね」（プラトン 1975, 61）。この問いに対する答えはもちろんノーである[10]。

　プラトンは人々の能力の生来の不平等を前提しており、そしてその相違は階層的なものである。それゆえに能力に応じた支配者と被支配者の線引きをも肯定されることになる。これに対しスミスは、富者と貧者の生まれつきの相違というものを強く批判している。「さまざまな人々の生まれつきの才能の違いは、実際には、われわれが意識しているよりもはるかに小さいのであり、成人したときに、さまざまな職業の人たちを隔てるようにみえる、その資質の大幅な相違も、たいていの場合、分業の原因であるよりはむしろその結果である」[11]とスミスは言う。スミスの分業論は、人々の生来の非階層性に依拠し、それゆえに優れた人による統制を必要としない。

　次の一節は『国富論』でもっとも有名なものであろう。

〔・・・〕人はほとんど常に、仲間の助けを必要とするのであり、そして、それを彼らの慈悲心だけから期待しても無駄である。自分の有利になるように彼らの自愛心に働きかけ、自分の求めに応じることが彼ら自身の利益になるのだと彼らに示すほうが、うまくいく見込みがあるだろう。〔・・・〕われわれが食事を期待するのは、肉屋や酒屋やパン屋の慈悲心からではなく、自分たち自身の利害についての彼らの配慮からである。われわれが呼びかけるのは、彼らの人類愛に対してではなく、彼らの自愛心に対してであり、われわれが彼らに語るのは、決してわれわれ自身の必要についてではなく、彼らの利益についてである[12]。

この箇所は、個々人の自愛心が調和する市場のメカニズムを鮮やかに描いたものとして、数え切れないほど引用されてきた。上に見てきたことをふまえれば、ここで注目すべきは分業の有効性が自愛心のみから自然に生じていること、言い換えれば、人々の欲求を調和させるような上位のメカニズムが必要ないということである[13]。

　本人が望んでいるかどうかに関係なく人の行動を意図的にコントロールす

第4章　アダム・スミスの支配論

ることを「支配」と呼ぶとするなら、スミスが論じたのは支配を通じた分業と発展ではなく、支配ぬきの分業と発展である。もちろんこれはあくまで市場を前提としてのことである。しかし経済の場面に限定されるとしても（あるいはその場面を独立したものとして切り取ることによって）支配なしの分業と発展を唱えたことにその意義がある。『国富論』における分業論は、《非支配》の発展メカニズムを論じたものであると言うことができるだろう。

本稿では紙幅の都合上省略せざるを得ないが、以上のような分業のメカニズムを論じたのち、第一編の残りの部分では、市場における交換のしくみについて（諸々の商品の価格はどのように決定されるか等々について）論じられる[14]。その上でこの「支配ぬき」の思想は資本蓄積、すなわちどの産業に資本を投入するかという、経済の長期的な趨勢にかかわる選択についても適用されうると論じるのが、『国富論』第二編および第三編の議論である。

2-4. 政府と支配

つづいて『国富論』の後半部分へ移ろう。すでに述べたように、そこではスミスの政策論・政府論が述べられる。まず基本的な主張として、スミスは経済政策のあり方について「自然的自由の体系」を擁護する（第四編）。それは「だれでも、正義の法を犯さない限り、自分自身の利益を自分自身のやり方で追求し、そして自分の勤労と資本を他のあらゆる人や集団との競争に用いる、完全な自由が許されている」体系である[15]。

スミスが批判するのは、「重商主義」と呼ばれる貿易政策である。重商主義は、貿易差額を有利にすること、すなわち貿易の結果として自国内に金銀がより多く入ってくることこそ望ましいとし、そのために重要な輸出品に対しては輸出奨励金を与え、また海外産品のうち国内で生産できるものに対しては関税や条例によって輸入を制限すべきだと主張する。スミスによれば、重商主義は自然に成立するはずだった発展の筋道を歪めるものである。「特別の奨励によって、特定の産業へと、その社会の資本のうち自然に向かうであろうよりも多くの部分を引きよせようとしたり、あるいは特別の制限によって、特定種類の産業から、その〔社会の〕資本のうちさもなければ使用されていたであろう部分を引き離そうとしたりする体系は、すべて、実際には、それが推進しようとしている大きな目的を破壊する」[16]。自然的自由の体系において政府に求められる役割は国防、司法、そして一部の公共政策に限られるのであり、それ以上の政府介入は、かえって経済発展を妨げるだろ

うとスミスは述べる（第五編）。

　とはいえ、スミスの考えている政府は、その内容からするとかなり業務量が多いように思われる。軍備はきっちり持つし、インフラの整備もするし、教育についてもしっかり言及がある。それゆえ、スミスが政府介入を肯定していたのかどうかを、彼の認めた政府の規模から判断しようとすればいささか混乱することになる。

　ここで注目すべきは、スミスの政府否定の程度ではなく、否定の理由のほうである。第四編における重商主義批判の要点は、それが国内の消費者、すなわち国民一般の利益を特定の生産者の利益のために犠牲にする、ということにある。「〔・・・〕生産者の利益は、それが消費者の利益を促進するのに必要であるかぎりでのみ、留意されるべきである」のだが、輸入制限や輸出奨励金によって、「〔・・・〕国内消費者の利益は、明らかに、生産者の利益の犠牲にされている」[17]。この点をはじめとして、『国富論』においてスミスが政府介入の害悪を指摘する際、なされているのは政策が恣意的に（すなわち一部の人々の利益のために）運用されていることに対する批判である。自由競争を制限する規則や制度を批判する際には、そのような規則を要求する商人や親方製造業者の利己的な態度が批判される（一編十一章）。銀行券の発行に制限を加えるべきだと主張する際にも、スミスは（それが自然的自由の侵害であることを認めつつ）社会全体の安全性を理由としてその侵害は正当化されると考える（二編二章）。資本蓄積を遅らせる原因として政府の浪費を指摘する場合にも、政府の浪費は大臣や政治家といった支配階級および彼らに働きかける資本家の、貪欲と野心のために生じるとされている（二編三章）。これらに対比させてみてみれば、スミスが第五編で肯定する政府の三つの役割は、どれも国内のすべての人にとって等しく利益になるようなものばかりである。

　たしかにスミスははっきりと政府介入の害悪を指摘している。しかしその議論は、政府それ自体が問題だと指摘するのではなく、政府の担い手がそれを恣意的に運用することの問題を指摘するものである、と言ってよいだろう。一方で政府がなすべき役割については明確に認めつつ、同時に政府が特定の階層の人々の「支配」の道具になってしまう点を批判する、これがスミスの態度である。すべての国民にとって中立的であり、恣意的な支配（抑圧）を行わない政府であれば、スミスは反対しない[18]。この意味で『国富論』の政策論・政府論もまた、《非支配》に基づく社会のための方策を提示する試

みであるとみることができるだろう。

3.『道徳感情論』について

3-1. 同感

つづいて『道徳感情論』へと話を進めよう。『道徳感情論』の目的は、社会秩序がいかにして導かれるのかを明らかにすることである。とりわけ、それがいかなる人間本性によって導かれるのかを示すことが目指される。

『国富論』の中心概念が「分業」であるのに対して、『道徳感情論』の中心概念は「同感」である。本書は次の一文から始められる。「人間がどんなに利己的なものと想定されるにしても、他人の運命に関心を抱かせ他人の幸福を必要不可欠のものとさせるような、そんないくつかの原理が、人間の本性の中に明らかに存在する。それらから得られるものが、ただ眺めることによる喜びの他には何もないとしても、そうなのである」[19]。

『道徳感情論』は六部構成である。はじめに同感という感情について述べられた上で（第一部）、同感がどのように他人の感情や行為の評価を決定するか（第二部）およびどのように自分自身の感情や行為の評価を決定するか（第三部）が論じられる。さらに同感による行為の評価に対して有用性や慣習といった要因がどのように作用するか（第四・五部）が論じられ、最後にスミス以前の道徳哲学の体系が批判される（第六部）。改訂第六版においてはさらにもう一部が追加されるが、そこでは「徳」と同感との関係が詳しく論じられる[20]。

さて、同感とはいったいなんであろうか。スミス自身の記述はいささかややこしいのであるが、堂目（2008）の明快な表現を借りれば、同感は「他人の感情や行為の適切性を判断する心の作用」（30頁）であり、自分が同じ立場にいたらどう感じるか・どう行動するか、という想像力に照らして、自分の反応と当事者の反応が一致するかどうかをみるものである。もし一致するならば、その他人の感情や行為は適切なものとみなされる。

スミスはこのような心の作用から、人々の間に秩序が生じると論じる。そのメカニズムについて詳しくみていこう。スミスの議論を平易な表現で再整理すれば次のようになる（一部一・二編）[21]。《1. われわれはみな、他人に同感したりしなかったりする》。ということは当然、《2. 他人は自分に同感したりしなかったりする》。そして、《3. 同感されることは心地よいことである》。

自分の気持ちを人にわかってもらうことは心地よいし、わかってもらえないのはつらいだろう。そのため、《4. われわれは他人の同感を得ようとする》。

ところで、あらゆる感情や行為が同感を得られるわけではない。他人からの同感を得られるのは、その人が置かれた状況にふさわしいものだけである。そのような感情や行為をスミスは「適宜性がある」と表現する。例えば、子犬を抱きしめて幸せそうな顔をしている人の気持ちにわれわれは同感するが、子犬を蹴飛ばして幸せそうな顔をしている人の気持ちには同感できない。前者は適宜性を有するが後者は有さないからである。すなわち、《5. 同感を得られる（適宜性を有する）感情や行為とは、状況に応じた穏当さを有するものである》。

それゆえ、《6. 人々は同感を得るために、自分の感情や行為を、適宜性を有すると思われる範囲に抑える》。他人の同感を得るためには、自らの感情の「その自然の鋭い調子を鈍らせ、〔・・・〕周りの人々の情動と調和し一致する程度まで引き下げなければならない」とスミスは述べる[22]。もちろん完全な一致を常に達成できるわけではない。しかし適宜的とされる範囲からの極端な逸脱は避けられるだろう。そして、《7. 人々のそのような自己抑制によって、人間社会は調和する》。

3-2. 同感と自然調和

ここで注目すべきは、以上のメカニズムのどこにも、人々の行動を外側から制約するものが存在していないことである。スミスの示すメカニズムにおいて、人々は同感を得たいがゆえに、自己の行動をみずから穏当なものへと変化させるのであって、穏当なものにしなさいという指令を他者から受けてそうするわけではない。上の図式で人々の行為の動機となっているのは、同感を得て心地よくありたいという部分であり、その動機はあくまで自己への配慮である。他者への配慮はそのための手段として登場するにすぎない[23]。しかし（驚くべきことに）自己への配慮のみから、人々は調和しうると、スミスはそのことを理論的に示した。

スミスの論じる同感は、ある意味では非常に冷淡な心の作用である。それは他人への「思いやり」のようなものを含まない。同感を通じて他人に親切にする行動が導かれることはありうるが、同感そのものは相手の感情や行為を中立的に評価する作用である。この点は、スミスが同感は人間本性の一部である（すなわち人間であれば誰もが同感する能力を持っている）としてい

る点に関わってくる。利他性を欠いた人はそれなりにいるかもしれないが、他人の置かれた状況を想像する認知能力については、すべての人間が持っていると言ってもそれほど極端な見解ではないだろう。そしてまたスミスは、同感を得るための自己抑制は大きな努力を必要としないと論じている。それはあくまで自然になされるものであり、それに従うことが賞賛に値するもの（すなわち徳）ではない。「徳と単なる適宜性との間には、重要な違いがある。・・・多くの場合に、最も完全な適宜性をもって行為するには、人類のうち最もつまらぬ人々でさえ有しているような、常識的で平凡な程度の感受性または自己抑制以上のものは、必要とされない。そして、ときには、そのような程度さえ必要ではない」[24]。

　普通、「同感が秩序を生む」と述べられたなら、その次には「だからわれわれはもっと他者に同感する・べ・きである」というように続くと考えられるだろう。ところがスミスの同感論はそういうものではない。ここでは人々が誰しも自然に持っている感情のみから、調和が生じると論じられる。前節で『国富論』について、その本質が支配ぬきの分業（および支配ぬきの発展）であったのと同じように、ここにあるのはいわば・支・配・ぬ・き・の・調・和だと言えるだろう。最後に『道徳感情論』の次の文章に注目したい。「社会は、様々な人々の間で、様々な商人の間でそうであるように、有用性についての感覚から、なんら相互の愛情も愛着もなしに、存立しうる。その中の誰ひとりとして、他の人々に対してなんの義務感も有さず、あるいは他の人々と感謝によってなんら結びついていないとしても、社会はなお、皆が同意した評価に従った善行の欲得ずくの交換によって、維持されうるのである」[25]。ここにあるのは《非支配》の下での調和であり、スミスの分業論と同感論は、《非支配》を主題として、一貫した思想の下にある[26]。

おわりに

　市場が全面化した社会を前提として、スミスは、支配ぬきでうまくいくメカニズムを明らかにした。この点からすれば、市場メカニズムの有効性に基づき政府介入を否定する立場の源泉をスミスに求めることは、充分に妥当である[27]。他方で、一部の人々による支配の道具に陥らない範囲であればスミスが政府を肯定していたことも確かであり、自由放任主義をスミスに帰すことが明らかな誤りであることも間違いない。以上のようなスミスの二重

性が、決して矛盾していないことを本章では示した。すなわち、それらは支配を必要としない社会の仕組みを描くという点において、統一的な思想を形作っているのである。

　過度の単純化を承知で述べれば次のように言うことができるだろう。近代以前の人類の歴史においては、個々人の自由で利己的な行為と共同体全体の秩序や発展とは、一致するものとは考えられてこなかった。社会が秩序立ったものであるためには、また社会が発展していくためには、大多数の劣った人々が何らかの権威（あるいは優れた人々）に従わなければならないとされてきた。スミスが否定したのは、そのような「支配」そのものであった。スミスは個々人を平等な存在とみなし、そして彼らの自由な行為こそがむしろ、秩序や発展をもたらしうると論じたのであった。このスミスの《非支配》の思想は、現代のわれわれが暮らす市場経済をベースとした自由主義社会の、その一つの思想的基礎となっている。

【注】
(1) スミスの生涯について書かれた著作には多くのものがあるが、本稿では特に最近のものとして Buchan (2006), Phillipson (2010) の２冊を参照した。前者はスミスの生涯と各著作のテーマについて非常にコンパクトにまとめられたものであり、気軽にアクセスできる伝記として推奨される。後者は最新の知見を反映した大部の伝記であり、より詳細にスミスの生涯を知るのに適している。
(2) Buchan (2006) によれば、道徳哲学は「何が正しく、何が間違っているかといった道徳の問題を扱うだけではない。十八世紀には、結婚と家族、基礎的な法哲学、原始的な習慣、制度の歴史、国際関係、宗教、人口、美学、倫理学、さらにはのちに経済学と呼ばれるようになった分野にわたり、社会の全体像を体系的に論じる学問になっていた」という（邦訳30頁）。
(3) 生前に正式に出版されたものの他には、彼の講義についての学生のノートを編集した『法学講義』『修辞学・文学講義』、および彼が生前に出版の可能性を認めた短い論考を集めた『哲学論文集』がある。ただし本稿では出版された二冊に焦点をしぼることとしたい。
(4) たとえば堂目 (2008), 高 (2017), 根井 (2017) など。
(5) 以下、本稿は非支配という観点からスミスを読み解くが、この着想は現代政治哲学において共和主義に結び付けられる自由の思想、たとえば小田川 (2008) の簡潔な説明を借りれば、「〈恣意的支配のない状態〉（non-domination）という〈政治的‐消極的〉な共和主義的自由の構想」（23頁）

を下敷きとしている。とはいえ、両者は完全に同じものでもない。というのも現代における共和主義的自由は、支配を避けるためにこそ政治参加と自治とが必要だとして民主主義的実践と強く結びつくが（Swift 2006, 訳 95 も参照のこと）、スミスは民主主義についてはほとんど論じていないからである。ここでは民主主義論と切り離して、素朴な「恣意的支配のない状態」を考え、その観点からスミスを読み解いていく。

(6) vol. I: 10, 訳 1 巻 19。ただし訳文については原文を参照の上で変更している場合がある。また〔〕内は引用者による補足である。以下同様。

(7) 『国富論』全体の構成については玉手 & 小沢 (2014) も参照のこと。そこでは『国富論』の全編にわたって、論じられている主題ごとにパラグラフをくくり、それぞれに小見出しを付して論旨を整理することを試みた。

(8) vol. I: 13, 訳 1 巻 23。

(9) スミスは「社会の仕事全体における分業の効果は、いくつかの特定の製造業でそれがどのように作用しているかを考察することによって、いっそう容易に理解されるだろう」(vol. I: 14, 訳 1 巻 23) と論じた上でピン工場の例をあげており、その注目点は最初から社会的分業にある。工場内分業はあくまでそのアナロジーにすぎない。

(10) この『国家』の文章は野原 (2013) によって、また『カルミデス』からの引用は井上 (2012) によって教えられたものである。

(11) vol. I: 28, 訳 1 巻 40。サミュエル・フライシャッカーはスミスにおけるこのような貧民像の転換の、思想的な革新性を強調している。「スミス以前では、世界は貧民階級なしで済ますべきだとか、それが可能なのだとか考える人は稀であった。一八世紀後半に至るまで、大半のキリスト教徒たちは、次のように信じていた。真に美徳に満ちた人々が頂点で富と権力を手にする地位につき、「貧しく下等な群衆」が底辺を占める社会の階層組織は、神によって定められたのだと」(Fleischacker 2004: 64, 訳 96)。

(12) vol. I: 26-27, 訳 1 巻 38-39。

(13) スミスの「見えざる手」はしばしば利他心なしの調和であることが強調される。たとえば堂目 (2016) によれば、「人間愛や普遍的仁愛に頼らなくても諸個人の間に必要なものが行き渡る仕組み、それが市場であり、その仕組みを支えるのが「見えざる手」なのである」(16 頁)。もちろんこの理解それ自体が誤りであるわけではないが、利他心なしの調和であると同時にまた上位者による統制なしの調和であることも、見落とされてはならないだろう。

(14) スミスの市場メカニズム分析についての平易な解説として井上 (2017) の第 1・2 章を見よ。

(15) vol. II: 687, 邦訳 3 巻 339。

(16) vol. II: 687, 邦訳 3 巻 339。

(17) vol. II: 661, 邦訳 3 巻 296。

(18) もちろん、そのような政府が本当に可能かどうか、可能であるとすればいかにしてかという問題（あらゆる政府は特定の階層の利益追求の道具となってしまうのではないかという当然の疑問がある）は残されるが、それに応えることは『国富論』の主題から逸れてしまうだろう。この点こそ、スミスが『道徳感情論』の末尾において執筆を予告しておきながら生前にはついに書き上げられなかった、「法と政府の一般原理」についての論説で扱われるはずだったものかもしれない。
(19) 9, 訳上巻23。
(20) 徳についての追加部が第六部となり、初版の第六部が第七部となった。
(21) 以下の整理は堂目 (2008) の39頁を参考にしつつ筆者が新たにまとめたものである。
(22) 22, 訳上巻57。
(23) この動機は、自分自身のためのものだという意味では「利己的」といってよいものであるが、しかし「利己的」という言葉が通常理解されるような、具体的な金銭的利益や便宜を目的としたものではない。スミスは一部二編の冒頭において、他者の同感から得られる喜びは、他者からの援助を受けられる見込みといった具体的な便宜（狭い意味での利己的考慮）とは別の、直接的な快楽であると論じている。
(24) 25, 訳上巻65。このことはさらに、秩序の形成への寄与において、生まれつきの能力の差異を考える必要がないということを意味する。この点は『国富論』において、人々の能力の生まれつきの差異は生産力の拡大において重要ではないと述べていることとパラレルである。すなわち、スミスの思想において人々は一貫して、平等な存在と捉えられており、そのような平等な個人の自由な行為が肯定されるという構造になっているのである。
(25) 86, 訳上巻223。
(26) ただし『道徳感情論』には同感の限界について検討した箇所も存在することを忘れるわけにはいかない。第一に、富や地位への同感が行き過ぎる場合（六版一部三編二・三章）、第二に、同感が働かないほど遠く離れた人々と対立関係にある場合（同六部二編三章）が問題となる。これらの場合にはスミスも結局、同感だけでは不十分であり人々が有徳であることが必要だ、というように徳を基礎にした「べき」論へと回帰している。興味深いことに、同感の限界について論じられたこれらの箇所は、いずれも第六版で（すなわち『国富論』の出版後に）追加された箇所に該当している。この点をスミスの思想の（転換とまでは言えないが）変化の一つの焦点であると見ることができるかもしれない。この点について Smith[1759]1976 の編者序文、特に15-20ページを見よ。
(27) 完全競争市場における、諸個人の自由な行為から成立する均衡状態（誰も自己利益をふまえてそこから行動を変化させる動機を有さない状態、すなわち、誰による命令もなしに各人の行動が安定する状態）における財の配分が、ある種の効率性（パレート効率性）を達成する、というこ

とを証明した新古典派の一つの到達点（厚生経済学の基本定理）は、極めてスミス的な、《非支配》の思想の精緻化と言えるかもしれない。

【参考文献】
Smith, A. [1759]1976. *The Theory of Moral Sentiments*, edited by A. L. Macfie and D. D. Raphael, in *The Glasgow Edition of the Works and Correspondence of Adam Smith*, vol. 1, Oxford University Press. 水田洋（訳）『道徳感情論』（上下巻）岩波書店 2003.

Smith, A. [1776]1976. *An Inquiry into the Nature and Causes of the Wealth of Nations*, 2 vols, edited by R. H. Campbell and A. S. Skinner, textual editor W. B. Todd, in *The Glasgow Edition of the Works and Correspondence of Adam Smith*, vol. 2, Oxford University Press. 水田洋（監訳）杉山忠平（訳）『国富論』（全4巻）岩波書店 2000-2001.

Buchan J. 2006. *The Authentic Adam Smith: His Life and Ideas*, W. W. Norton & Company, 山岡洋一（訳）『真説アダム・スミス：その生涯と思想をたどる』日経BP社 2009.

Fleischacker. S. 2004. *A Short History of Distributive Justice*, Harvard University Press. 中井大介（訳）『分配的正義の歴史』晃洋書房 2017.

Phillipson N. 2010. *Adam Smith: An Enlightened Life*, Yale University Press. 永井大輔（訳）『アダム・スミスとその時代』白水社 2014.

Swift, A. 2006. *Political Philosophy: A Beginners' Guide for Students and Politicians*, 2nd edition, Polity. 有賀誠・武藤功（訳）『政治哲学への招待：自由や平等のいったい何が問題なのか？』風行社 2011.

井上義朗. 2012. 『二つの「競争」：競争観をめぐる現代経済思想』講談社現代新書.

井上義朗. 2017. 『「新しい働き方」の経済学：アダム・スミス『国富論』を読み直す』現代書館.

小田川大典. 2008. 「現代の共和主義：近代・自由・デモクラシー」社会思想史研究 32: 18-29.

玉手慎太郎＆小沢佳史. 2014. 「『国富論』の構成および邦訳についての予備的考察」Tohoku Economics Research Group Discussion Paper, No. 315.

高哲男. 2017. 『アダム・スミス：競争と共感、そして自由な社会へ』講談社.

堂目卓生. 2008. 『アダム・スミス：『道徳感情論』と『国富論』の世界』中公新書.

堂目卓生. 2016. 「アダム・スミスの遺産：グローバル化の時代を見据えて」社会思想史研究 40: 10-26.

野原慎司. 2013. 『アダム・スミスの近代性の根源：市場はなぜ見出されたのか』京都大学出版会.

根井雅弘. 2017.『アダム・スミスの影』日本経済評論社.
プラトン. 1975.「カルミデス:克己節制(思慮の健全さ)について」山野耕治(訳)、所収『プラトン全集7』岩波書店:35-105.
プラトン. 1979.『国家』藤沢令夫(訳)、上下巻、岩波文庫.

第5章　J. S. ミルの支配論
——政府の強制的介入を通じた幸福の最大化

小沢　佳史

はじめに

　本章では、19世紀イギリスの哲学者ジョン・ステュアート・ミル（John Stuart Mill: 1806-1873）の思想が取り上げられる。

　ミルは近年、政治・公共哲学の分野で殊に有名な人物である。そしてこの分野では、ミルの数多くの著作物の中でも『自由論』（第1版1859年、第4版1869年）と『功利主義』（初出1861年、第1版1863年、第4版1871年）がよく取り上げられ、ミルが個人による自由な思考や行為を擁護したという側面が強調されていると言えよう（cf. 本書第12章；児玉2012: 82-83, 103-117, 210-211）。

　確かに、とりわけ『自由論』では、個人による自由な思考や行為の大切さが主として説かれている。しかしそれと共に、ミルは主に他の著作物において、政府や世論による強制的介入にも光を当てた。例えば、ミルの著書『経済学原理』（第1版1848年、第7版1871年；『原理』と略記）では、政府による介入が、「権威的な（authoritative）」ものと「非権威的な（unauthoritative）」ものに二分されて、詳細に論じられている。「政府の権威的な干渉」とは、「ある事柄を為すことを…すべての人に対して政府が禁止する」というもの、ないしは「ある事柄を為すこと、あるいは…それを為す方法を、すべての人に対して政府が指示する」というものである。他方で、政府の非権威的な干渉とは、政府が「助言を与え、情報を広める」というもの、ないしは「政府がある目的を達成するための手段を提供し、しかも個人がそれ以外の手段の方がよいと考えるときにはそちらを自由に利用させる」というものである（Mill [1848] 1965: 936-939, 訳(5): 286-292）。

　そこで本章は、『原理』をはじめとするミルの著書・論文・書簡・演説を幅広く考察することによって、ミルの議論に見られる強制的な側面を描き出す。その際に本章は、本書のタイトルと紙幅に鑑みて、個人に対する政府の

強制的介入——政府が、個人の意思とは関係なく、その人に対してある行為を禁止したり強制したりすること——に光を当てる。ミルの言葉を用いれば、本章では、「政府の権威的な干渉」に関する彼の見解が、当時のイギリスに焦点を絞って、具体的に、かつ可能な限り概観できる形で再構成される。そうすることで初めて我々は、ミルが擁護した自由の具体的な内容や重要性を理解できるようになると考えられるからである。

　政府の権威的な干渉を「政府による支配」と呼ぶならば[1]、本章から浮かび上がってくるのは、ミルにとって政府による支配が、結果として得られる人類のより高次な幸福（happiness）を長期的に見て最大化するための手段であった、ということである。以下ではまず、ミルの思想の核である功利主義などを概観する（第1節）。その上で、帝国内の属国の人々に対する政府の支配（第2節）、ならびに自国の人々に対する政府の支配——その歳出面（第3節）と歳入面（第4節）——という形で、それぞれをめぐるミルの言説を見てゆく。

　あらかじめ2点補足しておこう。第1に、本章で参照されるミルの著書・論文・書簡・演説は、少なくとも晩年のミルの一貫した見解を表していると考えられる。ミルの著書について言えば、その各版は、彼による大小様々な改訂を経た上で刊行されたため、刊行時点でのミルの見解を概ね反映していたと言える。そして本章で主に参照されるのは、ミルの存命中に刊行された最後の版、すなわち1865年から1871年の間に刊行された版である。また論文・書簡・演説について言えば、本章が参照するのは、同じく1865年から1871年の間に執筆・再録ないし実施されたものである。

　第2に、本章では『原理』が重点的に考察されるが、政府について論ずる上で、『原理』のとりわけ最後の編（第5編）は、ミルの言説に照らしても重要なものであったと考えられる。ミル曰く、この編の最終章（第11章）は、「政府の活動の適切な限度という重要な問題」を最も詳細に論じた箇所であるという（Mill [1861a] 1977: 534, 訳 350-352）。さらに、「歳入」が「政府の存在の条件である」（Mill [1848] 1965: 804, 訳 (5): 24）と考えたミルが、この歳入という重要な主題を体系的に論じたのも、『原理』の第5編においてであった。

1. ミルの功利主義と危害原理

　ミルの思想の核は、人間の幸福を最も重視する「功利主義」であった（cf. 本書第 12 章）。ミルの功利主義に基づけば、結果として得られる関係者（行為者を含む）の苦痛（pain）を長期的に見て最小化し、結果として得られる関係者の快楽（pleasure）のうちでより高次なものを長期的に見て最大化するような人間の行為が、最も正しい行為であり、それゆえ為すべき行為である、とされた。そして快楽の質的な高低は、両方の快楽の経験者たちによる多数決に基づいて判定されるという（小沢 2017: 118-120）。

　こうしたミルの功利主義に基づき、人類の幸福を長期的に見て最大化するものとして『自由論』で提示されたのが、いわゆる「危害原理（the harm principle）」である。すなわち、文明社会――自由な議論によって進歩しうるような社会――で生活しており、かつ平常心を保っている成人は、他人に害を及ぼす（と予想される）場合でなければ、政府や世論によって何かを強制されてはならない、という考え方である。換言すれば、すべての社会の未成年者と、非文明社会（および文明社会のうちで狭小なもの）の成人とに対する政府や世論の強制的介入は、加害の防止のためだけでなく、本人の幸福などのためにも正当化された（小沢 2017: 124-127; cf. Mill [1859a] 1977: 226, 訳 37）。

　これらを踏まえた上で、以下では、『自由論』の射程の外から内へと、順を追って光を当ててゆこう。大まかに言えば、非文明社会から文明社会へ、政治的な決定権をすべては握っていない地域から握っている地域へ、そして未成年者から成人へという流れである。

　こうして本章の後半（第 3 節第 2 項と第 4 節）では、『自由論』の主要な対象――政治的な決定権をすべて握っている文明社会の成人――をめぐるミルの見解が取り上げられてゆく。他方で、本章の前半（第 2 節と第 3 節第 1 項）の内容を先取すれば、そこで描かれるのは、『自由論』であまり論じられていない人々に対して、最も多様な快楽の経験者たち――文明の最先進国の先人と成人――の知見に基づき、「成長し続ける存在である人間の恒久の利益」（Mill [1859a] 1977: 224, 訳 32）を政府の権威的干渉によって最大化しようとしたミルの姿であろう。

2. 帝国内の属国の人々に対する支配

ミルの著書『代議制統治論』(第1版 1861年、第3版 1865年)によれば、「属国(dependencies)」とは、政治的な決定権の一部ないし全部を他の地域の住民に握られているような地域であるという。そしてミルは、こうした他の地域を「支配国(the governing State; the ruling country; the dominant country)」と呼んだ(Mill [1861a] 1977: 562, 564, 567, 訳 406-407, 411-412, 419; cf. Mill [1848] 1965: 922, 訳 (5): 254-255)。

ミルは『代議制統治論』において、属国を3つに分類している。まず①軍事拠点、すなわち「陸軍あるいは海軍の戦略地点としてのみ保持されている小さな駐屯地」である。次に、非軍事拠点のうちで、文明の段階が②支配国より低いものと、③支配国と同じくらいにあるものである。当時のイギリスについて言えば、①はジブラルタル、アデン、ヘルゴラントなど、②はインド、③はカナダ、オーストラリア、ニュージーランド、および南アフリカ（ケープ植民地）であった（Mill [1861a] 1977: 562-566, 訳 406-416; cf. Mill [1848] 1965: 966, 訳 (5): 344)。

本節では②と③に焦点を絞り、②を非文明的属国、③を文明的属国と呼ぶ。ちなみに、ミルにおいて「植民地 (colony)」という言葉は、③だけを指すものであったと考えられる。それはこの言葉が、例えば『代議制統治論』において、③に関する議論でのみ用いられているからである（Mill [1861a] 1977: 562-577, 訳 407-442)。

2-1. 非文明的属国

『代議制統治論』によれば、属国は、「征服 (conquest)」か「植民 (colonization)」によって形成されるという。そして非文明的属国は、主に征服という支配国政府の権威的な干渉によって形成されるものであった (Mill [1861a] 1977: 562, 563, 573, 訳 406-407, 410, 432)。さらに、ミルの論文「不介入に関する小論」（初出 1859 年、再録 1867 年）では、ある国が自己防衛のために、文明化の遅れた他国を征服することが正当化された。ただしミルは、この征服が、征服した支配国に自己防衛という利益をもたらすだけでなく、征服された非文明的属国にも文明化の安定的な促進という利益をもたらしうると考えていた (Mill [1859b] 1984: 118-124)。

そしてミルは『代議制統治論』の中で、非文明的属国が実際にこの利益を

得るためには、属国に対する支配国政府の権威的な干渉が必要であると述べた。具体的には、支配国の政府が、自国民のうちで優秀な人々の一部に、こうした属国の直接統治を長期的に委任した上で、その統治に対する調査権と拒否権を持つべきであるという (Mill [1861a] 1977: 377, 550, 567-577, 訳 22, 383, 419-442; cf. Mill [1859a] 1977: 224, 訳 31-32)。

このような政府——支配国から直接統治を委任された中間組織——をめぐってミルは、第1に、文明国内と比べて数多くの事柄に介入すべきであると主張した。『原理』によれば、「より精力的で文化の進んだ国民によって征服され隷属させられてきた国々のように、国民と政府との間に文明の点で大きな隔たりがある国々」では、「道路、船渠、港湾、運河、灌漑設備、病院、学校、大学、印刷所」を、政府がすべて一から設立すべきであるという (Mill [1848] 1965: 970-971, 訳 (5): 352-354; cf. Mill [1848] 1965: 13, 121, 訳 (1): 49-50, 235)。

これに付随して第2に、ミルは非文明的属国については、政府だけが学校や大学を設立し、それゆえ「政府が … 国民の教育を完全に掌握する」ことを認めていた。ただし、こうした学校などの設立や教育の掌握は、国民が将来自立するための政府介入——「援助を受けずに行動するための援助」——として位置付けられていた (Mill [1848] 1965: 949, 950, 訳 (5): 310, 311; cf. Mill [1859a] 1977: 302-303, 訳 254-256)。

第3に、政府の普遍的な役割の1つ、すなわち領土内での治安の維持に焦点を絞っても、『代議制統治論』によれば、非文明的属国では文明国と比べて、政府のより強力な権威的干渉が要求されるという。なぜなら、「ヒンドゥー人」のような非文明的属国の住民は、「害悪を為す人々の抑圧について、法律と当局に積極的には協力しようとしない」ため、「当局が余所よりもはるかに厳しい抑圧力をもって武装していることを必要とする」からである (Mill [1861a] 1977: 377, 訳 22-23; cf. 本章第3節第2項)。

第4に、貿易に着目すれば、農業国インドのような非文明的属国において工業が発展し始めた段階で、5年から長くても20年程度にわたり保護関税を賦課して工業製品の輸入を一時的に阻止するという政府の権威的な干渉を、ミルは認めたと考えられる。『原理』の中でミルは、非文明的属国においても、当座は政府が貿易に介入すべきでないと主張した。その上でミルは、「自由貿易 → 保護貿易 → 自由貿易」という段階的な政策によって、帝国や世界全体の生産物が長期的に見て最大化されると共に、非文明的属国の経済

発展が最も促進されうると考えた（Mill [1848] 1965: 10-20, 121-122, 192-193, 593-594, 913-922，訳 (1): 44-61, 235-236, 357-359, (3): 275-276, (5): 238-256; Mill [1861a] 1977: 562-563，訳 407-408; Mill 1972: 1044, 1520）。

2-2. 文明的属国
　他方で文明的属国は、植民によって形成されるものであった（cf. Mill [1859b] 1984: 120-121）。ここで植民とは、ある国の人々が、どの国民にもまだ占有されていない土地を開拓して、そこへ定住するようになることを意味する（Mill [1848] 1965: 194, 963，訳 (1): 361, (5): 339）。そして『原理』によれば、当時のイギリス帝国において植民は、支配国と文明的属国の両者に利益をもたらしえたという。第1に、植民とそれに伴う資本移動には、経済的な利点があるとされた。すなわち、当時のイギリス帝国では、植民によって、支配国と文明的属国の生産物が増加すると共に、支配国の所得分配が改善されるという。第2に、植民は帝国全体に、より広範な文明の進歩ももたらすことが示唆された（Mill [1848] 1965: 337-379, 743-746, 751, 962-967，訳 (2): 276-352, (4): 84-90, 99-100, (5): 338-348）。
　そしてミルは『原理』の中で、植民のこうした利益を実現するためには、政府の権威的な干渉が必要であると主張した。具体的には、文明的属国の政府――「植民地政府（the colonial government）」――が、入植者たちへ未墾地を独占的に販売することによって、入植者たちの分散を防ぐべきであるという。なぜなら、この権威的干渉によって、「入植者たちが未開生活の趣味嗜好を取り入れて、互いに遠く離れた場所に分散し、そのために商業・市場・分業・協業の利点をすべて失ってしまうという傾向」が阻止されるからである（Mill [1848] 1965: 956-967，訳 (5): 325-348）。
　さらに、このように形成された文明的属国をめぐって、ミルは『代議制統治論』の中で、戦争をはじめとする対外的な事柄については、支配国政府からの強制を受けざるを得ないと主張した。そして実際に当時のイギリス帝国でも、「ブリテンの立法府」のみが「対外的および帝国的な事柄」に携わっており、文明的属国は「参戦に先立って一切意見を求められることなく、戦争でイングランドに加担することを強制され」ていたという（Mill [1861a] 1977: 562-565，訳 407-413）。
　それでは、文明的属国をすぐに分離・独立させて、支配国と文明的属国との間のこうした不平等自体をなくすべきであろうか？　ミルは、そうではな

く、当座はこの不平等を受け入れた上でできる限り埋め合わせるべきであると考えた。なぜなら、属国への対外政策の強制を伴う当時のイギリス帝国体制には、①帝国外での好戦的な軍事力の増加防止、②帝国内での敵対的な保護貿易政策の阻止、さらには③文明の最先進国イギリスの世界的な影響力の強化という3つの利点があったからである。そして、『代議制統治論』でミルが示した埋め合わせ策は、支配国が最低でも戦時の帝国の軍事費の大部分を負担することなどであった（Mill [1861a] 1977: 565-567，訳 414-418; cf. Mill [1859b] 1984: 113）。

3. 自国の人々に対する支配 (1) ――歳出面

ここまでは、支配国とその属国との間や、属国の内部に焦点を絞ってきた。そこでここからは、支配国の内部について見てゆこう。

3-1. 未成年者への教育

危害原理によれば、（支配国をはじめとする）文明社会の未成年者に対しては、本人をもっと幸福にするために、成人よりも広い範囲にわたって強制的な介入が正当化されるという（本章第1節）。そこで、ここではまず、支配国の未成年者への教育をめぐる政府の権威的な干渉を取り上げよう。

ミルが教育を重視したことは、言を俟たない。例えば『原理』において教育は、「労働者の習慣を向上させる2つの方法」の1つとして位置付けられていた。すなわちミルは、植民による支配国での所得分配の改善をその後も長く維持するためには、教育（とその結果としての産児制限）が不可欠であると主張した（Mill [1848] 1965: 337-379, 758-766，訳 (2): 276-352, (4): 112-128; cf. 本章第2節第2項）。

それでは、未成年者への教育をめぐって、ミルは政府にどのような役割を期待したのであろうか？　確かに、文明的な支配国についてミルは、政府だけが学校などを設立することや、「政府が ... 国民の教育を完全に掌握する」ことを認めなかった（Mill [1848] 1965: 937, 946-950，訳 (5): 288, 305-314; cf. 本章第2節第1項）。しかしその上でミルは、初等教育については、政府の権威的な干渉を2つ認めた。

第1に、すべての子どもによる一定水準の教養の修得を、政府が親に義務付けることである。そして親へのこうした義務付けによって、一定水準の教

養の修得が、すべての子どもに対して実質的に強制されると言えよう。『原理』によれば、「社会に生まれてきたすべての人間によって子ども時代に習得されることが極めて望ましい、一定の基本的な知的要素と手段」があるといい、これらを親が子どもに学ばせなければ、「子ども自身」と「社会の成員全体」に害が及ぶという（Mill [1848] 1965: 948-953，訳 (5): 308-319）。さらに『自由論』では、「すべての子どもを対象に、幼少のときから公的な試験」を行い、不合格者の親に「適度な罰金」を科すという制度が示された（Mill [1859a] 1977: 303，訳 256-257）。

　これに付随して第2に、こうした義務教育の費用を賄うため、政府が当座は、国民——実質的には富裕層——へ強制的に課税することである。『原理』によれば、親には「自分自身の費用でその子どもに教育を授ける義務」があるという。しかし当時のイギリスの労働者たちは、この義務を自覚しておらず、この義務を遂行できるだけの収入を得ていないことも多かった。そこで、義務教育をめぐってミルは、政府が「強制的課税に由来する基金」を用いて、「小学校に金銭的補助を与え、貧しい人たちの子どももすべて無料あるいははっきりとは感じられないくらい少額の支払いによって入学できるようにすること」が必要だと考えた。なお、『原理』の第1～3版では、金銭的補助にとどまらず、「政府が小学校を設立すること」が提唱されていた（Mill [1848] 1965: 948-950，訳 (5): 308-314）。

3-2. 軍隊による治安の維持

　ミルの功利主義では、人類の幸福を長期的に見て最大化するために不可欠なものとして、加害の防止——「安全（security）」の確保——がとりわけ重視された（小沢 2017: 120-123）。そこで次に、加害の防止をめぐり、支配国の成人に対して行われる政府の権威的な干渉を取り上げよう。ここでは、政府の普遍的な役割の1つ、すなわち軍隊による治安の維持に着目する。

　『原理』によれば、政府が治安の維持を担うことに異論はないといい、その具体的な担い手は、「警察官」や「裁判官」に加えて、「兵士」すなわち軍隊であるという。そしてミルは、軍隊が、政府支出（歳出）によって支えられている——「産業の生産物に由来する税から支払われる」——と考えた（Mill [1848] 1965: 37-38, 800, 802, 913, 936，訳 (1): 87-89, (5): 14-15, 19, 238, 286-287; cf. Mill [1861a] 1977: 541-542, 561，訳 364-366, 404-405）。

　ここでミルの時代のイギリスに目を転ずれば、政府収入（歳入）は年に

おおよそ 5,000 万～7,000 万ポンドであり、この額が 3 つの用途——①官庁の維持、②軍隊の維持、③国債の利払い——に充てられていた（Mill [1848] 1965: 865, 訳 (5): 145）。そして歳入額の約 3 割にものぼったのは、②であった（馬渡 1997: 388-389; cf. Mill [1871] 1988: 412）。

『原理』の第 3～7 版やミルの選挙公約（1865 年）によれば、イギリスのこうした多額の軍事費には、削減の余地があったという。そして軍事費の削減部分が、教育などのための新たな歳出に充てられるべきだ、とミルは考えていた（Mill [1848] 1965: 865-866, 訳 (5): 145-146; Mill 1972: 1034）。

しかし、ミルは選挙公約の中で、イギリスが軍備を単に縮小して軍事費を削減することには反対した（Mill 1972: 1034）。そして、イギリスの軍事費削減と実質的な軍備拡張を両立させるために、ミルは演説「陸軍法案」(1871 年)において、次のような政府の権威的干渉を主張した。すなわち、イギリスの男性に対して軍事訓練を義務化して彼らを潜在的な陸軍兵士にし、常設のイギリス陸軍の大部分を廃止する、というものである[2]。具体的には、すべての健康な男性が、未成年の間に「学校」で「軍事訓練の基礎」を習得した上で、成人した年に「数週間の実地訓練」を受け、「その後の数年にわたる毎年 2 週間の教練」にも従事する、とされた。そしてミルによれば、一方で平時には、常設の陸軍の大部分が廃止される上に、追加的な歳出はほとんど必要とされないため、イギリスの軍事費が削減され、他方で戦時には、イギリス陸軍の戦争遂行能力——「敵国と戦う我が国の力」——が増加するという（Mill [1871] 1988; cf. Mill 1972: 1792）[3]。

付言すれば、文明社会の成人へ軍事訓練を義務付けるというミルの主張は、『自由論』における彼の主張——いわゆる危害原理——とも整合したと考えられる。なぜなら『自由論』では、危害原理を説明する文脈で、「他者を益するものとして肯定され、それを強制しても正当とされる行為」として、「自分を保護してくれている社会のために必要な防衛その他の共同作業にきちんと参加して応分の責任を果たすこと」が挙げられているからである（Mill [1859a] 1977: 224-225, 訳 33）[4]。

4. 自国の人々に対する支配 (2)——歳入面（見せびらかしの消費と飲酒への政府介入）

以上で見てきたような政府の権威的干渉が実行されるためには、歳入とい

う財政面での裏打ちが不可欠である。現にミルは、『原理』の中で、「歳入」が「政府の存在の条件である」と述べている（Mill [1848] 1965: 804，訳 (5): 24)。さらに『代議制統治論』によれば、広大な王国も、十分な歳入を確保できなかったときには崩壊してきたという（Mill [1861a] 1977: 378，訳 24-25)。

歳入は主として税によってもたらされるが、ミルは『原理』の中で、課税が政府による「面倒な干渉」であるという点を強調した。第1に、税それ自体が「強制的な性格」を持つとされた。すなわち、「ほとんどすべての形の政府活動には、金銭的収入の調達という1つの強制的な事柄がある」という。第2に、強制的な税に伴う脱税対策――「強制的な税の逋脱を防ぐために不可欠であるような費用の掛かる予防策と煩わしい制限」――にも、ミルは言及している（Mill [1848] 1965: 870-871, 937-939，訳 (5): 155-158, 289-292)。

しかし、文明社会の成人に対する強制的な課税をミルが認めたことと、『自由論』における彼の記述とは、決して矛盾しないと考えられる。なぜなら、『自由論』では例えば、「人が国家や他人に対する法的義務・道徳的義務を果たした後には、自分なりの楽しみ方を選んだり、自分の収入の使い道を決めたりすることは、本人自身の問題であり、本人の判断に任せるべきである」と述べられているからである（傍点は引用者，Mill [1859a] 1977: 298，訳 243)。

こうした強制的な税を主体とする政府の財源として、『原理』では、当時のイギリスの平時をめぐり、①家屋税、②地租、③相続税、④郵便税、⑤一部の贅沢品に対する物品税・関税、⑥少額の長期国債が、推奨ないし容認された（Mill [1848] 1965: 804-879，訳 (5): 23-174)。ここでは⑤に着目しよう。

一部の贅沢品とは、本当の贅沢品のいくつかと、偽りの贅沢品とであった。『原理』の第5編においてミルは、「生活必需品（the necessaries of life)」と「贅沢品（luxuries)」に財を二分した。そして贅沢品については、「本当の贅沢品（real luxuries)」と、言わば偽りの贅沢品とが区別された。前者は、「有用であるために」購入されるものであり、所有者に「それ自体で快楽をもたらす」。他方で後者は、「高価であるために」購入されるものであり、他人から見られることで所有者に「虚栄」や「費用に左右される空想的な威厳」をもたらすという。すなわち後者は、「所有者の裕福さを示す」ために求められるものであった（Mill [1848] 1965: 810, 864-872，訳 (5): 35, 143-160)。

そして『原理』によれば、第1に、偽りの贅沢品にはできる限り課税すべきであるという。ミル曰く、「私は、この種の支出が課税の最も望ましい対

象であると考えずにはいられない」と。言わば、見せびらかしの消費に対する税の推奨である。例えば100万円の「ダイヤモンド」と50万円の「真珠」が、どちらもミルによって偽りの贅沢品と見なされているとしよう。ミルによれば、このときダイヤモンドを買う人は、ダイヤモンド自体が欲しいのではなく、100万円のものが欲しいのだという。それゆえ、もし政府がダイヤモンドと真珠に課税してそれぞれの価格を倍増させたとすれば、同じ人が今度は、100万円に高騰した真珠を買い、周りから課税前と同じように評価されていると考えて、満足するだろうとされた。そしてこの場合、政府には50万円の税収が新たにもたらされる。このようにミルは、偽りの贅沢品——例えば「より高価な品質のすべての用具や装飾品」——に対する税が、「それによって誰も損失を被ることがない歳入の創造」であると主張した (Mill [1848] 1965: 864-872,訳 (5): 143-160)。

第2に、本当の贅沢品のうちでは、最初にアルコール飲料へ最大限課税すべきであるという。具体的には、「ワイン、ビール、蒸留酒」(Mill [1848] 1965: 872,訳 (5): 158) に対する税の推奨である。このような課税に伴うアルコール飲料の価格上昇によって、結果的には、国民の飲酒を政府が抑制ないし実質的に禁止することになる。そして『原理』では、とりわけアルコール飲料が過度に消費されやすいものであるために、結果としてのこうした飲酒の抑制・禁止が正当化された。

> 一般的に消費される贅沢品のうちでは、アルコール飲料がまず課税されるべきである。なぜならアルコール飲料は、それ自体では他の何ものにも劣らず正当な楽しみではあるが[5]、大抵のものよりも濫用されやすく、したがって課税から自然に生ずる消費の抑制が、概して他のものの場合よりも適切に行われるからである。(Mill [1848] 1965: 871,訳 (5): 157)

「贅沢品」、その中でもとりわけ「アルコール飲料」に対する税は、ミルの選挙公約の中でも支持されている (Mill 1972: 1032-1033)。さらに『自由論』においてもミルは、飲酒の抑制・禁止を唯一の目的とする酒税ではなく、あくまで税収を目的とする酒税によってであれば、「アルコール飲料」の消費が結果的に抑制・禁止されることを認めている。すなわち、「歳入を確保するための課税は、絶対に避けられないもの」であり、ほとんどの国において「国家は … いくつかの消費財の使用についてはどうしても罰金を科すことに

なってしまう」。それゆえ、「国家には、…過度に使用すれば明らかに有害だと国家が考える商品を、優先して選ぶ義務がある」、と（傍点は引用者, Mill [1859a] 1977: 287-288, 293, 295-298, 訳 215-219, 230-232, 236-244）。

　ちなみにミルの時代にも、物品税・関税をすべて廃止すべきであるという主張が見られた。この主張に基づけば、個人は手取りの収入を用いて、自分の好きなように財を購入し消費できるようになるであろう。しかし、当時のイギリスなどについてミルは、脱税の防止などの点から、一定の物品税・関税に頼らざるを得ないと主張した（Mill [1848] 1965: 864-868, 訳 (5): 143-151; Mill [1859a] 1977: 297-298, 訳 242-244; Mill 1972: 1032）。そして結果的にミルは、政府が個人の消費行動の一部を変えさせたり、抑制・禁止したりすることを認めたのであった。

　最後に、一部の贅沢品への課税を支持するミルの考えと、彼の功利主義との関係を確認しよう。本節で見てきたミルの主張に基づけば、課税自体による国民の幸福の減少が最も抑えられると考えうる。第1に、偽りの贅沢品への課税について言えば、課税の前後で消費者の快楽も苦痛も変わらない、とミルは考えていたであろう。第2に、アルコール飲料への課税について言えば、課税後には、一方で、自分の好きなように飲酒できなくなる人々の苦痛は、確かに増加するであろう。しかし他方で、過度の飲酒による人々の苦痛は、減少する可能性が高い。そして恐らくミルは、前者——苦痛の増加——が、ほとんどの物品税・関税に共通な点であるが、後者——苦痛の減少——は、とりわけアルコール飲料に対する物品税・関税に固有な点であると考えた。すなわちミルは、アルコール飲料への優先的な課税によって、物品税・関税がもたらす人々の苦痛を最小化しようと試みたと言えるであろう。

おわりに

　本章で描き出されたのは、『原理』などを考慮に入れることで初めて、あるいはより鮮明に浮かび上がってくるミルの見解である。具体的には、政府介入の二分法（はじめに）、征服による非文明的属国の形成、および征服後の広範かつ強力な政府介入や、段階的に変更される貿易政策（第2節第1項）、植民の利益を実現するための政府介入や、支配国から文明的属国への対外政策の強制（同節第2項）、教育ならびに治安の維持をめぐる政府介入（第3節）、税の重要性と強制的性質（第4節）——これらの点に関する彼の見解であっ

た。そして本章で見てきたような政府による支配は、ミルにおいては、結果として得られる人類のより高次な幸福を長期的に見て最大化するための手段であったと総括できよう。

　間違いなくミルは、個人による自由な思考や行為を、適切な範囲で守ろうとした。他方で本章は、政府による強制的介入についてミルが語ったことを、できる限り具体的に再構成してきた。そしてそこには、現代の日本から見れば強烈に感じられたり、『自由論』だけからは想像されにくかったりするような政府介入も含まれていた（属国に対する強制、軍事訓練の義務化、一部の贅沢品への集中的な課税）。我々は、ミルの議論のうちで強制的な側面をこのように具体化することで初めて、ミルが擁護した自由の具体的な中身や重さを理解することができるようになるであろう。さらには、こうした強制的な側面の具体化は、ミルの思想の全体像を把握するためにも不可欠であろう[6]。

〔謝辞〕
　本章はJSPS科研費（17K13711,17H00982）の助成を受けたものである。

【注】
(1) 本章では、「支配」という言葉を、『大辞泉』（小学館）の1つ目の意味や、『広辞苑（第7版）』（岩波書店）の4つ目の意味で用いる。例えば『広辞苑』によると、「支配」とは「④ある者が自分の意思・命令で他の人の思考・行為に規定・束縛を加えること」である。
(2) ただし、「専門的な軍団（the scientific corps）」と、「インド」などの一部の属国で常設されている陸軍は、維持されるという（Mill [1871] 1988: 413）。
(3) 本章は、陸軍の経費と戦争遂行能力に関するミルの「陸軍法案」での主張に焦点を絞った。他方で、ミルも書簡の中では、自分の提唱する陸軍制度が戦争を抑止するという側面に触れている（Mill 1972: 1792）。そして、ミルの陸軍制度改革案へ初めて本格的に光を当てたVarouxakis (2013: 151-153, 164-171, 182-183) では、主にこの側面が取り上げられている。
(4) さらにミルは『原理』の中で、海軍を維持するためにも、政府の権威的な干渉を認めた。それは、政府が自国の貿易から他国の海運業者をできる限り排除するというもの、すなわち航海法の施行である。『原理』に

よれば、自国の海運業が他国の海運業との価格競争に敗れてしまう場合――イギリスについて言えば 17 世紀――には、航海法の施行が容認されるという（Mill [1848] 1965: 916-917，訳 (5): 245-246）。
(5) 『原理』の第 1～2 版では、「アルコール飲料は … 正当で有益な楽しみではある」となっていた（傍点は引用者）。すなわち第 3 版において、飲酒の利益を示唆する形容詞が削除された。
(6) 本章の内容に興味を引かれた場合には、Claeys（2013）も参照されたい。ただし同書では、文明的属国をめぐる軍事的な側面、支配国での軍事訓練の義務化、一部の贅沢品への課税などに関するミルの見解は、取り上げられていない。

【参考文献】（訳を変更した箇所がある。）
Claeys, G. 2013. *Mill and Paternalism*. Cambridge: Cambridge University Press.
Mill, J. S. [1848] 1965. *Principles of Political Economy with Some of Their Applications to Social Philosophy*. 2 vols. In *Collected Works of John Stuart Mill*. vol. 2-3. Toronto: University of Toronto Press. [CW]　末永茂喜訳『原理』(1)-(5)，岩波書店，1959-1963。
――. [1859a] 1977. *On Liberty*. In *CW*. vol. 18: 213-310.　斉藤悦則訳『自由論』光文社，2012。
――. [1859b] 1984. A Few Words on Non-intervention. In *CW*. vol. 21: 109-124.
――. [1861a] 1977. *Considerations on Representative Government*. In *CW*. vol.19: 371-577.　水田洋訳『代議制統治論』岩波書店，1997。
――. [1861b] 1969. *Utilitarianism*. In *CW*. vol. 10: 203-59.　川名雄一郎・山本圭一郎訳．2010.「功利主義」『功利主義論集』所収, 京都大学学術出版会：255-354。
――. [1871] 1988. The Army Bill. In *CW*. vol. 29: 411-15.
――. 1972. *The Later Letters of John Stuart Mill 1849-1873*. In *CW*. vol. 14-17.
Varouxakis, G. 2013. *Liberty Abroad: J. S. Mill on International Relations*. Cambridge: Cambridge University Press.

小沢佳史．2017.「J. S. ミルの権利論」田上孝一編『権利の哲学入門』所収，社会評論社：118-131。
児玉聡．2012.『功利主義入門――はじめての倫理学』筑摩書房。
馬渡尚憲．1997.『J. S. ミルの経済学』御茶の水書房。

第6章　マルクスの支配論
——生産力の制御とゲノッセンシャフト

田上　孝一

はじめに

　カール・マルクス及びマルクスを継承した思潮という意味でのマルクス主義において、支配の問題はこれまで、国家権力の問題として語られるのが常だった。

　確かにマルクス主義にあって国家とは、その本質が支配のための装置であることにある。国家が行使するのは Gewalt である。このゲバルトは単なる権力 Macht ではなく、その内実に暴力をはらんだ強力でもある。国家のアイデンティティは、国民に自らの否定を許さないところにある。国家は、国家の存続を揺るがし、国家を解体しようとする策動には、情け容赦なくゲバルトを発揮することによって自らを維持しようとする運動体である。

　国家の本質は、それが支配のためにあること、支配勢力が被支配勢力を暴力的 (gewaltsam) に押さえ付けることにある。このため、マルクスにおける支配の問題が、マルクス主義的な国家論の問題として焦点化されてきたのには、必然的な理由がある。

　ではマルクス的な観点からすれば支配の問題は、専ら国家論の領域で行なわれるべき主題かといえば、必ずしもそうとはいえない。というのは、国家とは社会においてそれ自体で究極的な存立根拠を持つものではなくて、あくまで社会の土台をなす経済的諸関係に照応した、上部構造の一環だとされるからである。つまり、国家において支配がその主要な機能とされるのは、土台である経済的関係の中に支配が内含されるからである。

　現行の経済秩序である資本主義においては、資本が労働者を支配している。労働者は生きるために、賃労働を行なわなければならない。

　ということは、マルクスの支配論というのは結局のところ、資本家が労働者を支配する有様を描き出し、それを批判することに尽きるということになるのだろうか？

第6章　マルクスの支配論

　しかしそれは、これらの文言が文字通りに受け止められて、常識的に解釈される限りでは、恐らく違う。確かに現象的には資本主義において資本家は労働者を支配し、資本家によって労働者が支配されることが、国家領域での政治支配の実体として現れるだろう。しかしその場合、常識的推論では、支配者である資本家が意識的に支配を行い、支配を永続化できる社会構造を意図的に作り出してきたということになるだろう。

　ところがマルクスによれば、事の真相は異なる。真実はむしろ、支配される労働者のほうが、自ら意図せずして自らが支配されるような社会をもたらしてしまったというのである。つまりマルクスおいて支配とは実は、それぞれがそれぞれにとって完全な他者である支配者と被支配者の単純な敵対関係ではなく、むしろ支配される者自身の自己呪縛の問題なのである。

　これはつまり、マルクスにおいては、政治支配の最も深い深層には、人間が自己自身の本質それ自体から損なわれること、人間の自己疎外の問題があるからである。このため、マルクス支配論の理論的本質をつかむためには、それを最深の哲学的次元で考察しなければならないのであり、彼の支配をめぐる議論の前提となっている、マルクスの疎外論を理解しなければならないのである。

　本稿では、マルクスの前提的視座である疎外論を、支配論という観点から解説する。これはまた逆に言えば、支配論という観点から捉え返すマルクス疎外論でもある。このようなことが可能なのは、支配というのがマルクスにあっては周辺的な概念ではなく、マルクスの全理論における核心である疎外論と密接不可分な重要概念だからである。それにもかかわらず、支配の問題はこれまで専ら国家論の枠内で、言わば応用的な問題として扱われてきた。本稿はこれに対して、支配の問題はマルクスにあっては、彼の哲学的な理論構想の主要な構成要素の一つであったというように、マルクス研究におけるその理論的な重要性を再浮上させることを意図している。

1．常識イデオロギーによる支配

　支配の問題は、旧来のマルクス研究で扱われてきたように、専ら上部構造である国家の機能に尽きるのではない。確かに国家はイデオロギー装置として、資本主義の現行秩序を維持し、現行秩序を正当化する言説をイデオロギーとして流布する。

テレビが典型例である。マイナーなケーブルテレビ番組を別とすれば、不特定多数が視聴する地上波放送の政治傾向が似通ったものになるのは、それらの番組が現行秩序の根本的変革を示唆しないように作られているからである。いわゆる「討論番組」というのも、真理の探究が目的ではない。真理は必ずしも多数意見とは限らない。支持者の多寡は、議論の妥当性を決定しない。しかしテレビにあっては、支持される結論は予め多数意見と決まっている。もしテレビが明らかな少数意見を確固として支持したら、批判の嵐が巻き起こり、その番組の視聴率が低下するのは必至である。どんなに適切であっても、高い視聴率は常識を追認することを前提する。常識の中には無害なものも少なくないが、明らかに現行の秩序を維持するためのイデオロギー機能を担っているものもある。

「働かざる者食うべからず」というのは常識として広く受け止められているが、では自ら所有する土地を貸し与えるだけで不労所得を得ている地主は許されないのではないかということになる[1]。ところが我々の社会では、一方で労働による所得を薦めながら、他方で貸付による利得を容認している。我々の社会では、論理的に一貫させて敷衍すると非常識になってしまう常識は少なくない。動物に苦痛を与えてはいけないといえば、誰しも常識だと受け止めよう。しかし、では牛も豚も苦痛を感じているのだから殺して食べるのは辞めるべきだといえば、非常識な極論だと拒絶される[2]。これはつまり、常識とは必ずしも論理的に適切で広く受け入れられるべき多数意見を指すのではなくて、そのような穏当な意見の外観をしたものに過ぎない場合があるということだ。

勿論常識の多くは普遍的な妥当性を持つが、土地所有や肉食のように、理論的には到底適切とは言えないドグマも、常識として受け止められている。そしてこの種の常識は往々にして、論理的妥当性に関りなく、現行の支配秩序に都合のよい言説がために、広く流布されている。ここでは常識が支配勢力のイデオロギー的正当化の役割を担っている。そしてテレビの主要言説とはまさに、このような支配的なイデオロギーの流布と、こうしたイデオロギーの枠内での、見せ掛けだけの「自由な討論」にすぎない。働かざる者は食うべきではないから地代は禁止すべきだといったり、動物に苦痛を与えるべきではないから肉食はなくすべきだという、ごく自然な推論による議論がしかし、だからといってテレビで推薦されるなどあり得ないのである。

このような上部構造領域でのイデオロギー支配の問題をそれとして考察す

ることは重要で意義深いことであるが、本稿ではむしろ、こうしたイデオロギー支配の土台的前提を明らかにしたい。それは上部構造におけるイデオロギーが、現行の支配勢力による支配が不自然ではなくてむしろ自然であること、資本が労働者を支配するのは人間社会の自然な経済秩序なのだということを、テレビのようなマスメディアや公教育を通して注入し続けるのはなぜかということに関る。それはつまり、イデオロギーが真実を転倒させるのは、土台となる経済関係それ自体が一つの転倒した人間関係だからである。転倒した現実を意識の中で再転倒させて、それが転倒ではなく正立だと人々に思い込ませる。これがイデオロギーの機能である。

ではなぜ土台が転倒しているといえるのか。それは労働過程と生産過程の一致と不一致という問題からいえることである[3]。それはどういうことか。

2．支配の本質

マルクスの社会理論の特徴は、政治現象の土台に経済のあり様を見出すことである。無論これは通俗的な、上部構造の経済への還元といった話ではない。上部構造の領域的独自性を前提にした上で、経済活動で行なわれているような人間行動の基本的原理が、上部構造の各領域にも貫いているということである。

それは経済とは何よりも、人間の生の前提に関る領域だからである。世の中には不食といって、何も食べないで生き続けられる人がいるそうだが、仮にそれが真実だとしても、極少数の例外に過ぎない。もし多数が可能ならば飢餓はなくなるのであり、究極的理由が飢餓の回避にある生産活動は不要になる。人類がこのような存在ならば、経済活動は社会の土台とはならない。しかし実際には、食が生活の基盤である。食とは消費である。消費の前提は消費される対象を作り出すことである。狩猟にせよ農耕にせよ、消費対象は自然を起源とする。消費を実現するためには自然を何らかの形で取得しなければならない。このような自然の取得が生産の本来的な意味である[4]。つまり生産とは消費の前提であり、消費のプロセスの出発点である。そして消費は生産の目的である。このような自然の取得としての生産によって得られた対象を消費するのが広義の生産であり、広義の生産は再生産過程である[5]。

このような再生産過程が、直接的に消費財を作り出す経済活動のみならず、各イデオロギー領域にも貫かれているというのが、土台と上部構造を分割し

て社会を見る、唯物史観の基本観点である。イデオロギーもまた絶えざる再生産過程の只中にあり、常に産み出され、消費され続けるのである。

　支配にしても事情は同じである。支配は実体的な機構としては、法制化された政治制度として再生産され続ける。支配はまたイデオロギーとして、現行の秩序を正当化する言説として再生産され続ける。

　このように、生産して消費するという過程が、人間生活の基本的な過程である。従って生産過程とはまた、生活過程(Lebensprozess)でもある。このため、マルクスにおいて生産概念は自ずとその意味を拡張することになる。生産とは狭義の財の生産に留まらず、人間が自己の前に対象を据定し、自らの物として獲得することそれ自体を意味する。このために、生産のあり方が人間の生＝生活（Leben ＝ life）そのものを基本的に規定することになる。生産のあり方が否定的であれば、そうした生産に従事せざるを得ない人間の生は、どうしても否定的な性格を帯びる。そのような否定性はいかに克服されるのかというのが、マルクスの根本的な問題意識だった。

　生産とはまた労働である。同じ事態を結果から見れば生産になり、過程からすると労働になる。労働はそれを究極的なレベルで抽象化すれば、自然の取得として、ただ一人の人間が自然に立ち向かい、その富を我が物とする過程としてモデル化できる。これが『資本論』の労働過程論である。この抽象化されたモデルでは、一人の労働者が労働手段を用いて労働対象に働きかけるという図式になるが、このような労働は現実には存在しない。あるいは言い方を変えると、どの労働もその核心はこのような形の労働になるが、あらゆる労働はこのような抽象的な姿のままでは現実化しない。

　つまりどの労働も、特定の社会とその時代状況に属し、必ず何らかの生産様式を通して実現されているということになる。

　奴隷制や封建制、そして資本主義であっても、その社会的生産の実体的本質は、突き詰めれば個々人の労働である。そしてその労働は、労働である限りは必ず、労働過程論で描かれているような、労働者が労働手段を通して労働対象に働きかける過程である。このあたりの事情は、次のように印象深く描写される[6]。

　　小麦を味わっても、誰がそれを作ったかは殆ど分からないが、同じように、この過程を見ても、どのような諸条件の下でそれが行われるか、奴隷監視人の残酷な鞭の下かあるいは資本家の不安げな目の下か、キン

キンナートゥスが彼の若干の耕作でそれを行うのか、あるいは未開人が、石で野獣を倒すのか、ということは殆ど分からないのである（Marx 1991: 167）。

　逆に言えば、一切の社会的状況と関りなく、純粋に小麦を作るだけの労働過程は存在しないということである。農業として営利目的で行なわれるか、個人的な趣味として自家農園で行なわれようとも、小麦の生産は小麦の生産であり、その意味では労働過程としては同じである。しかしこうした具体的条件を捨象した、小麦を作ることそのものというのはないのである。必ず何らかの社会的条件の中で、労働は行なわれる他はない。それは労働過程が必然的に特定の生産様式に包摂され、生産様式内部での労働過程として実現される以外にないということを意味する。

　ここで問題なのは、このような必然性のため、労働過程と生産過程に宿命的な乖離が生じるということである。

　何かを作ることは労働者である個人が自然に働きかけて自然を加工することなので、この点だけから見れば、どの時代のどの生産様式にあっても同じである。抽象的に一般化すれば、労働者が主体となって客体である自然に働きかけて自らの対象とすることである。この過程をマルクスは初期の『経済学・哲学草稿』以来、主体による対象の据定としての対象化（Vergegenständlichung）の過程だとしている。つまり労働とはその最も根源的な次元では、主体による客体の対象化である。従って労働とは先に（注4で）見たように、労働者である人間が主体となって、客体である自然に働きかけて、自然を自らにとっての対象として獲得（Aneignung）する過程である。

　この労働過程の基本構造はどのような生産様式にあっても変らない。物を作ることの実体的本質は、人間主体と自然客体の相互作用であり、ここでは常に人間である労働者が主体である。

　しかし労働過程はそれ自体としては実存できず、常に生産過程に包摂されざるを得ない。どの生産様式にあってもその支配的な労働のあり方とは異なった、私的な次元での個人活動としての労働ができる余地はあるが、主要形態の労働は、各生産様式によって決定される。我々のような資本主義に生きる者の中にも、全くの自給自足生活を送る人もいないわけではないが、少数の特異例であり、主要な働き手は賃金労働者である。同じように、奴隷制社会でも奴隷と関りなく自給自足していた者もいるだろうが、局所的な例外

であり、主要には奴隷労働が社会の生産基盤になっていた。

　資本主義でも奴隷制でも、労働過程それ自体を取り出せば、常に労働の主体は労働者である。しかし資本主義にあっては労働者は資本家に雇われている。企業は通常、労働者の所有物ではない。然るに営利活動の主体は企業である。つまり労働者は資本主義にあっては、資本という主体が自らの生産を実現するための手段とされている。手段となった人間はもはや主体ではなく、客体である。資本主義とはその社会全体の再生産という単位で見れば、労働過程それ自体を手段にして、社会的生産過程を実現している社会である。どの生産様式でもそうであるように、資本主義でも労働過程の主体は労働者であるが、社会全体の生産過程の主体は労働者ではない。資本である。資本主義は資本が主体となり、労働者を客体的な手段として用いて社会的な生産を実現している社会である。労働者ではなくて資本が主体であり、労働者ではなくて資本が主人公である社会である。だからこそ資本主義というのである。

　しかしどのような社会であっても、生産を現実に実現する単位は労働過程である。そして労働過程では論理必然的に労働者は主体となって生産を実現する。資本主義では資本と労働過程は主従関係として不可分の相即関係にあるが、論理的には両者は分離可能である。しかし現実にはあり得るのは労働者のみの社会であって、資本家のみの社会ではない。資本家のいない社会は成立するが、労働者のいない社会は成り立たない。ということはつまり、資本は人間社会にとって不可欠な存在ではなく、むしろ派生的な存在である。しかも資本家の富は労働者の生み出す剰余価値に由来する。自分ではなく、他者の作り出した富を我が物にしている。ということは、資本は単に派生的であるだけではなく、寄生的でもあるといえよう。

　このような寄生的存在に、しかし資本主義にあっては人口の大半が従属している。その関係は、従属する者が自発的に維持しているものではなく、そうせざるを得ないというやむを得なさに基づく。奴隷制の場合は肉体的暴力が伴うが、資本主義では働かないのは自由である。しかし生涯働かないで済むほどの不労所得があるような一部例外を除けば、生命を維持するためには働かなければならない。ここには形式的には強制がないが、実質的には強制がある。従って資本主義における資本と労働者は、選択の余地のない支配と被支配の関係にある。資本主義とは資本が労働者を支配する社会である。これが資本主義の本質である。

　だから、国家における支配、現象的に主要な支配のあり方として現れる諸

事態は、経済関係における支配、資本による労働者の支配に根ざしている。だからこそ国家は上部構造であり、経済が土台なのである。土台となる人間関係が支配被支配関係だから、上部構造においても支配が社会現象の主要な趨勢になるのである。このため、国家における支配は、それ自体をなくそうとしても、根本的には解決しない。法律で形式的な平等を幾ら定めても、土台における本質的な支配関係が続けば、不平等は根本的には解消されることはない。本質は常に現象する。本質が変らなければ、現象は変らないのである。これがマルクス支配論の基本視角である。

3．被支配者による支配構造の再生産

　マルクスの支配論にあっては、政治的支配は経済的土台における基本的な人間関係が、つまり生産関係が支配者と被支配者に分かたれているような敵対状態にあることに根ざしている。奴隷制では奴隷主と奴隷、封建制では領主と領民、資本主義では資本家と労働者が、それぞれ敵対的な支配被支配関係にある。従って、それぞれの生産様式内部で現れる政治的支配を抜本的に解消するためには、生産関係自体の敵対性自体をなくしていくことが必要である。

　マルクスにおいて資本とは、労働者が対象化した生産物が作り手である労働者から自立し、反対に労働者を手段として用いて生産を実現するようになった転倒した人間関係であり、資本家は人格化された資本である。資本の富の源泉は労働過程であり、再生産の必要以上に蓄積された剰余価値である。もし労働者が再生産のために必要なだけ以外のストックを自らの取り分として分配してしまえば、資本の分はなくなり、資本家は消滅する。しかし資本主義ではあくまで生産過程の主体は資本だから、事態はこれとは逆に、先ず資本の取り分を必要なだけ確保した後に、余りの少なさに労働者の反乱を惹起しない程度の賃金を、労働者に支給する。

　そうなるとこの人間関係においては、資本家であることは労働者であることに比して圧倒的に有利であり、このシステムそれ自体が資本とその人格化である資本家によって形作られたと考えるのが、ごく自然な類推だろう。

　実際マルクスもその若き日に本格的な経済学研究に入った当初から、この問題意識を持っていた。しかしその考えは、今述べたような常識的類推を裏切るものであり、その基本的考えはマルクスの理論的生涯を通して変ること

がなかった。

　マルクスは本格的に経済学研究を始めた『経済学・哲学草稿』で、疎外された生産物がどこにゆくのかという問いを立て、労働者以外の人間である他はないと答えている。この労働者以外の人間は、労働はしないが、労働者の生産物を私する。逆に労働者は自らの作り出した物を我が物とする（Aneignung）ことができず、労働しない人間に奪われ、所有される。従って労働者の原理は非所有であり、労働しないで労働者の富を奪う者の原理は所有である。しかもこの所有は社会全体に普遍化されたものではなく、あくまで私的原理によって特殊化されたものである。それは社会的所有ではなくて私的所有である。この私的所有された富がやがて資本に転化するのだが、『経済学・哲学草稿』のマルクスはまだそのメカニズムを解明することができなかった。このため、ここでは私的所有という概念が資本と明確に区別されずに用いられている。

　こうして労働者が自らの労働から疎外されることにより生産物が獲得（Aneignung）できなくなり、疎遠になった生産物が非労働者に私的所有されることによって資本主義が成立するが、この構造を作り出したのは、現象的にも動機的にも私的所有に他ならないように見える。マルクスもそのことを認め、私的所有は疎外された労働の根拠や原因として現象するとしている。ところがマルクスはヘーゲルに習って、現象と本質の区別を忘れることはない。確かに私的所有は疎外の原因のように見えるが、事態の真相は逆で、疎外された労働こそが実は、私的所有（資本）の原因なのだとする（Marx 1982: 244）。つまり、一見誰しもそう思うように、労働者が害される構造はそれによって益を得る側によってもたらされるのではなくて、むしろ労働者の側がそれとは知らずに、また当然それを望むこともなく、生み出してしまうのだとされたのである[7]。

　それによって利益を得ている構造を強者自身が作り出したと考えるのは、見た通りの現象と一致して分かり易いし、またその解決方法もすぐ思いつく。強者を力ずくで打倒すればいい。私的所有たる資本が疎外を生み出すのだったら、私的所有をなくせばいい。しかし事はそう単純ではなかったのである。むしろ弱者である労働者自身が、それとは望むことなく、自らが搾取される構造を作り出してしまったのだから。いわば構造それ自体が自らを再生産し続けるのである。だからこの構造を変えずに私的所有をなくしても、再びそれに換わって同じ役割を果たすもの生じざるを得ない。

実際これが現実社会主義で起きたことでもある。ソ連には生産手段を私的に所有する資本家はいなかったが、官僚が資本家と類似した役割を果たし、労働者は終始一貫疎外され続けた。私的所有を単に法的に禁止するだけでは不十分である。労働それ自体の疎外的性格をなくさなければ私的所有を克服することができないのであり、そうでなければ資本主義は止揚されないのである(8)。

　このことを支配の問題で言えば、まさに国家における支配の土台である資本による労働者の支配は、支配する資本家ではなくて支配される労働者が、それとは知らずに生み出してしまったものだということになる。支配の原因は支配される者が意図せずして自ら自身を縛ってしまうことである。当然ここでもまた、同じような困難に巻き込まれている。単純に支配者を打倒すれば問題が解決するわけではないということである。

　テロリズムについて、特定のテロリスト集団を壊滅させても、貧困のような温床が残されている限り幾らでも新手が現れ続けるとよく言われるが、同じように、特定の支配勢力を幾ら打倒しても、支配される側が実は支配構造の原因なのだから、被支配者の基本性格を変えない限り、支配構造は温存され続けるのである。自己の意図に反して、そうありたい自己から自己自身が乖離すること、つまり支配という局面での、人間の社会における自己疎外状況、これ自体を変えなければ人間が望ましくない支配に甘んじざるをえない現状は変えられないのである。ではどうすればいいのか。

4. 支配の原因としての分業

　人間が自らの意思に反した被支配状況に置かれるのは、自ら自身を自らが望まない状態にするため、つまり自らがあるべき自己から疎外されるからだと述べた。だとしたらこうした人間自身の自己疎外、特に生＝生活の土台である経済領域の疎外、すなわち疎外された労働を克服すれば、政治領域においても支配し支配される関係から、人間は解き放たれることになる。

　そのためには労働疎外の原因が明確にならなければならない。この点、マルクスの疎外論は他の「疎外論」とは異なっている。他の疎外論、例えば実存哲学系の議論では、人間存在がそもそも原理的に疎外されざるを得ないとして、《世界疎外》のようなことを語りたがる。しかしこれでは、疎外は原理的に止揚できないものになる。これに対して、マルクスのいう疎外ははっ

きりと克服可能なものである。疎外の原因が明確だからだ。

　マルクスによれば、疎外の原因は分業である。だから、分業をなくせば、疎外もなくなるのである[9]。

　しかしこういうだけでは、誤解は必至だろう。そんなことはできるはずはないと。

　確かに普通の意味での分業ならば、その通りである。分業はアダム・スミスが明確にしたように、文明それ自体の基礎である。高度に発展した分業に支えられてこその文明社会であり、こうした普通の意味での分業を否定したら、文明それ自体が成り立たない。マルクスが求めたのは資本主義的文明の先にある新たな文明であって、文明それ自体の否定ではない。

　従って、ここで克服が目指されているのは、普通の意味での分業、生産分化や就業形態の効率化というような話ではない。

　マルクスの分業論が分かり難く、多くの研究者にすら誤解を与え続けたのは、彼が分業概念を融通無碍に、多面的な意味で使っていたからである。肉体労働と精神労働の対立といったことを普通は分業概念で説明しないと思うが、マルクスからすればこれは克服されるべき分業の代表例である。

　従ってマルクスが求めた分業の克服とは、普通の意味での分業をなくすことではない。そうではなくて、なくすべきなのは、精神労働と肉体労働の対立に示されるような、労働者の肉体と精神を著しく毀損するような、非人間的な労働の組織化である。この際、克服すべき分業の中に、一方通行の指揮系統が含まれていることが、重要な論点となる。

　資本主義において労働者は資本によって客体化され、労働過程の主導権は管理職のような資本の代理人に委ねられる。このような状況においては、労働は他者から指令されて働く者と、自らは労働過程に入らず労働者を一方的に指令する者に分割される。こうした広義の分業状態にあっては、生産の実体的主体である労働者は、自らの意志に反し、非自発的な労働を強要される。これは自由意思的であるべき人間（Marx 1982: 238) が疎外されているということであり、疎外が分業によって生じているということである。

　支配という文脈では、労働者は一方的に支配される側に押さえ付けられ、支配構造が固定している。この構造を打破することが、疎外克服への道になる。

　それは、労働者が一方的に支配されている分裂（分割＝分業）状況から脱し、自らが支配されるのではなく、支配する者となることである。資本主義的な

分業構造にあっては、労働者は非労働者によって支配されている。これを労働しない者を生産過程から外して、労働者自身が自ら生産過程を指揮し、労働過程が労働者以外によって支配されない自立性を獲得することである。これがマルクスのいう分業の克服であり、それは畢竟、資本主義的ではない、資本の存在しない労働の組織化に他ならない。

　ではこういう事態、労働が疎外を生み出さないように再組織化されるのはどうして可能なのか。マルクスからすれば、それこそが唯物史観の観点ということになる。生産力の発展こそが、鍵だというのだ。

　マルクスの生産力概念を考える際に重要なのは、それを生産性に関する技術的要素に還元しないことである。確かに生産力の客観的側面は労働生産性と、機械に代表される生産技術ではある。そしてこの通常の意味の生産力が生産関係の基底的要素であることは間違いない。資本主義は高度な技術発展を前提する社会だが、こうした生産力のあり方は奴隷制とは照応しない。奴隷という無償労働力をふんだんに使える社会では、労働力を節約するための技術向上への動機がない。現在我々が享受している機械文明が、社会形態が古代的な奴隷制に固定されたままで実現していたとは考えられない。生産力の発展が資本主義をもたらしたのだし、生産力の現在段階での高度発展が、資本主義的生産関係の桎梏になっているのは間違いないだろう[10]。

　しかし、生産力が社会体制自体を規定する基本要素だということはまた、生産力が人間の本質的な要素でもあるということである。人間が本源的に社会的な存在であることが、マルクスの前提的な人間観だからである。このため生産力はマルクスにおいては、人間の本質的な力なのである (Marx/Engels 2017: 110)。

　これがマルクスの生産力概念の最も深い意味であり、生産力の技術的側面は、それが人間の本質諸力を構成する要素なのだという観点から、捉え直されなければならないということである。

　この捉え直しから何が分かるのか。マルクスは資本主義における疎外された労働によって、人間が自己の類的本質から、つまり人間がそうあるべきあり方から疎外されるとした。ところで生産力は人間の本質諸力である。ということは生産力もまた、資本主義においては疎外されているということになる。では疎外された生産力のあり方とは何か。それはまさに、労働の分業的な組織化によって、労働過程が労働者によって制御されていないことである。このため、こうした労働過程によって生み出される生産力は、労働者にとっ

て他者であり、自らの意志で制御できない他律的な力である。

このように生産力が労働者にとって他律的であるからこそ、生産力は「唯物史観の定式」でいわれるように、人間の意志から独立して、それ自体として独自に展開する、自立的な力になるのである。生産力がそれを生み出す人間から独立して自己展開するということは、そのような生産力は人間にとって他律的な力である。この生産力の他律性によって、資本主義のような疎外された生産関係が根本的に規定される。つまりこの自立的で他律的な生産力こそが、支配の根源である。だから生産力が他律的なものから労働者によって制御される自律的なものに転化すると、労働の疎外と共に政治支配もその存立根拠を失うのである[11]。

唯物史観とはまさにこの逆転現象が歴史的に用意されてると予測する歴史観である。この歴史観によれば、生産力の基本性格は資本主義という人類の前史を境にその根本性格が変る[12]。人間にとって自律的になった生産力は、支配する者と支配される者の分業的な分断を克服した、疎外を生み出さない再組織化によって実現する。つまり、マルクスは分業の克服を、生産力の発展に求めていたのである。

勿論これは一つの仮説であり、歴史構想に過ぎない。マルクスは預言者ではないし、マルクス主義は宗教ではない。この予測が絶対当たるなどというのは、マルクスの合理的仮説を擬似宗教に貶めることである[13]。しかしそれ自体が生産力発展の原動力となった分業が、自らが発展させた生産力によって、むしろ自分自身が否定されることになるという歴史観は、極めて興味深い一つの見識ではないかと思う。現在のイデオロギーの中にも、産業構造の高度化が、これまで主流だった硬直したヒエラルキー的組織原理を突き崩し、流動的で柔軟な組織のあり方を要請しているといった議論が見られるが、皮肉にもマルクスの議論はこうした資本主義擁護勢力と通じている。これは一方でマルクスの意外な現代性を示すと共に、他方で体制擁護学者の、自らの議論の彼方に資本主義そのものの否定を見出すことのできない視野狭窄を明るみに出しているのではないかと思う。

5. 愛を原理とするゲノッセンシャフト

マルクスにおいて政治支配の問題は経済的土台に根ざし、経済のあり方が支配する者と支配される者とに分裂しているような、疎外された分業状態に

あることによって生じるとした。そのため、国家が暴力装置として作動し続けるという、政治領域における支配を解消するためには、生産関係が敵対的な分裂を含まない形に再組織化される必要がある。それがマルクスの求めた共産主義であり、人類の前史の後に来ると展望された理想社会である。

　通俗的理解ではマルクスは「科学的社会主義」の祖であり、科学的社会主義では理想は語らないと人口に膾炙している。しかし未来で起こるべき出来事は原理的に理想であり、共産主義も未来において実現されるべき社会のことを意味するのだから、理想である他はない。もしこれが理想ではないとしたら、共産主義は選んで叶えるべき夢ではなくて、必然的に決定された歴史の運命ということになる。このような歴史観は科学的ではなく、むしろ宗教的である。ヘーゲルのような観念論ならば、人知を超えた絶対精神のようなものを想定することで、歴史の決定を強弁することもできようが、マルクスは唯物論者であり、その歴史観は唯物論的である。だから歴史は終始一貫人間が織り成すものとしか捉えられない。有限な人間の行いに神の振る舞いのごとき決定論を適用することは不当であり、人間の歴史の未来は人間にふさわしく不確定な可能性の内に留まる他はない。従って、通俗的マルクス理解とは対照的に、マルクスの共産主義論は実現可能な選択肢としての望ましい未来像の提起だと受け止めるべきである。

　このような未来像をマルクスは若き日の諸著作以来『資本論』に至るまで、折に触れて語っていたが、その最終的な体系的提示は『ゴータ綱領批判』において行なわれた。この著作でマルクスは、共産主義社会の基本原理をゲノッセンシャフト (Genossenschaft) という言葉で提示した。これはどういうことか[14]。

　マルクスは来るべき理想社会の基本原理を、若き日から一貫してAssoziationやVereinという言葉で表現していた。既に明確にしてきたように、マルクスの歴史観では人類社会の編成原理が前史とその後で根本的に変化する。前史は疎外的分業に貫かれた、ヒエラルキー的な支配被支配関係が基本となる。無論前史にあっても支配被支配ではない、非ヒエラルキー的な人間関係は存在した。しかしそれはあくまで私的で局所的な関係であり、社会全体の基本的な編成原理ではなかった。

　それはまさに恋愛や親子愛という愛の原理であり、一般市民同士としては友愛の関係であった。こうした愛が大切なものであることは誰しも感じるであろうが、しかし愛こそが私的な原理の最たるものであり、私的な領域を超

えて社会一般が愛の原理によって編成されるとは、多くの人は思いもしなかったのである。

　この点をよく理論化したのはヘーゲルであった。周知のように彼は人間社会を、家族と市民社会、そして国家というトリアーデに分割した。家族の原理は愛であり、家族が人間社会の道徳である人倫の出発点であるとして、愛が人間にとって最も基本的な原理であることを認めるのにヘーゲルはやぶさかではなかった。しかしあくまで愛は家族の原理であり、社会一般の原理ではなかったのである。社会は家族の外部にある市民社会であり、これをまさに家族とは対照的に、利己的目的のために相手を利用とする敵対的人間関係だとしたのである。

　つまりヘーゲルにあっては家族の外にある社会の基本的な構成原理は、家族的な愛が後景に退くような、競争的な人間関係であり、強者による弱者の支配を生み出しかねない欲望である。こうした欲望の体系である市民社会ではまさにマルクスが告発したような否定的な状況が現出する。ヘーゲルなりに労働の疎外をはじめとした市民社会の疎外状況を見据えていたのである。

　しかしヘーゲルではこの市民社会の矛盾は、市民社会自体そのものを変えることによってではなく、国家によって解決されるとした。ここにマルクスとの決定的違いがある。

　マルクスにあって国家は終始一貫イデオロギーである。実体的には暴力装置であり、土台の不当性を隠蔽するための幻想を生み出す、イデオロギー装置でしかなかった。従って国家はマルクスの理想社会には存在根拠を持たないものであり、単なる行政的区分としては残存するかもしれないが、現在あるような国民国家としては存続し得ないものとされる。

　ところがマルクスは、ヘーゲルのトリアーデ構想を常に批判しつつも、社会全体を家族と市民社会と国家に三分割するという視座そのものは、基本的な前提として保持していたように思われる。だからマルクスはヘーゲルの法哲学をその若き日に、執拗に批判したのである。継承を前提しているからこその批判である。

　ヘーゲルにあっては市民社会の矛盾は国家によって止揚される。しかしマルクスは国家それ自体を廃棄してしまったのだ。そうなると残るのは家族しかない。愛の原理である。これがゲノッセンシャフトなのである。マルクスによれば、共産主義的に改変された市民社会ではヘーゲルの市民社会とは異なり、欲望以外のものが支配する。しかし国家原理はもはや採用できない。

残るは家族しかないのである。

　ゲノッセンシャフトもアソシエーションであり、垂直的なヒエラルキー化された人間関係ではなく、水平的で平等な紐帯を意味する。人類の前史における支配的な人間関係は、資本家と労働者がそうであるように、垂直的な支配被支配関係にある。共産主義的なアソシエーションでは、生産過程を指揮監督する主体は労働者によって選出された代理人であり、労働者の上に立つ非労働者ではない[15]。市民社会の基本的な人間関係が、平等な友愛による結びつきという、そうあるべき人間のあり方を実現している。ヘーゲルが見据えた人倫の解体としての市民社会とは異なり、人倫の実現としての市民社会である。

　強権的に支配する者がいない人間関係にあっては、個々人の自発性が基本的な構成原理となる。アソシエーションは他律的に強制されたものではなく、自律的な連帯によって実現する。それだからアソシエーション＝連合なのである。自発的に結び付くのだから、アソシエーションの構成原理は他者への信頼であり、まさにヘーゲルが家族に認めた、愛である。マルクスのアソシエーションにあっては、家族的な愛が、ヘーゲルがそう見なしたように私的な閉鎖性に留まらずに、公的な公共性の次元にまで敷衍される。これが『ゴータ綱領批判』でマルクスが、旧来の Assoziation や Verein ではなくて、敢えて Genossenschaft という言葉を用いた理由ではないか。つまりアソシーションが家族的愛を原理としているということを際立たせたかったのではないか[16]。

　Genosse とは仲間であり、兄弟的な結び付きをも意味する。Genossenschaft は単なる組合を意味するのみならず、実際の家族ではないが、あたかも本当の家族であるかのような信頼で結び付いたような結社を意味する。マルクスの共産主義にあっては Genossenschaft はアソシエーションがそうであるように、個々の生産単位であるのみならず、社会全体が一つの Genossenschaft でもある。

　この理想社会にあっては人類の前史でのような、疎外された分業によって引き起こされる政治支配は廃絶されている。愛の原理は支配ではない。支配する愛は本当の愛ではない。本当の愛が私的にだけではなく公的にも普遍化した Genossenschaft にあっては、政治支配はその存立根拠を持たない。これがマルクスの支配論からする人類史の展望である。

105

おわりに

　マルクスには支配概念そのものを主題にした体系的著書はないが、彼の理論全体が一つの支配論だといえる。それは、マルクスが主要な研究対象とした資本主義それ自体が、資本による労働者の支配を前提とするものだからである。マルクスの分析の奥深さは、この支配構造がそれによって益を得る支配する側ではなくて、支配される労働者がそれとは意図せずに生み出したとしたところにある。これにより、問題の解決は単純な暴力的転覆ではなく、無意識的な構造それ自体の変革にあることが明らかになった。

　マルクスはこの支配構造の変革を生産力の発展に担保させたが、これはあくまで一つの歴史予測であり、歴史の必然ではない。歴史の宿命ではなく、人類が目指すべき可能な選択肢として提起したのである。そのため、マルクスの理論的有効性は、その規範が現代社会において魅力ある未来社会のビジョンであるかにかかっている。

　マルクスが提起する未来社会のビジョンは、ゲノッセンシャフトとしての共産主義である。この共産主義においては、個々人は市民としての自立性を保ちながらも、各人が家族的な友愛で結ばれている。資本主義に生きる我々の感性では、市民的自立と家族的依存は排他関係にあるように見えるが、マルクスのビジョンでは両者は高次段階に止揚されている。

　果たしてこのような理想が実現可能なのか、単にユートピア的であるだけではなく、文字通り実現不可能なユートピアのようにも思える。だかこのビジョンは、理想と余りにもかけ離れた現代社会に対する、一つの理論的な試金石になることは確かだろう。

【注】
(1) 実際にマルクスは土地の私的所有を、全く馬鹿げたこととして全面否定している (Marx 1964: 784)。
(2) しかし現代倫理学では日本での常識とは裏腹に、動物に権利を認めるべきかどうかが主要な論点の一つになっている。(田上編 2017) 所収の拙稿「動物の権利」参照。
(3) この論点について詳しくは、(田上 2015) 第一章「マルクス理論の基本

構造」参照。この論考では本稿の前提となる理論が展開されており、本稿と併せて参照を願う。
(4) 「全ての生産はある規定された社会形式の内部の、そしてそれに媒介された個人の側からの自然の取得（Aneignung ＝ 獲得) である」(Marx 1983: 23)。
(5) 広義の生産については、(田上 2015) 第六章「環境問題に関するマルクス」参照。
(6) 引用文については前掲「マルクス理論の基本構造」での解釈も参照されたい。
(7) 疎外された労働と私的所有の因果関係について、詳しくは（田上 2000) 第三章「疎外と私的所有の因果関係」参照。なお、本稿の随所に出てくる Aneignung というのはマルクスの鍵概念で、これが叶えられない事態、対象が Aneignung できないことが疎外 Entfremdung である。このような重要概念にもかかわらず訳語が一定しておらず、初期著作では「獲得」、中期以降の著作では「取得」や「領有」と訳されるのが慣わしである。しかしマルクス自身は一貫して同じ言葉を使ってるということに注意する必要がある。
(8) 現実社会主義がいかなる社会であったかについては、(田上 2015) 第四章「マルクスの社会主義と現実の社会主義」参照。
(9) 疎外の原因が分業だからこそ、疎外を乗り越えることによって実現されるのは全体的人間となるのである。この論点については、(田上 2015) 第五章「全体的存在としての人間」参照。
(10) この基本認識の正しさは大西広氏によって「マルクス派最適成長モデル」として、数理的に洗練された形でも確認されている。(大西 2018) 第 IV 部「新古典派を基礎とするマルクス経済学」参照。
(11) 生産力の自律性と他律性の相関について、詳しくは前掲「環境問題に関するマルクス」参照。
(12) 人類の前史を前後した、生産力の根本的な質的転換について、詳しくは前掲「全体的存在としての人間」参照。
(13) マルクス主義の擬似宗教化は、他ならぬエンゲルスその人によって始められた。(田上 2018) 第 9 章「マルクスとエンゲルスの関係」参照。
(14) 本稿のゲノッセンシャフト論は、(田上 2018) 第八章「『ゴータ綱領批判』の共産主義論」を補完するものである。併せて参照されたい。
(15) この問題については（田上 2017) で、Macht と Gewalt 概念の関係に関する文脈で論じているので、参照されたい。
(16) 『ゴータ綱領批判』をこう解釈することで、マルクスの認識の到達点が、実は研究の出発点で定礎されていた可能性に気付く。『経済学・哲学草稿』でマルクスは、フランスの社会主義的な労働者たちの集会を理想的な人間関係の一例として引き合いに出して、この集会の中で彼らには、人間の兄弟性（Brüderlichkeit）が単なる空語（Phrase）ではなくて真実（Wahrheit）としてあるとしている（Marx 1982: 289)。まさにゲノッセンシャフトを

107

髣髴とさせる。よく言われる、人は処女作に向かって完成するというようなことは、マルクスにあっても真理かもしれない。

【参考文献】
Marx, Karl 1964 *Das Kapital III*, MEW Bd.25, Berlin, Dietz Verlag.
Marx, Karl 1982 *Ökonomisch-philosophische Manuskripte*, MEGA I-2, Berlin, Dietz Verlag.
Marx, Karl 1983 *Grundrisse der Krithik der politischen Ökonomie*, MEW.Bd.42, Berlin, Dietz Verlag.
Marx, Karl 1991 *Das Kapital.Bd.1*, MEGA II-10, Berlin, Dietz Verlag.
Marx, Karl/Engels, Friedrich 2017 *Die Deutsche Ideologie Manuskripte und Drucke*, MEGA I-5, Berlin/Boston, Walter de Gruyter GmbH.

大西広 2018『長期法則とマルクス主義――右翼、左翼、マルクス主義』花伝社
田上孝一 2000『初期マルクスの疎外論――疎外論超克説批判――』時潮社
田上孝一 2015『マルクス疎外論の視座』本の泉社
田上孝一 2017「マルクス主義と政府――マルクスのプロレタリア独裁概念を中心に――」、菊池理夫・有賀誠・田上孝一編『政府の政治理論――思想と実践――』晃洋書房、所収
田上孝一編 2017『権利の哲学入門』社会評論社
田上孝一 2018『マルクス哲学入門』社会評論社

〔付記〕
　本稿は、日本学術振興会科学研究費補助金［基盤研究（C）課題番号16K03532（分担者）］に基づく研究成果の一部である。

第7章　ニーチェの支配論
――「力への意志」における支配概念の考察

飯田　明日美

はじめに

　ニーチェの支配論という章題から、どのような支配論を思い浮かべるであろうか。ニーチェの論争的で挑発的な著作に少し触れたことがある者であれば、「ニーチェは、強い者こそが弱い者を支配すべきなのだと考えていた」という見解を持つかもしれないし、「ニーチェは、独裁者による大衆支配体制を理想としていたのだ」という先入見を持つ者もいるかもしれない。

　『ニーチェ辞典』の「支配と服従」の項もこのような理解の典型例であり、ある種、通俗化されたニーチェのイメージを増幅させている。それによると、「ニーチェは社会主義や民主主義など人間の平等を唱える主義主張に概して批判的である。「平等への意志」には賤民たちの復讐本能が隠れている。支配からの解放よりも善き支配の方がニーチェには望ましい。支配と服従をめぐるこの貴族主義的な見解は終生変わることがなかったようだ」。ニーチェは「生来、命令しうる資質をもった者について（たとえば強者、征服者、立法者、新しい貴族、高級種、例外的人間、少数者、偉大な人間など）、また服従すべき人間について（たとえば奴隷、労働者、平均的人間、畜群、善人、多数者、凡庸な者、出来損ない、弱者、大衆など）、多様なイメージを散乱させながら高貴と卑賤について語っている」。ニーチェにとって、「卑賤な存在に堕した服従すべき者が、そのくせ数を頼みとして支配的な地位に成り上がることこそが問題なのである」（木前 1995：232-235）。

　この理解によると、ニーチェは貴族主義的な支配論を持っていたため、人間を弱者と強者に分類し、弱者は卑賤な存在として強者に「服従すべき」だと判断していた。そしてもちろん反対に、高貴な強者は卑賤な弱者を「支配すべき」存在であると考えていたということになるだろう。

　しかし、留意すべき点がある。『善悪の彼岸』や『道徳の系譜』では、時代や社会の生み出す強者と弱者という構造、および両者の心理状況が考察さ

れていることは確かである。しかし、強者と弱者という事実の観察と分析だけではなく、それに加え、ニーチェ自身が理想とする支配論が展開されているか否かは慎重に検討すべきだろう。ニーチェは、弱者を「服従する」存在としてではなく、「服従す•べ•き•」存在であると考え、同様に強者を「支配する」存在としてではなく、「支配す•べ•き•」存在と捉えていたと断定するのは、やや性急すぎるのではないだろうか。

　この問題について、本章では、ニーチェ後期の著作である『道徳の系譜』を中心に考察することとしたい。まず第1節と第2節では、『道徳の系譜』第1論文における弱者と強者の分析は、単にニーチェが道徳の系譜をたどった際の事実の観察であり、ニーチェ独自の支配論の展開とはいえないことを確認する。むしろニーチェの支配論は、「力への意志」における支配概念の考察によって明らかになるだろう。第3節では、後期著作や遺稿を元に「力への意志」における支配論を検討する。それにより、強者による弱者の支配といった単純化された支配論ではなく、より包括的な観点からニーチェ哲学における「支配」概念に見通しを与えたい。

1. 奴隷道徳の発生史

1-1. 二千年前の善悪の基準

　『道徳の系譜』においてニーチェは千年単位で歴史を遡り、近現代社会とは異なる制度や道徳を保持した時代を考察する。善悪の判断基準は普遍的で絶対的なのだろうか。それは、時や場所によって異なるのだろうか。本節でみる『道徳の系譜』第一論文にてニーチェが私たちを誘うのは、約二千余年前のキリスト教誕生前夜の社会である。約二千年前の過去へと遡ってみよう。するとまず、往時には、現在守られている道徳とは異なる「善悪」の判断基準があったことが明らかになる。しかし、その環境下において、優しさ、同情、愛等の、現代でも善とされる徳目を掲げる、キリスト教道徳が生まれ発達してきたのである。このようにキリスト教道徳の生成過程をニーチェは系譜学として鮮やかに描いてみせる。

　では、キリスト教道徳はいかにして発生したのか、また、キリスト教道徳以前の社会における「善悪」のあり方と、キリスト教道徳における「善悪」のあり方とはどこが異なるのだろうか。

　まず問題になるのは、キリスト教道徳における基準以前の「善悪」の判断

基準を、いかなる方法でニーチェが知りうるのか、ということだろう。なぜなら、ニーチェ自身の思考も、価値観も、すでにキリスト教道徳によって形作られているからだ。そこから抜け出して、思索することを可能にする手段として、ニーチェが依拠したのは、「語源学」である。言語の由来や変化の過程をたどる「語源学」が示す、言葉という物証を足場にして、キリスト教道徳以前の「善悪」の判断基準を知ることが可能になるとニーチェは考えた（須藤 2011:182-185）。語源学がニーチェに提出したのは、様々な言語における「よい」が、すべて同一の概念変化に帰着しているということだ。どの国の言語においても、身分を表す意味での「高貴」、「貴族的」が源となり、「よい (gut)」（優秀）が派生しているのである。つまり、身分を表す「高貴」から、精神的に「高貴」であるという意味での「よい」が発達しているのである。そして、それと並行するように、「卑俗」、「賎民的」、「低級」と言った意味が、「悪い (schlecht)」という概念に移行しているのである。

　キリスト教道徳が発生した時代に支配者として君臨していたのは、高貴で力強い騎士たちであった。彼らは「自らが力において優位に立っている」ことや、「気高さ」を純粋に肯定し、それこそが「よさ」であると単純に考えていた。こういった騎士的・貴族的価値判断 (ritterlich-aristokratischen Werthurteile) の前提となっていたのは、もちろん力強い肉体と、豊かでほとばしり出るような健康さであった。一方で「悪さ」は、その反対の状態を意味した。「被征服民族 (die unterworgene Rasse)」（「平民」、「民衆」「奴隷」、「賎民」、「畜群」等に換言される）たちは、「劣った」、「粗悪な」、「悪い」有様をさした。端的に言うならば、騎士的・貴族的価値判断では「よさ」は自らの〈強さ〉であり、「悪さ」は〈弱い〉被征服民族の劣悪さのことをさしていたのだ。

1-2. キリスト教道徳という「奴隷道徳（die Sklaven-Moral）」の発生

　こうして語源学により、キリスト教誕生以前の社会においては、高貴な人間たちの自己像こそが、「よさ」の基準であったことが明らかになった。次にニーチェは、「よさ」が、なぜキリスト教道徳的な「善」に変化したかその契機の検討に取り掛かる。ここでニーチェは被征服民族の心の動きに、心理学者さながらの分析を施す。はたして被征服民族は、高貴な種族を「よい」と思ったのだろうか？　むしろ高貴な種族 (vornehme Geshlechten) は彼らにとっての恐怖の対象ではなかったか？　なぜならば高貴な種族が忠実さ

111

と矜持を持って接していたのは、種族内の人間に対してのみであり、外部の人間に対しては、略奪や殺害の他、まるで猛獣かと思われるほどの野蛮な振る舞いをしたからである。高貴な種族が隠し持つこの野蛮さは、ライオンを想起させる語で形容され（Kaufmann 1974:225）、「金髪の野獣」と言われる[1]。被征服民族は、「金髪の野獣」のような高貴な種族に慄き、彼らを恐れた。しかし、征服された者たちは無力であり、刃向かうだけの力を持っていない。被征服民族のうちには、「金髪の野獣」に対するルサンチマン（怨み）が溜まっていった。ニーチェはこのような心理状態を、「仔羊が猛禽に刃向かうことはできず、猛禽への怨みを強めるのは、当然のことだ」と述べている（『道徳の系譜』I-13[2]）。

　さて、ニーチェはここで、貴族的種族に支配されていた被征服民族、あるいは奴隷の中でも、特に、僧侶的な被征服民族（ユダヤ人）の動きに焦点をあてる。彼らは、地上稀に見る狡知により、貴族的価値判断を転覆し「道徳における奴隷一揆」を成し遂げたのだ。なぜ特に、この僧侶的種族による価値の転覆が特にニーチェの注目をひいたのだろうか。それは、この「奴隷一揆」が、その後のヨーロッパを支配する道徳の発生源だったからだ。そしてそれこそが、ニーチェ自身もその道徳のうちで育てられた、キリスト教道徳の起源となっているからである。

　奴隷民は現実の政治体制としての支配関係を逆転できる力は持っていない。しかし、無力ではあるが怨みや復讐の念がたまった彼らは、想像上の復讐をした。「彼らはもっとも無力であるがゆえに、憎悪が途方もなく不気味に増大し、智略の限りを尽くし、毒のありったけをまくところまで行き着いた」（『系譜』I-7）。僧侶的種族は圧制者に対し、歴史上他に類を見ないほどの智略に富んだ復讐を果たしたのである。それこそが、「道徳における奴隷一揆」であるところの善悪の基準の転覆である。僧侶的種族は、圧制者に報復するために、彼らの敵である高貴な種族がもつ〈強さ＝よさ〉の公式を転覆し、逆に〈強さ＝悪〉にしてしまった。高貴な種族にとっての「よさ」である「強さ」は、僧侶的種族にとっては恐るべき、憎むべき「悪」である。反対に「強さ」は悪ではないこと、つまり「弱さ」こそが「善」という判断が出来上がった。こうして僧侶的種族は〈弱さ＝善〉の公式を作りあげた。「奴隷道徳」は、「報復しない無力を〈善意〉にしたて、戦々競々たる下劣さを〈謙虚〉にしたて」る。「弱者の非攻撃的な点、彼らがふんだんに持ち合わせている臆病そのもの」が、「ここではいい名前を付けられて〈忍耐〉と呼ばれ」、「実

は〈復讐できない〉のに、それを〈復讐する気がない〉というふうに言い換え」、「時としてそれは〈赦し〉というふうにも言われ」る（『系譜』I-14）。僧侶的種族による「奴隷一揆」が成功したことにより、今度はルサンチマンを持つ弱者の方が、貴族的支配者よりも優れており、幸福であるとみなされるようになったのである。

2. 奴隷道徳批判

2-1. ニヒリズムという病（奴隷道徳の育成した人間）

　奴隷道徳の源は、虐げられた弱者のルサンチマンであるということを、ニーチェは語源学の資料に心理学的考察を加え明らかにした。しかし、ここでニーチェが行っているのは、発生史の記述であり、奴隷道徳批判による「高貴な道徳」の礼賛ではない。「金髪の野獣」に対する弱者の恨みや憎しみから、キリスト教道徳が生じた過程をニーチェは剔抉するが、それは、暴露によるキリスト教道徳自体の価値の失墜が目的ではない[3]。肝心なのは、ニーチェは「奴隷道徳」が生成した過程を、語源学という物証に基づき、それに心理学的な考察を加えながら紐解いていることである。ニーチェは、「高貴な道徳」が「奴隷道徳」よりも優れているという判断を下してもいないし、「金髪の野獣」を評価しているわけでもない。

　しかし、一方でニーチェが「奴隷道徳」に批判を加えているのも確かである。批判の論点は主に二点あり、そのうちの一点は、「奴隷道徳」が育成した人間のあり方である。弱者のルサンチマンに起源を持つ「奴隷道徳」が育成したのは、どのような人間であったかみてみよう。ニーチェによると、「奴隷道徳」が作り出したのは、飼いならされた家畜のような、凡庸で、面白くない、従順な者ばかりであった。価値の転覆により、高貴な種族の根底にある金髪の野獣に対する恐怖から逃れることはできたのだが、今度は、出来損ない、萎縮した、憔悴した、毒された者たちばかりになってしまった。そして我々は、「人間に対する恐怖とともに、人間に対する愛、人間に対する畏敬、人間によせる希望、否、人間への意志すら失ってしまったのだ。人間を見ることは、今ではげんなりさせるだけだ－もしこれがそれでなければ、いったい今日のニヒリズムとは何であるか？・・・我々は人間というものに倦いているのだ・・・」（『系譜』I-12）。ニーチェが問題にしているのは、我々人間が均一化し、矮小化してしまったこと、その上、もはや我々人間は、ど

のような人間を目指すべきか、どのような人間になりたいかという理想の人間像が描けなくなっているということである。人間という「猛獣」は、僧侶的価値観を経て開化され「興味深い動物」にはなったが、飼いならされた家畜の群れのように、一様に凡庸で生気のない存在になってしまった。それだけではなく、理想とする人間像をすら抱けなくなってしまったのだ。ニーチェはここで19世紀ヨーロッパのニヒリズムの問題[4]と格闘しているのだ。ニーチェが「奴隷道徳」への批判の語気を強めるほど、強者、覇者、高貴な者を評価しているかのように、一見したところは映るかもしれない。しかし、ニーチェは、「すべての高貴な種族の根底に潜む金髪の野獣」を「恐れないで済む代わりに、出来損ないの者たち、卑小になった者たち、萎縮した者たち、毒された者たちを眺めるときの吐き気を催すような気分から逃れられなくなることを考えれば、まだしもこの金髪の野獣に驚嘆しながら、それを恐れ続けている方が、何百倍もましなのではあるまいか？」と記している(『系譜』I-11)。「まだまし」という言葉遣いから明らかなように、ニーチェは数千年前の半獣のような高貴な種族の再来を期待しているわけでは決してない。発生史と、批判を混同することは、ニーチェは、強者による支配体制の再来を望んでいるという誤った結論を導くことになるだろう。しかしニーチェは、「なお恐れるにたる完全なもの、人間を正当づける人間、人間への信仰をそれによって堅持できるような、補足的・救済的な人間」が現われることを望んでいるが、それは二千年前の半獣による支配ではないことは明らかだろう(新名 2002:197-206)。

2-2. 弱者の自己欺瞞

「奴隷道徳」批判の二点目は、「奴隷道徳」が弱者の自己欺瞞だという指摘である。第一の批判は、ヨーロッパに蔓延するニヒリズムに対する危機感と憂慮から出た批判であったが、第二の批判は、彼の哲学の根幹をなす「力への意志[5]」論に立脚するものである。

弱者は、自らが主体的に優しさ(=弱さ)を意志し行為しているかのように考えているが、それは「力」の本質を見誤ることによる欺瞞であるとニーチェは指摘する。では何がどう、欺瞞なのだろうか？ ニーチェによると、「ある力の量とは、その量の衝動・意志・作用のこと」である(『系譜』I-13)。ニーチェは稲妻を例に「力」について説明する。我々は通常、「稲妻」が「光る」と表現するだろう。あたかも、稲妻という「主体」が、光を出す「行為をす

る」かのような表現である。しかし、それは世界の忠実な表現ではない。私たちの思考パターンやそれに対応する言語と、本来の世界との間には、若干のズレがあるのだ。本来の稲妻とは光が閃いている「状態」であり、「作用」としての光の閃きそのものである。「主体」が「行為をする」のではなく、「行為」がそこで起きていることのすべてである。しかし、それが人間によって認識され言語化されると、あたかも稲妻という「主体」があり、それが閃く「行為をする」と認識されてしまうのである。

　同様に、強者とは、本来は強い力が働いているまさにその「状態」なのであり、決してある「主体」が、自由な意志に基づき、強い「行為をする」のではない。また、弱者とは、力が弱い「状態」を指しており、決して「主体」が、自由な意志に基づき、弱い（優しい）「行為をする」わけではないのだ。「人々が稲妻をその閃きから離して、後者を稲妻という主体の行為であり、作用であるとも見るのと全く同様に、民衆道徳もまた強さを強さの表れと離して考えている。まるで強者の背後には、強さを表したり、また表さなかったりすることが自由にできるような、一種の中立的な基体があるかのように考えているのだ。しかし、そういう基体は存在しない。行為・作用・生成の背後に「存在」なるものがあるわけではない。「行為者」というものは単に想像でつけたしたものに過ぎぬ－行為がすべてなのだ」（『系譜』I-13）。

　ニーチェは自身の世界論である力への意志説に基づき、究極的には世界を運動としてのみ捉えようとする。そして、その背後に運動の「主体（ないしは基体）」を定立することを人間による一定の歪曲と考えている。作用や行為という運動こそがまさに世界の姿なのだ。「私たちの生、そしてこの生を含む「自然」や「世界」、すなわち生成し、移ろいゆくすべて」こそが、世界なのである。弱者は、行為・作用・生成として世界を把握せず、中立的な「主体」を信奉する。なぜならば、自らが弱い力であることを、「主体」が自由に選び取った「優しさ」という美徳に置き換えられるからだ。「主体」（通俗的に言えば魂）が、あらゆる場所で信じられてきたのは、多くの弱者にとって、自らのあり方を、自由に選び取った美徳として解釈するための、自己欺瞞が可能になるからなのである。

3.「力への意志」と支配

3-1.「力への意志」とは即ち支配を求めること

　前節で確認したように、我々は通常、人間の行為を「主体」による行為と考えるし、自然現象を表現する際も、「基体」を挿入して表現する。しかし、ニーチェは人間を含む世界全体を、単に運動として、生成として把握しようとしている。そして生成の本質を、「力への意志[6]」という。「——この世界は力への意志であり——それ以外の何ものでもないのだ！そして君たち自身もこの力への意志なのであり—それ以外の何ものでもないのだ！」(KSA11:611 全集 II-8:428) とあるように、「力への意志」は、ミクロコスモスからマクロコスモスに至るまで世界全体の生成の本質である。壮大な宇宙論でもある[7]一方でニーチェが「君たち自身もこの力への意志」だという通り、実は心理学的にもアプローチ可能な概念である。「力への意志」のイメージをつかむためには、自分自身の心の動きを反省的に観察してみると良いだろう。統合失調症などといったケースを除けば、「私」はいつでも「私」であり、継続的に同一の主体であると大抵の人は思っている。あるいは、そのようなことは当たり前すぎて、意識すらしないかもしれない。しかし、一方ではそれと同時に、「私」のうちには様々な欲求や衝動がうごめきあっていることも経験的に理解できるだろう。

　例えば、健康のためにダイエット中にも関わらず、久しぶりに会った友人が、高価で美味しいがカロリーも高い生菓子をくれたとしよう。瞬時に、「私」の胸中では、健康になりたい欲求と、今ここにある美味しい生菓子を食べたいという欲求、プレゼントをくれた友人の笑顔を見たいという欲求等々、様々な欲求が葛藤を始めるであろう。「私」の中では、意識的にせよ、無意識にせよ、いくつもの欲求が、葛藤し争っているのである。見方を変えれば、「私」という中立な主体があり、何らかの行為を選択しているというよりも、ニーチェが言うように、「私」という主体は、常に様々な欲望が葛藤し相争っている場とも言えよう。「私」とは、様々な衝動(力)の寄せ集まった状態であり、「主体複合体としての魂(Seele als Subjekts-Vielheit)」、ないしは「衝動と情動の団体構造としての魂」(『善悪の彼岸』12) である (本郷 2005:119-138, 2010:153-165)。「私」の内には多数の衝動があり、一つ一つの衝動が、自分の方が優っていると、他の衝動の支配を求めて攻防を繰り広げている。いわ

ば「私」というミクロコスモスは、「支配」を目指す衝動の攻防の場であり、どの衝動も、他の衝動を支配しようと必死に活動しているのである。そして、こういった支配への意志こそが「力への意志」といえよう。「ある量の力とは、ある量の欲動、意欲、作用である―むしろ力とはこの欲動、意欲、作用そのものなのである」(『系譜』I-13)。衝動や欲求が力であり作用であるとは何を意味するのか。それは、「私」という「主体」が、自己には欠けている外なる目標を貪り手に入れ、「私」の空隙を埋めようとすることではない。「私」とは複数の衝動の闘争現場である。個々の衝動や欲求は「欠如した何か」を欲しているのではなく、自分の力を、自分を超えて他の力に及ぼそうと意志し活動している。それこそが、衝動や欲求の本質であり、力としての衝動や欲求なのである (Heidegger 1961:70-79 ハイデッガー 1997:86-96)。力は、自己の力をより拡張すること、つまり、他の力を支配しようと意志することをその本質とするのである。「全ての衝動は支配欲に燃えて (herrschsüchtig)」おり、「自分こそが他の衝動の主人であることを示したがっている」(『善悪の彼岸』6)。そして、「力への意志」という、「能動的で、自発的で、支配を欲し、攻撃的で、新たな方向へと自らを推し進める諸力こそが、生命において優越した原理としてはたらいている」(『系譜』II-12)。「生の本質とは力への意志にあるのだ」(『系譜』II-12)。

3-2.「支配」の具体像

前項では、支配への欲求こそが、力の本質であり、有機体の運動を説明する概念であることが理解できた。では、「支配」の具体像はいかなるものなのだろうか？力は、「自発的で、攻撃的で、侵略的で」あるが、自分に不足した対象を奪い取ることを本質とはしないことは前項で確認した。むしろ力とは、自らの内から湧き上がり溢れ出すことで他の力を圧倒するのである。それゆえ、力の本質は「不足」ではなく「創造」である。力は、常に自らの内から「新たな解釈を、新たな方向性を定め、新たな形式を構築し」、溢れ出る。「あらゆる力の中心 (Kraftcentrum) は残余のもの全部に対し、おのれの遠近法、換言すれば価値評価、おのれの作用の仕方、おのれの抵抗の仕方を持っている」のである (KSA13:371 全集 II-11:208)。

「遠近法」とは絵画の技法であり、近くのものを大きく描き、遠くのものを小さく描くことで、キャンバス上に、目に見えるのと同じ距離感を作り出す技法である。力の中心が遠近法を持つということは、一つひとつの力は自

分の視点を中心とした世界像を描き出すということにほかならない。先ほどのお菓子の例で考えるとするならば、ダイエットをしようという欲求の持つ遠近法は、健康こそが良いことであり、そのためには糖分を制限することが必要だという世界像を描き出し、その世界像で他の欲求を支配しようとしている。一方で、目の前にある美味しい生菓子を食べたいという欲求は、美食による幸福という遠近法が描く世界像で、他の欲求を支配しようとしている。そして、友人の喜ぶ顔が見たいという欲求は、友達への配慮という遠近法からなる世界像で他の欲求を支配しようとしているのである。力は自分を超えで溢れ出し、他の力を支配しようと、自らの遠近法による解釈を推し進めるのである。

　実は、前節で「弱者の自己欺瞞」と批判されていた、「行為」の背景に「主体」を置き入れることは、我々人間が共通してもつ遠近法の典型である。ニーチェは、人間が世界を認識する時に、運動の背後に「主体」を置き入れることを、認識の背景には「生物としての遠近法」があるからと述べる。「生物としての遠近法」は知られぬものを既知のものに還元し、平均化、記号化、類似化、同等化し理解しやすい像に起き入れる。さらにそれは、永続的事物、同等の事物、物質、物体などが存在していると信じ、認識主体が存在することも信じる(『悦ばしき知恵』110,355)。遠近法による解釈は人間の心の機能に限定されるわけではない。微生物から人間に至るまで、世界のすべての存在内に、解釈と解釈の闘争がおきているのである。「いっさいの思考、判断、知覚は比較であって、その前提は「同じものとして設定することである」…この同じにし均一化するというのは、摂取した物質をアメーバの中へと血肉化するのと同一のことである」(KSA12:209　全集II-9:272)。「力への意志は解釈する」(KSA12:139 全集II-9:187)。そして解釈する「力の意思」は生全体の原理なのだ。

　「力の意思」が、世界全体の原理であることは、力の本質からも導き出すことができる。力の本質が他の力を支配しようとすることであるならば、力は他の諸力との関係を必然的に伴う。「力への意志」は抵抗に当面してのみ発現することができる」ため(KSA12:424 全集II-10:119)、あらゆる力は、他の力との関係のうちにあるといえる。つまり、力は本質的に多数で働きうるのであり、一つの力の働きは他の全ての諸力に伝播し、逆もまた然りである。ミクロコスモスから、マクロコスモスに至るまで、遠近法を持つ力が支配を目指して攻防していること、それが世界なのだ。「世界はこの諸作用の遊戯

の全体のことである」(KSA13:371 全集 II-11:208)。

おわりに

　ニーチェの思想において「支配」とは、単純に武力や腕力による支配を指す概念ではない。また政治や社会体制における「支配」と「服従」に限定されるような概念ではない。一人の人間の内部には多数の衝動の支配・服従関係が見られるのと同様に、世界全体も多数の力の支配・服従関係から成り立っている。世界とは多数の力が自己の遠近法を拡大しようとする攻防のプロセスである。ある力が他の力を支配しようとし、他の力もそれに抵抗し、むしろ相手を支配しようと試みる。力同士の「支配」と「服従」の攻防により随時世界像が更新されていくのである。

　『ニーチェ辞典』の「力への意志」の項には、「（ニーチェは）道徳にとらわれない『無垢』な強者の力による支配に純粋な『力への意志』の発動を見て、それを大胆に肯定する。そこから彼は、『金髪の野獣』や『支配者道徳』といった言葉によって強者による弱者の搾取を正当化し、出来損ないの賤民を淘汰せよという主張まで導き出すのである」（大石 1995：357）と記されている。しかし、「力への意志」論における「支配」概念を根拠として、キリスト教道徳の発生史の分析に出てくる『金髪の野獣』や強者の搾取を正当化するという理解は、行きすぎた解釈ではないだろうか。ニーチェは野蛮な支配者に「力への意志」の純粋な発動を見て肯定するわけではない。3節で確認した通り、「支配」は力の本質を指す。力は自己の内から能動的に世界像を創り出し、溢れ出すかのように他の力に覆いかぶさろうとする。こういった力同士の攻防が、常に世界を生成させている。ニーチェは、かつての野蛮な支配者を肯定するのではなく、力の持つ「支配」という能動性のうちに、我々人間に残された、未来の可能性を見ている。ニーチェは、「支配」という能動性、つまり「力への意志」が創り出す新たな解釈が、人間の新たな地平を切り開く可能性を展望しているのではないだろうか。「世界の価値は私たちの解釈の中にあるということ－おそらく単に人間的な解釈以外の解釈がなおどこかで可能かもしれないということ－。これまでの解釈は遠近法的価値評価であるということ。それらのおかげで、私たちは、生において、つまり力への意志において、力の成長として、自らを保持してきたということ。人間の向上のどれもが狭い遠近法の克服をもたらすこと、強化と力の拡大のどれもが、

新しい遠近法を開き、新しい地平を信じさせること。−こうした一切が私の著作を貫いている。・・・(中略)・・・世界は「流れて」いる。生成している」(KSA12:114 全集 II-9:156)。

　世界は生成変化を続けている。「人間とは、動物と超人との間にかけられた綱である」と『ツァラトゥストラはこういった』にあるように、我々の現在の人間のあり方も克服され、いつか今の我々にとっては未知なるあり方をする人間像が創造される時が来るかもしれない。我々にも新しい地平があると信じること、その可能性を切り開くことができると信じること、そういった希望こそを、力の持つ「支配」という能動性を根拠にし、ニーチェは語っているのである。

【注】
(1)「ローマの、アラブの、ゲルマンの、日本の貴族、スカンジナビアのバイキングといった高貴な種族の根底には、獲物と勝利を渇望して彷徨する壮麗な「金髪の野獣」が潜んでいる」(『系譜』I–11)。ニーチェは世界史を概観し、戦闘に勝った者達が支配者となっていた時代を全般的に考察している。
(2) 以下『系譜』と略す。
(3) 道徳的価値を普遍的なものから、可変的なものへと変化させること自体はニーチェの狙いであろう。しかし、もしニーチェが19世紀の価値評価に基づき、キリスト教の起源にある憎しみを批判するのであれば、自己誤謬になる。19世紀の価値観自体がキリスト教道徳に依拠するからだ。
(4) ニヒリズムとは、「神の死」により、絶対的な真理・価値といった我々の世界の基底が失われてしまうことである。『道徳の系譜』では、第3論文でより詳しく検討されている。キリスト教道徳は誠実さを要求するが、誠実さが育成した科学的精神によって、最終的には神自身を否定するところまで行きついた。真偽や価値判断を保証するものを失った我々は道に迷っているのである。
(5) ニーチェは「力への意志」に関わる体系的著作を幾度か計画したが、完成には至らず最終的には放棄した。ニーチェのプランに基づき編纂された『力への意志』というタイトルの書が、長らくニーチェの主著として扱われてきたが、第二次世界大戦後、コリとモンティナーリによる文献学的調査により『力への意志』がニーチェによる著作ではないことが明らかになった。かつて収められていたアフォリズムは、コリとモンティナーリによる「批判版ニーチェ全集(通称 KSA 版)」では『遺稿集』に年代順に整理され収録されている。

(6)「力への意志」は原語であるドイツ語では「Wille zur Macht」である。「Wille」は「意志」、「Macht」は「力」・「権力」という意味である。「Wille zur Macht」には「力への意志」という訳語の他に「権力への意志」、「権力意志」などといった訳語があるが、本章では、「力への意志」と訳すことにする。岩波国語辞典によると、「権力」とは、「他人を支配し、服従させる力。支配者が（組織・富・武力などを背景として）被支配者に加える強制力。」とあり、世俗の社会体制における強制力として定義されている。ニーチェの哲学において「Wille zur Macht」は、世俗の権力機構による強制力を意味するだけの概念ではなく、多義的な用いられ方をするため、本章では「Macht」を「力」と訳すことにしたい。
(7) このようにコスモロジカルな理論として「力への意志」を解釈することには批判もある (Clark 1990:205-244, Leiter 2015:260)。本章の「力への意志」論はミュラー＝ラウターによる理解に近い。

【凡例】
ニーチェの著作の底本として以下を用いた。また、邦訳は主に白水社版ニーチェ全集を元に適宜修正を加えた。
Nietzsche,F., *Sämtliche Werke Kritische Studienausgabe*, Hrsg.von Giorgio Colli und Mazzino Montinari, Walter de Gruyter, Berlin / New York, 1967-77 （通称 KSA 版）
著作の引用の際は、『タイトル』,（ギリシャ文字による論文番号,）節番号を示した。
遺稿の引用の際は KSA 版の巻号：ページ数、並びに白水社版全集の巻号：ページ数を記載した。

【参考文献】
Clark,M., *Nietzsche on truth and philosophy*, Cambridge University Press, Cambridge, 1990
Heidegger,M., *NietzscseI,II,* 1961　ハイデッガー『ニーチェ I,II』1997 年、平凡社ライブラリー
Kaufmann,W., *Nietzsche Philosopher, Phychologist, Antichrist*, Princeton, Princeton University press, 1974
Muller-Lauter,W., Nietzsches Lehere vom Willen zur Machat, *Nietzsche Studien Bd.3*, Walter de Gruyter,Berlin/New York ミュラー＝ラウター『ニーチェ論考』理想社、1999 年、37-124 頁
Leiter,B., *Nietzsche on Morality second edition*, Routledge, London / New　York, 2015

西尾実・他編、『国語辞典』　第七版　岩波書店、 2017 年

大石紀一郎・他編『ニーチェ辞典』弘文堂、1995 年
須藤訓任『ニーチェの歴史哲学 - 物語・発生史・系譜学 -』大阪大学出版会、2011 年
新名隆志「『道徳の系譜』における「金髪の野獣」」、哲学、2002 巻 (2002) 53 号 197-206 頁
本郷朝香「遅れてきた主体」『理想 第 684 号』2010 年、153-165 頁：「主体における閉鎖性と開放性」『ショーペンハウアー研究 別巻 1 号』2005 年、119-138 頁

第8章　ベルクソンの支配論
——社会的抵抗の目的と動機

斉藤　尚

はじめに

　アンリ・ベルクソンは第一次世界大戦と両戦間期を経験し、人々が一部の地域にその適用範囲が限定される社会的義務のみに従うことは、結果的に戦争を招くと考えた。そのため彼は、そのような義務に対して懐疑的な道徳論を提示するとともに、それに対する社会的抵抗を推奨した。ベルクソンの道徳論に対して、一部の先行研究において、それには社会的義務に対していかなる手段によっても抵抗を肯定するという危険な側面があるという指摘がなされた。これらの先行研究が指摘する通り、ベルクソンはどのような社会的抵抗をも肯定するのだろうか。あるいは、彼はそれに対して道徳的制約を課すのだろうか。本章の目的は、ベルクソンの道徳論においては、「開かれた社会」に至ることを目的とし、個々人が内在的にもつ「開かれた道徳」に基づいた社会的抵抗のみが容認されていると明らかにすることである。

　なお、本章では「支配」という概念を、「本来的な自我やそれによってなされる自由な行為を抑圧する社会形態」と定義したうえで、ベルクソンの道徳論における支配に対する抵抗の可能性と抵抗が正当化される条件を示す。

　構成は以下の通りである。まず、ベルクソンが本来的な自我によってなされるとみなす「自由な行為」という観念を明らかにする（第一節）。次に、自由な行為がもつ暴力的な社会的抵抗の可能性に関する先行研究を示す（第二節）。続いて、ベルクソンの実践的な政治活動を追う。彼は第一次世界大戦時において、危機に瀕したデモクラシーと祖国を守るための戦争参加を人々に促す。だが、両戦間期に書かれた『道徳と宗教の二源泉』（以下『二源泉』）においては、彼は自らの好戦的な立場を覆し、人類への愛を意味する開かれた道徳に基づく社会的抵抗を説く（第三節）。最後に、『二源泉』をより詳細に分析し、ベルクソンが道徳的に認める社会的抵抗とは、理想的なデモクラシー体制を敷く開かれた社会に至るための、開かれた道徳という内

在的道徳を動機とした非暴力的な社会的抵抗のみであることを明らかにする（第四節）。

1.『試論』における自由な行為

　ベルクソン哲学において「自由な行為」という観念は極めて重要である。その説明はベルクソンの処女作である『意識に直接与えられたものについての試論』（以下『試論』）で最初になされる。

　英語名が『時間と自由』(Time and Freedom) であることが象徴するように、『試論』は第二章で書かれた彼の時間論、特に「持続」の観念を示した本と解釈されることが多い。しかし、平井によれば、第一章の意識論と第二章の時間論の説明は第三章の自由論に役立つように書かれており、その本は自由論を中心とした本であると解釈されるべきである（ベルクソン 2002, 271）。その自由論において自由な行為は提示され、推奨されている。

　『試論』の第三章において、ベルクソンは第二章の時間論における自我の観念に基づいた自由論を展開する[1]。ベルクソンによれば、個人の自我は表層の自我と深層の自我に分けられる。表層の自我は外的世界に直接触れて、それが明らかにするその時々の印象を感じ取り、それに対して反応する自我である。その自我は外的世界の印象に左右されるため、それがもつ価値観も社会的慣習に影響を受けて様々に変化する。また、その自我は日常的な社会的規則を守りつつ生活を営む際の主体である (DI, 94/142)。ベルクソンは表層の自我は概念や言語を操る理念的な「等質空間」を形成し、その空間を他者と共有することをつうじて彼らとコミュニケーションをとると述べる (DI, 102-103/154)。つまり、それは状況に応じて可変的であり、また日々の社会生活を営む自我である。

　これに対して深層の自我は、社会的規則からの内的自由を守り、自らが本来もつ思想を維持する自我である。つまり、深層の自我は本来的自我であり、それは自我の同一性を保つ。それは常に外的世界の印象にさらされる表層の自我とは異なり、そのような瞬間ごとの印象を統覚的に捉えながらも、その印象から真に自らの自我の深層に至るほどの影響を与える対象にしか左右されない。そのため、深層の自我は基本的には不変的であり、時として外界の影響力によって変化するとしても、それは自らの思想に照らし合わせて外界が及ぼす影響を深く吟味し、考察する。そのためもしそこから理念を取り入

れるならば、そのような理念は自らの人格に深く根付く理念となる (DI, 93-100/141-151)。このような自我は「根底的自我」(DI, 96/144) と呼ばれる。しばしば、表層の自我は社会的慣習や規則に従いながら日常生活を営むことを通じて、他者と変わらない没個性的な態度を示すことがあるが、そのような日常の営みの中で、自らのみがその行為の主体となりうるような、自らの人格を表すような創造的な行為を行うことを、ベルクソンは「自由な行為」(un action libre) と呼ぶ (DI, 125/185)。彼によれば、そのような行為こそが社会的慣習や規則に左右されない自由を意味する (DI, 129/191-192)。

　要するに、『試論』において自由な行為とは、個人が社会的規則に従った生活習慣から抜け出し、その人のみがなしうるようなユニークな行為を指す。ただし、ベルクソンは『試論』では、人はどのような動機で自由な行為をなすのか、それがあらゆる社会的慣習や規則に対して、またいかなる手段においても抵抗することを意味するのかなどの問題を明確に論じていない。それらの問題は、彼が社会科学を扱う他著作で取り上げられる。

2. 自由な行為の政治的・経済的意義

　自由な行為は『試論』以降の多くの著作において、様々な意義が加えられて言及されており、そのためにその意義に関して様々な論争がなされてきた。それがもつ社会的抵抗の可能性に関する解釈を巡っても、様々に論じられている。それらの研究は大まかに次のように分類できる。第一に、自由な行為には社会的抑圧、すなわち本章の定義における支配に対する抵抗という契機がないとみなす研究である。第二に、自由な行為には支配に対する抵抗の可能性があるとみなす研究であるが、それらの研究は、政治的支配に対する抵抗と資本主義的な経済的支配に対する抵抗に分類することができる。以下、順を追ってみていく。

2-1. 内的自由の維持としての自由な行為

　まず、自由な行為を『試論』独自の概念と捉え、それには支配に対する抵抗の契機がないという解釈がある。たとえばベルクソンと同時期の両戦間期ないし戦後に活躍したジャン・ポール・サルトルは、自由な行為が内省的な自由を表し、抑圧的な状況下におかれても精神の自由のみを確保する行為であるとみなし、それがもつ社会的抵抗の可能性を否定した (サルトル 1960,

265)。

　サルトルのこのような批判は、学者は積極的に実践に参加するべきであるという彼の信条に基づく。サルトルは第二次世界大戦を経験して以降、哲学あるいは文学が個人主義をたとえ推し進めようとしても、学者もまた社会的状況の中に置かれているため、その状況からの内的自由を完全に得ることはできないと考えた。学者が内的自由を得るためには、かれは社会的状況をけん引し、その中で社会的自由を得るために社会に働きかけなければならない。つまり、サルトルは学者が社会参加をすることが重要であると考えた。この観点から、サルトルはベルクソンの自由な行為が社会的抑圧に対する抵抗の契機を欠いているとして、それを批判した。

　しかし、サルトルの解釈は『試論』と他著作の関連性を前提にせずとも、『試論』の内容に反すると考えらえる。なぜなら『試論』において、ベルクソンは自由な行為とは社会的自我である表層の自我が社会的慣習や規則に従うことに対して、深層の自我がそれを打ち破り、自らの人格を明らかにする行為であると述べる。そのため、それはサルトルが述べるような、社会的には隷従されつつも内的自由のみを追及するための観念ではない (cf. 斉藤 2017, 182n.30)。

　要するに、サルトルの解釈は自由の行為に関する『試論』における記述のみに限定し、その行為がもつ、社会的な影響力から隔離された内的自由の擁護という点に焦点を当てる。だが彼の解釈は『試論』の記述には即していないという問題点を残している。

2-2. 社会抵抗としての自由な行為

　自由な行為がもつ社会的抵抗の可能性を認め、『試論』と他著作の関連性を踏まえたうえで、自由な行為に『試論』で提示された以上の社会的意義を伴わせる研究も多くなされてきている。ここではそれらの解釈のうち、その行為に政治的支配に対する抵抗の可能性を見出す解釈と、資本主義的な支配からの脱却の可能性を見出す解釈を考察する。

① **政治的な抵抗の可能性**

　『二源泉』とは、ベルクソンが晩年に記した道徳論および宗教論である。『二源泉』において、ベルクソンは「閉じた社会」における政治的支配に対して抵抗し、「開かれた社会」へと至るための行為を推奨する。結論を先取りす

れば、『試論』と『二源泉』の連続性を前提とすれば、この行為は自由な行為に政治的意義を与えた行為であると解釈できる。

　ベルクソンは『二源泉』において閉じた社会の政治・経済体制を次のように述べる。閉じた社会とは、人間が文明を始めた頃の原始社会も含めて、人々がある閉じられた領域の内部の維持のみに関心を払い、その外側の領域に対して敵対的な社会である (DS, 24-29/35-39)。またそれはある領域を維持するための社会規則あるいは義務である「閉じた道徳」を個々人に課す。その道徳はその領域の維持を重視するという本能的な要請であり、それに逆らう個々人の本能以外の精神を抑圧する (DS, 52-56/65-69)。

　しかし、閉じた社会は互いに自らの社会の防衛と繁栄のために戦争しあう。この戦争状態を克服するためには社会は開かれた社会に移行しなければならない。ベルクソンは開かれた社会の政治体制とはデモクラシー社会であると明言する。ベルクソンの述べる理想的なデモクラシー社会とは、社会構成員のみならず、全世界の人々の基本的人権を尊重する社会である (DS, 299-302/340-343)。そのような社会は閉じた社会の作り出す戦争状態を克服しうる。また内部に対しても、個々人の人格の尊厳を容認する。

　ここで注意が必要なのが、閉じた社会は特定の政治・経済体制を指すわけではないという点である。たとえば王制が個々人の基本的人権を侵害する閉じた社会であることは明白である (DS, 295-299/335-340)。デモクラシーは理想的には開かれた社会の性質をもつが、もしその社会が、社会の構成員の基本的人権を擁護しつつ、それ以外に住む人々の基本的人権を侵害するのであれば、そのような社会も閉じた社会である。また経済制度としても、たとえ高度に文明が発達し、資本主義により商業が盛んになされているとしても、それが個々人の物質的欲求を過剰に増大させて、貧富の差を拡大させ、さらに国家間の戦争を生み出すのであれば、その社会は閉じた社会である (DS, 306-311/348-353)。

　このように二つの社会形態を明らかにしたうえで、ベルクソンは個々人が閉じた社会の体制に対して社会的抵抗をし、開かれた社会への移行を目指すことを推奨する (DS, 328-338/371-377)。ベルクソンは『二源泉』において社会的抵抗のための行為を、自我の深層部分あるいは自我の全体による、表層部分にある社会的自我や慣習による支配を克服し、飛躍する行為であると述べる (DS, 6-9, 29-34/15-17, 40-44)。ここから、その行為は『試論』における自由な行為を集団で行うことであるという解釈が可能となる[2]。ただし、先

行研究では個々人は抵抗によってすべての社会的抑圧から脱する訳ではなく、超越に従い全体主義を招くという解釈もなされた。

『試論』と『二源泉』の連続性の有無という問題をここで扱うことはできないが、それを前提にした場合、自由な行為が政治的抵抗の契機をもつという解釈は可能であろう。ただし『二源泉』において、ベルクソンは社会的抑圧から解放された社会を開かれた社会と呼び、その社会においてはデモクラシー体制が敷かれていると説く。つまり、彼にとって社会的抵抗は理想的なデモクラシー国家である開かれた社会へと移行するためにのみ正当化される。そのため、連続性を前提とすれば自由な行為に政治的支配への抵抗の可能性は残されるが、それはすべての政治的支配に対する抵抗や全体主義の受容を意味するのではなく、理想的なデモクラシー体制による統治を受け入れたうえで、それへの移行のための抵抗のみを意味する。

② 経済的な抵抗の可能性

次に、『試論』と『創造的進化』と『二源泉』の連続性を前提にしたうえで、自由な行為がもつ経済的支配への抵抗の可能性を示す先行研究を明らかにする。そのために、資本主義と機械化に対するベルクソンの警鐘と、彼が理想とする労働形態を考察する。

『試論』において時間論や自由論を展開した後、ベルクソンは様々な分野の著作を執筆した。中でも『創造的進化』は彼の中期の代表作の一つであり、そこでは彼の生命論に基づいた進化論が展開されている。

『創造的進化』において、ベルクソンは進化あるいは「生命の飛躍は創造の要求のうちにある」(EC, 252/285) と述べる。一方で、人間は文明の発展に伴い、生活の便益を追及するために様々な道具を発明し、それらを作成してきた。このような道具を制作しうる知性をもつという意味で、人間を「ホモ・ファベル」(EC, 613/163) と呼ぶことができるだろう。その知性は世界を機械のように分割して理解する知性であり、人々は世界を機械化することを通じて、自らの生活の利便性を高めてきた。文明化社会においては道具を作成することがすなわち労働であり、労働とは制作的な知性の表現である。

しかし、ベルクソンはこのような労働形態では個人は本来もつ創造性を発揮できないとみなす。ベルクソンの言葉によれば、「知性は無機的なすなわち人為的な道具を作り出す能力である」(EC, 151/175) が、それは「あらゆる創造性を退ける」(EC, 164/190)。ベルクソンにおいて創造とは自己を自由に

するための努力である (EC, 264/298-299)。それは生命が本来もつ創造性を直観し、物質の形態を変化しうるような行為である。そして、彼はこのような創造こそが生命の進化を促すと述べ、それがもつユニークな創造性は自由な行為の性質と類似すると述べる (EC, 47-48/67-68)。

　このようなベルクソンの労働論と前述した彼の自我論および自由論の関連性を考慮するためには、谷口 (2013) が指摘するように、セリスによるベルクソン労働論の解釈が有効であるだろう。セリスは、ベルクソンの労働論とメーヌ・ド・ビランの「努力の哲学」との類似性を指摘する。ビランによれば、個人は自らの人生において、常に私自身であるということを表現し続けなければ、自らのアイデンティティを失う。しかし、他者と同じ場所で生きるわれわれにとって、私自身であることはそれほど容易なことではない。なぜなら社会の中で私自身であるためには、私ではないものとの区別を絶えずしなければならないからである。そうでなければ、他者との同一化に陥る危険がある。そのような不断の努力こそが「努力」である。セリスによれば、ベルクソンが尊重する創造性とは、このようなビランが唱えた「努力」を意味する。他方で制作的な知性による労働は、その努力を機械化によって節約し、怠惰を導く。またそれはユニークな創造ではなく、できあい品を大量生産するための労働である。そのためにそれは自己を実現するための努力ではない (cf. 谷口 2013, 54)。

　セリスの解釈と自由な行為に関するベルクソンの説明を前提にすれば、ベルクソンにおいて制作的な知性は表層の自我によってなされる知性の一つであり、創造は深層の自我によってなされると考えられる。つまり彼は、深層の自我がもつユニークな創造性が経済活動においても発揮されるべきであると考えると解釈できる。

　このような制作的な知性への批判は『二源泉』においても継承される。『二源泉』においては、資本主義社会の中での制作的な知性を用いた労働がなされる場合、その社会がどのような状態に至るかが分析される。そこでは、機械は人間が「制作的知性」(DS, 302/343) を用いて作り出した操作可能な人工的器官のようなものであるとみなされる (DS, 330/373)。たとえば、車や飛行機などの移動手段を制作しそれを操作することで、人々の移動距離は広がる。つまり、機械化は人間の身体を人工的に大きくする。利己的な行動が推奨される資本主義社会においては、人々は自らの身体を人工的により大きくし、そうすることで得られる快楽や便益をより大きくしようとする。そのような

便益や贅沢の追求により、人々は植民地を求め、それが戦争へと至る契機となる。さらに、産業の発展は人口の増加を生み出し、また自国の天然資源が乏しい場合、食料を諸外国との貿易に頼るようになり、それが途絶えるときに戦争が起きるだろう (DS, 307-308/348-349)。そのような社会は閉じた社会である。

このような戦争にいたる行程を踏みとどまるために、ベルクソンはその発展を制御しうる精神を身につけるべきであると述べ、そのために開かれた社会への移行を推奨する (DS, 330/374)。

このようなベルクソンによる資本主義批判と彼の制作的知性による労働への批判は、社会主義による労働の人間疎外論に類似するという指摘がなされてきた。さらに、閉じた社会から開かれた社会への移行を目指す行為は、社会主義を目指す運動を許容するという解釈が一部でなされた。たとえば大杉栄は、ベルクソン哲学を社会学的に解釈し、特にその資本主義批判に関する考察はサンディカリズム（労働組合主義）と結合しうるとみなした。大杉によれば、自由な行為とは本来的自我による自らの人格の表現である。それは、本来的自我を疎外する資本主義的な労働を強いられる日常において、そのような抑圧を打破し、個々人の本来的自我を抑圧しない社会を目指すための個々人の行動を意味する。つまり、ベルクソンは資本主義的な支配に対抗する社会運動を奨励すると解釈できる (大杉1916)。

ただし、この解釈には、ベルクソンの目指す開かれた社会とは社会主義の社会を意味するのかという点で論争の余地が残される。『二源泉』において、ベルクソンは資本主義から社会主義への移行を目指すとは述べていない。さらに、開かれた社会は閉じた社会の性質も含まれると解釈できる。前述した人口器官と精神の関係のように、二つの社会形態は完全に分離するわけではない。ベルクソンの社会論においては、一つの自我の中で表層部分と深層部分が調和することと同様に、一つの社会において二つの社会形態が調和し、そうすることで社会が正しい方向に発展することが重要である。そのため、彼は資本主義がもつ利便性の追求や競争の激化という点に批判的であるが、その完全な終焉を望むわけではない (cf. DS, 311-320/353-362)。

③ 新たな疑問点

要するに、『試論』のみでも、またそれと他著作の連続性を前提にしても、自由な行為には社会的抵抗の可能性という契機があると解釈できる。ただし、

それはあくまでもデモクラシー体制及び資本主義体制に基づくものの、個人の基本的人権を尊重する開かれた社会へ移行するための行為であり、あらゆる目的の社会的抵抗を肯定するわけではない。

次に、開かれた社会に移行するための手段としてならば、どのような抵抗も許容されるのかという新たな問題が提起される。この問題に関して、左右田喜一郎は大杉のベルクソン解釈の危険性を次のように指摘する。左右田によれば、大杉のベルクソン解釈に従うと、ベルクソンは自由な行為による社会運動を奨励する。だが、ベルクソン哲学は個人が従うべき基準を明らかにしない。そのため、それは暴力的な破壊を肯定する可能性がある (左右田 1917; 宮山 2005,93)。

自由な行為が暴力性を肯定するという解釈を用いる有名な研究は、ジュリアン・ソレルの『暴力論』(ソレル 1965) であろう。ソレルは社会主義に至る暴力的な社会的抵抗を正当化する議論としてベルクソンの自由な行為を用いる。続いて、このような先行研究における、特に手段としての暴力の肯定という解釈に対し、次節では実践面および理論面の両面から反論を加える。

3. ベルクソンと実践

サルトルの批判にも見られるように、ベルクソンは実践とは無関係な内省的な哲学者であったとみなされることが多い。だが、彼は第一次世界大戦以降に政治的実践において活躍し、重要な役割を果たした。本節ではまず彼の実践的活躍を明らかにし、次に『二源泉』による社会的抵抗の行為の動機付けを明らかにする。

第一次世界大戦の最中、ベルクソンは「戦争の意味」という講演を行う (Bergson 1915)。その中で、彼は祖国であるフランスのデモクラシーが戦争によって危機にさらされているとみなし、彼が理想とみなすデモクラシー擁護のための愛国的な行為、すなわち祖国を守るための防衛的な戦争を奨励する。「戦争の意味」に関して、ベルクソンが道徳的完成には犠牲が必要であると、すなわちデモクラシー擁護という目的のためならば手段としての戦争を肯定できると考えていたとしばしば解釈される (cf. 宮山 2005,93)。

この解釈に基づけば、ベルクソンは開かれた社会の擁護という道徳的な目的のためならば暴力的な行為を推奨すると考えることができる。しかし、第一次世界大戦後、ベルクソンは愛国心に基づく戦争の奨励という自らの考え

を覆している。戦中および戦後、ベルクソンは二つの重要な政治的役割を果たす。一つはフランスの使節団の一員としてアメリカ合衆国に行き、第一次世界大戦の早期収拾のために、大戦への参加をルーズベルト大統領に提言したことである。もう一つは、戦後において国際連盟の国際知的協力委員会[3]の設立に貢献し、初代の議長に就任したことである。後者の政治的活動は、自国擁護ではなく国境を超えた文化的価値の擁護を目的とする。

　ベルクソンは理論的にも、第一次世界大戦後にあらゆる戦争行為を正当化しない考えに移行する。彼は人々のあいだにデモクラシー擁護のための愛国心が生まれ、国家の方針が敵対国に対して攻撃的となり、戦争が激化することを懸念する。彼は『二源泉』において、そのような愛国的な態度がデモクラシーのもつ本来の理念である博愛の理念に違反すると述べる。ベルクソンによれば、愛国心は個人の自然な本能であるものの、他国に敵対的な社会は閉じた社会であり、その社会は戦争を引き起こす。それに対して、彼はデモクラシーの基本理念であるすべての人類への博愛を重視する開かれた社会の観念を提案し、個々人は自然な感情に打ち勝つべきと考える。ベルクソンによれば、フランスのデモクラシーの基本理念は自由・平等・博愛であり、その理念の対象は本来ならば敵対国の国民を含めたすべての人類に及ぶ (DS, 299-307/340-348)。つまり、人々が閉じた社会を開かれた社会へと改革することが重要であり、それが戦争の抑制につながる。

　要するに、ベルクソンは両戦間期の哲学者として、その期間に政治的には文化擁護と平和の構築のために実践的な役割を果たし、さらに理論的にも戦争の抑制のための提言を行った。その際に彼が人々に提唱したのが、人々が閉じた社会から開かれた社会へと移行するために行動することであった。彼は第一次世界大戦時の自らの愛国的な行為や戦争の奨励という態度を反省し、すべての人類への博愛の重要性を説く。つまり、ベルクソンは敵対者に対する暴力行為に対して、特に『二源泉』においては反対していた。言い換えれば、このことは、彼がたとえ道徳的な完成という目的のためであれ、手段として戦争に代表されるような暴力的な行為を否定することを意味する[4]。

4. 社会的抵抗の道徳性

　以上を踏まえた上で、ベルクソンが何を目的とし、どのような手段を用い

る社会的抵抗を推奨するかを明らかにしよう。

　前述したように、ベルクソンは戦争抑制のために開かれた社会に移行することを推奨する。彼によれば、閉じた社会から開かれた社会に移行するためには、閉じた社会の政治的・経済的支配を打破する人々の社会的抵抗の運動が必要である。この行為が『試論』で述べられた自由な行為であるか否かに関して、先行研究においては論争がなされている。しかし、ここでは先行研究での論争には触れず、ベルクソンが少なくとも『試論』において自由な行為を定義し、『創造的進化』でその創造性を示したこと、さらに『二源泉』において社会的抵抗の可能性を具体的に記したという解釈を前提にしよう。

　このことを前提とした場合、『創造的進化』においては、自由な行為は個人における「生命の飛躍」の表れとみなされる。それは『創造的進化』において描かれたベルクソンの創造的な進化論に基づいて、生命全体が進化する過程において必要とされる行為である。そこには創造性以外の道徳的制約が説明されていない。『創造的進化』のみを見るならば、たしかにその行為には道徳的制約がないという解釈も可能かもしれない。

　ベルクソンが『創造的進化』を出版した年は1907年であり、「戦争の意味」という講演を行った1914年の7年前、すなわち第一次世界大戦の開戦前である。その後、両戦間期の1932年に出版された『二源泉』においては、社会的抵抗には道徳的な動機付けが必要であると解釈できる。そこではそのような行為は「愛の飛躍」とも呼ばれ、その動機として開かれた道徳あるいは「愛」がなければならないと説かれる (DS, 97-99/113-115)。

　閉じた社会から開かれた社会へ移行する方法を、ベルクソンは次のように述べる。人々は閉じた社会においても、開かれた道徳を体現する道徳的聖人の呼びかけによって、社会的抵抗に目覚める。開かれた道徳とはすべての個人に対する博愛、その尊厳に基づく基本的人権を認める道徳である。すなわちそれは閉じた社会の成員に対してのみならず、すべての人類に対する愛である。聖人がその道徳を体現し呼びかけることで、個々人は自らがもつ開かれた道徳ないしは互いへの愛に気づく。ベルクソンによれば、一方で閉じた道徳は自我の表層部分に外部から課せられる強制的な規則であるが、個人は開かれた道徳を本来的に自我の深層部分に有している。聖人の呼びかけに応じることで人は普段の社会的抑圧を打破し、自らが本来的にもつ開かれた道徳に目覚める (DS, 29-34/40-44)。つまり社会的抵抗とは、その愛に基づき、それに反する支配に抵抗する行動である。それは敵に対して暴力的に抵抗す

133

る戦争に反対し、敵もまた愛し、その基本的人権を認める。

　要するに、ベルクソンは『二源泉』において支配への抵抗を推奨するが、それは開かれた社会に至ることを目的とし、開かれた道徳に基づいた非暴力的な抵抗である。ベルクソンは個々人がそのような行為をなすことでこそ、暴力と戦争へと至る行程を止められると考えた。

おわりに

　ベルクソンの「自由な行為」には、社会的抑圧ないしは支配に対する抵抗という契機があると解釈できる。しかし、もし『試論』から『二源泉』までを連続したものと捉えるならば、それは一部の先行研究におけるような暴力を肯定するものではない。むしろ、彼は社会が戦争へと至る最中において、そのような暴力的行為を批判し、個々人が開かれた道徳に基づく抵抗運動を行い、開かれた社会に至ることが必要であると考えた[5]。

【注】
(1) 紙面の都合上、意識論と時間論を割愛する。それらと自由な行為の関連性については、斉藤（2009）を参照のこと。
(2) 『二源泉』で自由な行為という語句が用いられることは管見の限りない。
(3) この委員会は現在の国際連合教育科学文化機関(UNESCO)の前機関である。
(4) なお、ベルクソンが資本主義に対して実践的に反対運動をした形跡は見られない。
(5) ただし、ベルクソン哲学において社会科学的考察はそれほど多くはなされておらず、またあいまいな部分が多い。そのためそのことが、彼の著作の多様な解釈や応用を可能にしている。

【参考文献】
ベルクソンの著作に関しては、Œuvres, PUF, 1959年版に書かれた行番号に従った。略語はそれぞれ以下の通りである。
DI: Essai sur les données immédiates de la conscience
EC: L'Evolution créatrice
DS: Les deux sources de la morale et de la religion
邦訳のページ数は以下の文献による。

Bergson H. 1915. *La signification de la guerre*, Blound et Gay.
ベルクソン．1965a.「創造的進化」松浪信三郎・高橋允昭(訳)、所収『ベルグソン全集4』白水社.
ベルクソン．1965b.「道徳と宗教の二源泉」中村雄二郎(訳)、所収『ベルクソン全集6』白水社.
ベルクソン．1965c.「私の使節行」松浪信三郎(編)、掛下栄一郎ほか(訳)、所収『ベルグソン全集9』白水社.
ベルクソン．2002.『意識に直接与えられたものについての試論』合田正人・平井靖史(訳)筑摩書房.

Séris Jean-Pierre. 1990. «Bergson et la technique» in Bergson : Naissance d'une philosophie, PUF：121-138.

大杉栄．1916.「ベルグソンとソレル」『早稲田文学』.
斉藤尚．2009.「アンリ・ベルクソンにおける自由な行為の政治哲学的意義について」『武蔵野大学　政治経済学研究所年報』第1号：135-155.
斉藤尚．2017.『社会的合意と時間』木鐸社.
サルトル．1960.「存在と無：現象学的存在論の試み」松浪信三郎(訳)、所収『サルトル全集20』人文書院.
左右田喜一郎．1917.「思想問題として見たるサンヂカリズム—ベルグソン哲学との交渉」『三田学会雑誌』.
ソレル．1965-66.『暴力論 上下』木下半治(訳)、岩波書店.
谷口薫．2013.「「労働」「働く」とはどういうことか── ベルクソンの社会論を手がかりに──」『四国大学紀要』A41: 49 − 62.
ビラン．2001.『人間の身体と精神の関係—コペンハーゲン論考1811年』掛下栄一郎ほか(訳)、早稲田大学出版部.
宮山昌治．2005.「大正期におけるベルクソン哲学の受容」『人文』4: 83-104.
宮山昌治．2006.「昭和期におけるベルクソン哲学の受容」『人文』5: 57-79.

第9章　フランクフルト学派の支配論
―― 〈支配の理性〉と〈支配批判の理性〉

楠　秀樹

はじめに

　本稿は、「フランクフルト学派」における〈支配〉の概念を考える[1]。フランクフルト学派は、たとえばマックス・ヴェーバーの『支配の社会学』(1922)のように「支配」概念を分析し、なんらかの明確な定義を与え、帰結をもたらしているわけではない。本稿はそのようなフランクフルト学派における〈支配〉を時系列的に確認整理したい。以下簡単に本稿の構成を述べる。

　まず本稿は「フランクフルト学派」について、簡単に紹介する。その際にこの「学派」なるものが「第一世代」(ホルクハイマー他)と「第二世代」(ハーバーマス)以降に分かれることを示す。「第二世代以降」(ホネットなど)については紙片の都合もあり簡単にしか紹介しない。

　次に「第一世代」と「第二世代」の議論を整理し、学派の〈支配〉論というべきものを把握する。端的に言うならば、「第一世代」は権力者ではなく、物象化した権力システムによる人間の〈支配〉を徹底的なものと論じた。「第二世代」は、〈支配〉の浸透した社会への悲観を共有するところから始まりつつ、それへの抵抗を論じた。それは〈支配の理性〉と〈支配批判の理性〉の差異とも言える。しかし〈支配の理性〉を批判した「第一世代」も〈支配批判の理性〉の側にあったと言うべきだろう。「第一世代」は一歩踏み込んだ抵抗の処方箋は描こうとしなかった[2]。そして第二世代のハーバーマスはそこから一歩踏み込む。

1.「フランクフルト学派」とは何か？

　「フランクフルト学派」(以下「学派」と略す)と言うのは、一般的に把握されるように、第二次世界大戦前夜のドイツのフランクフルトの「社会研究所」において活躍した人々の一部を指す。すなわち、研究所所長であったマッ

クス・ホルクハイマー、テオドール・ヴィーゼングルント・アドルノ、ヘルベルト・マルクーゼたちのことを言う。そこにヴァルター・ベンヤミン、エーリヒ・フロムも含まれていたが、ベンヤミンは亡命途中に絶命し、フロムはアメリカ亡命後に研究所を去り、アドルノが活躍するようになる。この人々を「フランクフルト学派第一世代」と言う。また彼らはナチスが規定するところの「ユダヤ人」に当たることもあってアメリカへの亡命を余儀なくされた。そして研究所活動の本拠を同地に移す。さらにアメリカにおいてファシズムの〈支配〉を考察し、批判することで、彼らなりにそれに抵抗したとも言えよう。

　亡命以前の『権威と家族』(1936)、亡命以降の『権威主義的パーソナリティ』(1950) は、ともに「ファシズムの支配体制を支持する大衆の心理」を解明するのに貢献している。その際、「権威」や「家族」、「階級」が鍵となっている。しかし主に 1930 年代のファシズム批判にも寄与した実証的調査手法に対して、「学派」第一世代を主導するホルクハイマーとアドルノはやがて疑念を示すようになる。そのような科学や進歩、理性や啓蒙が、むしろ残虐な世界戦争や、そして何より戦後になって明らかになったアウシュヴィッツに象徴的な大量虐殺 (あるいはアドルノは後に「ヒロシマ」として核兵器のことも含める) の根本にある管理統制や機械的で冷酷なシステムの根本となっているのではないか、という悲観的で根源的な文明批判を始める。有名なのが『啓蒙の弁証法』(1947) である。

　1960 年代から 70 年代にかけての学生反乱においても彼らの書は影響を与える。このころに第一世代はこの世を去っていき、「学派」の「第二世代」と呼ばれる戦後世代のなかでユルゲン・ハーバーマスが頭角を現し、第一世代の悲観的文明批判から一転、改めて理性や啓蒙の価値を評価しなおし始める。『公共性の構造転換』(1962) や『コミュニケイション的行為の理論』(1981) が有名である。彼は第一世代同様、権威主義的支配体制による民主主義社会の閉塞という歴史的考察から、悲観的に社会を徹底管理する〈支配〉の出現を議論してもいるが、1990 年代になると「熟議する民主主義」(deliberative democracy)、メディアの可能性などの意味を救出しようとする。

2.〈支配の理性〉

2-1.『第三帝国前夜のドイツの労働者とホワイトカラー－その社会心理学的研究－』(1929)――プロレタリアートの統合と知識人の孤独

1931年、ホルクハイマーは、社会研究所所長就任講演において、労働者階級の心理的変化を検証する経験的研究プロジェクトを予告した。それはひとつの学問分野にとらわれない「学際的研究プロジェクト」であった。このプロジェクトは、『権威と家族』(1936) として結実した。労働者の実態調査については、労働運動、とりわけ賃金交渉の場に利用するために、ある程度盛んに行われるようになっていた。ホルクハイマーは、資本主義体制に対する革命主体としての労働者の実態把握というマルクス主義的関心を持っていた。

また『権威と家族』の前に、フロム主導による調査研究『第三帝国前夜のドイツの労働者とホワイトカラー－その社会心理学的研究－』(1929) がある。ここでは、労働者の分類を、ブルーカラー(機械の一部と化すような工場労働者)とホワイトカラー(デスクワーカーあるいはサラリーマン)としている。1925年にはドイツの労働者の半数以上がホワイトカラーになり、ブルーカラーは、その数が多かった鉱工業でさえも機械化などの原因から減少していた。労働者たちは社会主義革命よりも体制に満足していた。

そしてフロムの研究はやはり、性格類型「権威主義・マゾヒズム的」、すなわち政治的保守主義が約10%、「性器的・革命的」[3]、すなわち社会主義が約15%であったのに対して、大多数が政治的態度をはっきりとさせないアンビバレントな性格類型を導き出した。回答上、左翼政党党員あるいは支持者は、投票、右翼、司法、国家権力などの問いに対して紋切り型に「革命的」答えを出しているのに対して、女性問題、人工中絶、体罰、政治的指導性、友情、金銭、娯楽、趣味、服装などについては「権威主義的」傾向を示すことも多かった。

ここで述べられている権威主義の「権威」とは、人による人の支配の歴史が築き上げたものを肯定する心理であり、伝統主義的で保守的ということになる。フランクフルト学派第二世代の一人ヘルムート・デュビエルによると、この研究成果は、社会研究所メンバーによるドイツ共産党 (KPD) とドイツ社会民主党 (SPD) に対する認識の甘さをあらためさせた (Dubiel 1978:

25-28)。そのような調査結果からフロムは、調査の顕在的内容の単なる投票的性格に頼ってきた政治勢力についての従来のデータとそれに基づくファシストたちの勝利はないという楽観視を否定し、潜在的可能性として、ナチスの権威主義による支配体制の確立を研究報告において結論づけていた。その後実際、共産党支持のドイツの労働者たちはなんの抵抗もなくナチスを受け入れていった。デュビエルはこのことを「プロレタリアートの統合と知識人の孤独」と述べているが、労働者たちは体制統合され、支配を批判するはずの知識人は時代に取り残されてしまっていた。

2-2.『権威と家族』（1936）――小なる権威から大なる権威へ

研究プロジェクト『権威と家族』(1936) は、総括的部分（ホルクハイマー）、社会心理学的部分（フロム）、観念史的部分（マルクーゼ）という構成から第1編を成しており、第2編と第3編は補足として計画された。

ホルクハイマーの総括によると (Horkheimer 1936a)、19世紀のブルジョワ家庭の理念は、自分自身を責任の所在とする「自律」の家庭教育を子どもに施した。父の経済的な「自律性」の下、母が夫と子どもに愛を注ぎ、子どもはそのような父の自律性の強さと母のやさしい愛情のなかで自らをつくりあげる「自己陶冶」がブルジョワ家族の理念であった。ここでホルクハイマーはこのブルジョワ家族における父のあり方をひとつの「権威」と述べている。この場合、「権威」とは、支配と服従の関係の中にあるが、同時に子どもを成長させる育成や教育の働きもしているため、ホルクハイマーはこれを否定的に述べているわけではない。「権威」は個人が理性的で自律的な人間になるために必要な機構の一つなのである。

しかしその「権威」は資本主義の変化とともに変質することにホルクハイマーは注意する。父を雇い、父を従わせる企業や国家が父を超えた「権威」となっていく。しかも子どもは学校教育のなかで父よりも国家や経済の強力さを学習する。小さな権威としての父は、大きな権威である国家や企業（国家に保護された寡占体制）にとって代わられた。個人として自律し、理性的に議論するよりも、養われ、保護され、服従することを求めるのである。

このような体制管理の合理性としての「権威」に対する人々の違和感は、家庭の権威と個人の自律性への回帰ではなく、新たに別の大きな全体への要求へと向かっていった。『権威と家族』と同年に発表されたホルクハイマーの論文「エゴイズムと自由を求める運動」(1936) によれば、人々は「民族」

や「人種」という新しい自己の基盤の要求へと向かうのである (Horkheimer 1936b)。ナチズムである。

若者たちは自律性や個人の理性を獲得して父たちを乗り越えるのではなく、国家の力でねじ伏せる。「自己陶冶」していくのではなく、政治制度上の国民以上に「民族」や「人種」と一体化し、さらにはヒトラー総統個人やナチス関係者の個人崇拝、党の崇拝に至る。そうしてヒトラーユーゲントなどの組織化のなかで、若者たちは家族内の大人たちの民主的言動を監視(そして体制批判の際の密告)するようになっていく。家族の〈支配者〉は父ではなく、ナチスの指導者、あるいは「総統」にとって代わられる。

このころ女性たちは家を出てサラリーマンの一部として社会進出を始めていた。しかし女性たちにナチスが求めていたのは経済活動ではなく家事や育児や出産であった。ナチスがアーリア夫人の多産に勲章を与えたことは有名である(ゲッベルスの妻のように)。このナチス的な母親像は、ブルジョワ家庭に内在して父の自律を支える「家族愛」の代表としての母というよりも、模範国民としての母、兵士や国民を再生産する女性であった。子どもは国家にささげられるようになる。それは夫婦愛や親子愛、家族愛よりも愛国心を上位とする生き方である。ナチスは女性を社会進出から撤退させると同時に、彼女たちに対して、それを上回る民族的使命としての出産を求めた。青年たちに次いで、母親も大なる権威に依拠し、家庭構造を超えた「権威主義的国家」(1942年の同タイトルの論文でホルクハイマーはこう表現している)の構成員となる (Horkheimer 1942)。

こうしてフランクフルト学派第一世代の議論した〈支配〉は、いわば国家の「権威」が家庭の私的圏域のフィルターもなく直接浸透するシステムとして描かれる。自民党の日本国憲法第24条の改憲案には家族の形成と維持が含まれているが、そこでは個人の生存権を国家が保障せずに、「家族」を中心とした社会の責任とする姿勢がうかがわれる。その際改めて女性は「産む存在」へと暗黙のうちに還元されている。

2-3.『権威主義的パーソナリティ』(1950)と『啓蒙の弁証法』(1947)
　　——悲観的支配論

以上の権威研究は、戦後アドルノによってさらに研ぎ澄まされていく。彼は共同研究『偏見の研究』シリーズの1つ『権威主義的パーソナリティ』に参加した。この研究において、社会調査や面接調査、そして臨床心理テスト

を経て、潜在的なファシズム的性格を図る尺度、いわゆる「F 尺度」ができあがった (Adorno 1950=1980 56-74: 楠 2010)。

「権威主義的パーソナリティ」は、フロイト精神分析が述べるところの自らの心理的衝動を自らの自我でコントロールできない弱い人格である。このような人格は、自我のコントロールの不十分さを、個人を超えた組織や集団と、その強制力に委ねることを望む。弱い自分 (自国) に不安感を持ち、他者 (他国) の先制攻撃を恐れる不信感は、自らの不安と不信の他者への「投射」と言う。誰もがコントロールできない世界の無秩序のなかで、人々は「自己保存」(Selbsterhaltung) に躍起になる (Horkheimer 1942)。そのために強い〈支配秩序〉を求める人格、これが「権威主義的パーソナリティ」なのである。現在の日本においても、安全保障情勢の悪化を喧伝し、隣国のミサイル脅威がメディアに取り上げられることで、強い軍事国家を求める安倍政権への支持が集まる。立憲主義を無視した強行や議会軽視を「決められる政治」であるとして支持する人々はこの埒内にある。

ところでアドルノは亡命の地アメリカにおいても、ナチズムとは違う権威主義の〈支配〉を見出す。たとえば発展したハリウッド映画のような大衆娯楽において、人びとは繰り返し力の正義や弱肉強食、そして経済的成功の重要さを教え込まれる。新しい商品の消費の繰り返しのなかで、厳しい市場の競争原理を繰り返し見せつけられる。アドルノ (と思想を同じくするホルクハイマー) は、私たちの生活や文化さえも産業として管理するこのアメリカの現実を「文化産業」として捉え、陽気で自由なようでいても、実は徹底的に管理支配された現代社会という観点に至る。

『啓蒙の弁証法』(1947) のなかの論文「文化産業―大衆欺瞞としての啓蒙」は、初稿の段階では「大衆文化の図式 (シェーマ)」というタイトルの予定であった。しかし、アドルノが「文化産業」について回顧するところによれば、彼は、文化の独立性や、高級な文化への反逆を自ら選び取ったというイメージは、文化に関して大衆の置かれている現実にそぐわないと考えた。大衆の文化とは、自発性という幻想のもとに大衆によって「選ばされている」のであり、既存の社会の〈支配体制〉の結果だというのが彼とホルクハイマーとの観点であった (Adorno 1963, S.337)。

ホルクハイマーとアドルノによれば、作品の流行や個性は、資本の回収や商取引という一貫した資本主義の論理を隠蔽し、商品そのものの生産過程における分業や機械化などのテクノロジーを隠蔽している。その上、彼らによ

れば、人びとがこのパターンの繰り返しに自覚的になっても、批判精神さえも奪うのが文化産業の影響である。人びとは、文化産業に見られる映画の特撮や録音・録画の発達のようなメディアのテクノロジーを、自動車や工場生産技術のように受け入れる。文化産業は、テクノロジーと、それにまつわる分業や予算、それらを利用する資本主義とを、まるで抵抗できない人類の運命のように、広く人びとに肯定させる。たとえば、大作映画が新しい技術、大規模予算と分業、行政の支援によって成り立っていることを脇に置いて脚本や演技やおもしろさ、美的評価を重視すること。そもそもその規模の大きさそのものを宣伝することが文化産業の特徴なのである。ホルクハイマーとアドルノは、真の芸術はひとつの現実認識であり、現実批判に向かうものと考えたが、文化産業においては、むしろ人々は繰り返しテクノロジーと資本、あるいはそれらを支える国家権力の大きな力の前にひれ伏し、骨抜きにされると悲観したのである(楠 2010)。もはやヒトラーのような権威主義的な人物に代表されることのない顔のないテクノロジーや資本や国家のシステムこそが人々にとっての権威なのである。

3. 〈支配批判の理性〉

3-1.『公共性の構造転換』(1962)
―― 第一世代から第二世代において継続する悲観的支配論

「学派」第二世代のハーバーマスの議論が第一世代の悲観と対比して最初から楽観的であったとは言い切れない。彼も第一世代同様、若かりし頃の『公共性の構造転換』(1962)において悲観的な調子を帯びている。それは「理性」の没落史であった。

ハーバーマスは、「公共性」(Öffentlichkeit) 概念について端的に整理している (Habermas 1962=1990)。彼によれば、近代社会は個人の自由権や参政権を、王、貴族、教会など一部の支配者から革命的に勝ち取るプロセスであった。それは同時に「代表者の公 [邦訳書では具現代表的公共性と訳されている]」(räpresentative Öffentlichkeit) の支配からそれぞれの個人の「私的」権利を勝ち取る過程でもあった。そうして勝ち取られたのが近代の「市民的公共性」(bürgerliche Öffentlichkeit) である。

しかし、社会システムの拡大によって、政治は「個人」相互の議論にもとづくものではなく、その政治的意思決定を「代表」する政治家の人気投票

的な選出となり、世論調査が民意を僭称する数量の測定機構として現れた。メディアもこの数量的「代表」を誇張するようになる。ハーバーマスは近代的な市民的公共性が現代に「再封建化」すること、すなわち、「代表者の公」、「一部の支配者の公」、そして第一世代の議論と結びつけるならば「権威主義的な公」の時代に戻ってしまうことを批判した。「公共の利益」(public interests) とは、数量的規模の大きさによる代表性を口実として、少数の声や個人の考えをないがしろにするようになってきている。統計は権威となってくる。

　そしてハーバーマスは「心理的安直化」(psychologische Erleichtung) と表現している (Habermas 1962=1990: 258f.: 225 以下)。ニュースは議論の対象ではなく、インパクトによって消費されるようになる。「直接反応のあるニュース」(immediate reward news) が「反応の遅いニュース」(delayed reward news) より価値あるものとされる。彼はシュラムとホワイトによる 1944 年のマスコミ研究を参考にしているが、たしかに「文化産業」論に範を求めずとも、第二次大戦前後、ナチズムの台頭とアメリカ消費文化への脅威を背景として、マスメディアによる心理的影響力を強調する議論は例に事欠かない。ここでは主にメディアの心理主義化と題してもよいであろう。

　しかしそもそもハーバーマスの掲げたブルジョワによる公共圏の意義は、むしろブルジョワに独占された議論の民主主義から排除されていた人々 (貧困階級、女性、民族マイノリティ、障害者) を発見し、参加を促し、その条件を形作ることにこそあった。ブルジョワの理念だけでは自由権と参政権の平等を確保できないため、国家は調整者としての役割を期待されるようになる。やがて自由主義経済に対しても政策介入が社会保障とバランスをとって行われ、それらは国家の存在そのものの正統化、あるいはその時の政府の政治運営の正統化、すなわち〈支配〉の正統化にとってきわめて重要になる。当時の西ドイツは、1970 年代になってやっと社会保障関連の予算支出が大幅に拡大するが、それは 60 年代に与野党保守革新を問わず、国民のニーズとしてそのことを受け止めた背景がある。一つには戦争による被害処理があったが、人口動態の研究によって、やがて迫りくる経済や国民生活の危機に対処するためにそうなったのである。

　実際の議会運営は専門的な行政官僚に任せっきりになり、それに対して社会科学者がデータやコメントを出せば、それらをさらに新聞などのメディアが解説する。こうして政策に対する正統性を世論に問う仕組みが出来上がっ

てしまった。この「世論」とは、調査の専門技術の成果となってしまっているのである。政党政治は選挙の時になると分かりやすい心理的宣伝に訴えかけ、社会保障も人気取りの公約にする。これらの現象に見られるように、高い専門性の硬直と、分かりやすい心理的誘導とに、ハーバーマスは悲観的帰結を下している。この点は、政治主体としての公衆と消費主体としての大衆として対比したうえで、前者が後者になったという没落を、1962年のハーバーマスは見ている。人々は受動的で孤立した選択行為者になってしまったのである。

またたとえば労使闘争に見られるように、利害を同じくする人々の組織化が進み、一部の代表による調整力が高まる。組合と企業とはトップで交渉が行われる。戦後西ドイツにはドイツ連合総同盟 (DGB) があり、それが政党政治家と連携し、行政に訴えかけた。これに代表されるように、その他の様々な運動組織もまた官僚制化していく。これらの現象のこともメディアにおいての議論同様、ハーバーマスは「公共性の再封建化」と述べている。代表者の権威と協議、上層部での専門的な決定、安直な心理誘導の戦い、「公共性」は普遍的な利害を問うのではなく、権力の駆け引きとなっていく。民主主義の支配(つまり人民による人民のための政治)は形式化し、新たな権威の〈支配〉が生じる。ここで気になるのは、ハーバーマスが社会権による自由と民主の拡大した社会の理念は評価しつつも、社会保障の具体的な在り方に詳しく立ち入ることなく、結果的には福祉国家に否定的な叙述を残してしまっているところである。

3-2.『イデオロギーとしての技術と科学』(1968)
──システム支配に対する生活世界の視点

ハーバーマスは以上の問題をヘーゲル哲学(イエナ期の精神哲学)における「労働」と「相互行為」の区別を取り上げて『イデオロギーとしての技術と科学』において敷衍している。彼は前者を合理的な目的達成の行為概念として把握し、そこから自然科学や社会科学の技術に長けた専門家が幅を利かせる専門システム領域が強化されていくと捉える (Habermas 1968=1977)。社会保障の問題も生産や財の配分の問題としてこの専門システムの管轄で捉えている。彼はこの専門システムから自由な、個人の生き生きとした人間同士の「相互行為」の領域を、後の「コミュニケイション的合理性」の議論へとつながる「生活世界」(Lebenswelt) というフッサール現象学の概念で把握す

るようになる。ハーバーマスは、民主的政治参加のためにも必要な経済や生活の平等に向けた福祉について、それが経済や行政の内部から達成される可能性は、専門的技術の〈システム合理性の支配〉に絡めとられるものだと悲観的に放棄してしまったように思われる[4]。

　そこでさらに80年代に入ると、彼は生活世界の中でのNPOやボランティア活動に具体化されるようなオルタナティヴな連帯の在り方を示唆するようになった。当時の議論の中で、人によってはそれを生協運動(佐藤　1991)に見る者もいたが、そのような「運動」に参加していくのには基礎的な知力や財力の条件が整っていないといけないのではないだろうか。皮肉なことにシステムから自由なコミュニケイション領域にもシステムの基盤(経済力や権力構造)の根が張っている。ハーバーマス自身も「生活世界の植民地化」として意識はしていた[5]。

　〈支配〉は、専門システムの合理性に通じる人間とそうでない人間との格差としても現れるのではないか。それは具体的な人間による人間の支配ではない。システム合理性の〈支配〉の外部にあり、人々の抵抗の足場として具体的に互いの顔の見えるコミュニケイション領域であるはずの「生活世界」概念は、システム合理性に分断されている。学歴や資格、収入や職位というシステム合理性の〈支配〉を表す「数の権威」を内面化した人々は互いに隔たれており、〈支配〉に抵抗する動機を欠いていく。人々の心理は、コミュニケイションよりも孤独な無力感や妬み、いらだちに支配される。

　ハーバーマスの1980年代前後のこれらの論点は、同時期の社会福祉の展開とも通じるところがある。社会福祉学においては、貧困や財配分の問題が解決した(とされるが実際はどうであったか疑問だ)ことによって、さらなる社会的マイノリティの社会権を拡充させる課題が見えてきた時期である。しかし基本的にはマイノリティの抱える困難とは、差別の問題であるのはもちろんのこと、その差別による「社会的排除」(social exclusion)が貧困の問題とも通じることなのである。単に金銭的な生活の保障のみでは、社会から依然として排除されたままになってしまう。またこのことは貧困の問題においても同じである。貧困に対して金銭的な保障があれば十分であるということではない(岩田　2008)。生活保護バッシングに見られるように、金銭的な保障を受けることがスティグマとなり、むしろ対象者は社会から排除されることもあるのだ。しかし社会福祉学においては、なんらかの〈支配〉に対する抵抗やそこからの解放という問題設定にはなっていない。

こうして考えていくと、金銭的な不十分さは公的扶助が解決すれば人々が安心するというわけでもない。保護される対象として特別な目で見られるようになることに人々は恐れを抱く。福祉国家体制(同時に企業文化も福祉的要素を形成した)がグローバル経済至上主義に駆逐されはじめるようになると、マジョリティの中でも公的扶助を受ける者やそもそも障害者や民族マイノリティとして保護される人たちでさえも、「財源の配分」をめぐって白い目で見られるようになる[6]。労働待機状態への共感の欠如した、陰湿な「自己責任論」による非難が生じる。「労働」は解体されたばらばらな個人の絶対的義務として浮かび上がってくるのである。人口に膾炙して誤解され定着した「ニート」(NEET)もこの議論の延長にある。個人が貧困の責任を唯々諾々として引き受けて、社会保障の保護を恥じるということは1990年代から顕著になってきたのである。格差や貧困から労働運動や行政への要求へと結実し、新たな連帯と行動に結びつくのではなく、個人の分裂がより個人を締め付けるようになったのである。言うなればかつて素朴に階級間の格差克服は虐げられた経験を共有するプロレタリアートの連帯の課題であったが、いまや連帯する前に分断され孤立した個々の不安定(precarious)さに囚われたプレカリアートの時代となったのである。

　これらのことから考えると、ハーバーマスの議論は、労働を二元論的に相互行為と分離したことで、結局はブルジョワ公共圏の時と同様に、能力や社会的条件において特権的な主体論の印象を与える議論となってしまった。労働と相互行為とは単純に切り離せないのである。そこでフランクフルト学派第三世代と言われるアクセル・ホネットは、ハーバーマスの言うコミュニケイションのテーブルに着く前に、相手を侮蔑し、軽んじることなく、同じ「主体」として認め合う「承認」(Anerkennung)についての議論を展開したのである。当事者が互いに話し合う承認の形式を、ホネットは三つ示している。①愛や友情のような思いやり、②道徳的に責任能力がある社会構成員であるという法的認知、③個人の業績や能力に対する社会的評価である。ホネットがこの議論の着想を得たヘーゲル哲学の承認論においては③は国家からの承認が重要なのであるが、それを社会的な「連帯」の関係として捉え直そうというのである。

　〈支配〉の問題系は、個々の専門家や権力者の代表者による〈支配体制〉という姿を顕にする。またその体制と背中合わせの「自己責任」への還元論に対して、ハーバーマスの言う「公共圏」、「コミュニケイション」の理性に

基づく社会の対話の前提となる、社会的連帯をどのようにして取り戻すかという論点としてホネットは「承認」を唱えた。社会福祉学でも言われる「社会的包摂」(social inclusion) の問題ではないだろうか。それは「インクルージョン」としても近年はよく耳にするようになった。

おわりに

ハーバーマスは1990年代に、文化的多元性に関わるチャールズ・テイラーの書『マルチカルチュラリズム―承認をめぐる政治を検証する』(Taylor 1992=1996) にコメントを寄せている (それは同書に収められている)。さらにその寄稿は『他者の受容―多文化社会の政治理論に関する研究』(Habermas 1996=2004) にも収められている。「受容」と邦訳されているのはドイツ語のEinbeziehungであるが、これは「インクルージョン」つまり社会的包摂に相当する。ここでは民族文化の多文化主義的社会のあり方をめぐって、個々の独自な文化を多元的に共存させることと、共有性が必要な政治文化とを区別している。そして民主主義的な〈人民による人民の支配〉を法に基礎付けるのみならず、個々の内面に政治文化として基礎付ける必要性を主張している。したがって独自な文化を主張する集団アイデンティティよりも、ハーバーマスは個人アイデンティティを強調している。その意味で「われわれ」は柔軟で開放性がなければならないというのである。ハーバーマス、あるいは第三世代以降が、文化や歴史とはまた別の、新自由主義経済において増大する格差のなかで、他者のインクルージョンについてどのような議論を展開したかは、紙片の都合もあって別の機会に議論せねばならない。

最後に本稿を振り返る。まずフランクフルト学派第一世代の〈支配〉の論点は、ハーバーマスによって継承発展させられたと言えるが、第一世代の論点が古びたとも言い難い。われわれは権威に弱く、法や権利の主体として自らで自らを〈支配〉し、主体としての強い人格を維持することが難しい。自らの社会の〈法の下の支配〉というとき、人民はその法の起草者でもあることを忘れ、金銭、権力の格差、システムの維持のなかでの〈力の支配〉に従属する。権限や金銭を持つ者も持たざる者も、強く主権的な主体としての個ではなく、弱く互いに孤独に没交渉的な個なのである。これに対してハーバーマスは強い個人相互が熟議する「民主主義」の原理を「憲法」や「カント的コスモポリタニズム」の議論の中で確認する (Habermas 1997=2006)。

【注】
(1) 以下本稿において〈支配〉と表記しているのは本論の主題を強調するためである。同時に、フランクフルト学派の思想家がこの概念を引用内で述べるとき、あるいは彼ら自身がそれについて独自に論じる時以外、著者がフランクフルト学派の思想から解釈し、導き出すものを〈支配〉と表記する。
(2) フロム (Fromm 1976) やマルクーゼ (Marcuse 1964) による戦後の活躍から異議はあるかもしれない。
(3) フロイト精神分析では、子どもの成長段階を生のエネルギーであるリビドーに導かれるものとして捉えており、口唇期、肛門期、性器期と捉える。母と口による母乳接種で一体化した生の充足から肛門によって排便をコントロールして自律した個としてほめられる生の充足、そしてさらに高い自律性を持った成人の段階が性器期であることから、フロムはここで理性的な革命主体を性器的として捉えている。
(4) そして社会学者ニクラス・ルーマンとは論争となる。ルーマンはシステムに対する抵抗の場としての生活世界を否定する (Habermas & Luhmann 1971)。
(5) 筆者は以前に「社会のセキュリティ」という語を配した著書を二冊共同編集し、序文を編者共同で書いている (春日・楠・牧野編 2011)。「社会保障」(social security) の制度に対して、「民間」とも言われる相互扶助のあり方を「社会のセキュリティ」と捉えるが、同時に行政制度は国民の生存権に対する責任を免れるものではない。また社会保障以外の国家安全保障 (national security) や警察、経済競争も人々の社会生活のセキュリティになりうる。そうした制度のバランスの中で「われわれはどう生きるのか」が問われることを「社会のセキュリティ」と述べている (春日・楠・牧野編 2017)。
(6) しかしそもそも「財源の無駄」という論法はナチスドイツでも障害者に対する優生思想的な排除政策にも用いられていた。断種による障害者人口の抑制に始まり、果ては虐殺に至る。20 万人以上がなくなった。こうした優生思想はナチスドイツだけの問題ではなく、アメリカのような自由主義国家から北欧福祉国家、日本も例外ではない。2016 年、神奈川県相模原市の津久井やまゆり園において 19 人の障害者を殺害した事件の加害者の論理でもある (春日・楠・牧野 2017)。
(7) しかし筆者が思うに、もう一歩踏み込んで、個人の弱さを包摂する制度とは如何なるものか考えることもできたのではないか。たとえばフロムはベーシック・インカムについて先駆的に議論している。もちろんここではベーシック・インカムについて議論し、詳細に吟味することはできないが、フロムが具体的な提案までしているということを最後に評価しておきたい (Fromm 1976=1977: 251)。

【参考文献】
Adorno, Theodor W., 1950, *The Authoritarian Personality*, Harper=1980,『権威主義的パーソナリティ　現代社会学大系12』田中義久・矢沢修二郎・小林修一訳　青木書店．
Adorno 1955, *Prismen. Kulturkritik und Gesellschaft*, Suhrkamp.
Dubiel,Helmut 1978, *Wissenschaftsorganisation und politische Erfahrung. Studien zur frühen Kritischen Theorie*. Suhrkamp.
Fromm, Erich, 1929, *Arbeiter und Angestellte am Vorabend des dritten Reiches. Eine sozialpsychologische Untersuchung*. =1991『ワイマールからヒトラーへ』佐野哲郎・佐野五郎訳　紀伊国屋書店．
Fromm 1936, *Studien Über Autorität und Familie* =1977『権威と家族』安田一郎訳　青土社．
Fromm 1976, *To Have or To Be*, Harper=1977『生きるということ』佐野哲郎訳　紀伊国屋書店．
Habermas Jürgen, 1962=1990, *Strukturwandel der Öffentlichkeit. Untersuchungen zu einer Kategorie der bürgerlichen Gesellschaft*, Suhrkamp =1994『公共性の構造転換―市民社会の一カテゴリーについての探求』細谷貞夫・山田正行訳　未来社．
Habermas 1968, *Technik und Wissenschaft als "Ideologie"*, Suhrkamp =1977『イデオロギーとしての技術と科学』長谷川宏訳　紀伊国屋書店．
Habermas,& Luhmann, Niklas, 1971, *Theorie der Gesellschaft oder Sozialtechnologie*, Suhrkamp=『批判理論と社会システム論』佐藤嘉一訳　木鐸社．
Habermas 1996, *Die Einbeziehung des Anderen*, Suhrkamp=2004『他者の受容』高野昌行訳　法政大学出版局．
Habermas 1997, Kant's Idea of Perpetual Peace, With the Benefit of Two Hundred Year's Hindsight, in James Bohman, Mathias Lutz-Bachmann(ed.), *Perpetual Peace. Essays on Kants Cosmopolitan Ideal* MIt Press=2006,「二百年後から見たカントの永遠平和という理念」，紺野茂樹・田辺俊明・船場保之訳『カントと永遠平和―世界市民という理念について』未来社　所収．
Horkheimer, Max, 1936a, *Studien Über Autorität und Familie*, in: *Gesammelte Schriften Band3: Schriften 1931-1936*, Fischer, 1988.
Horkheimer 1936b, Egoismus und Freiheitsbewegung, in: *Gesammelte Schriften Band4: Schriften 1936-1941*, Fischer, 1988.
Horkheimer 1942, Autoritärer Staat,in: *Gesammelte Schriften Band5: >Dialektik der Aufklärung< und Schriften 1940-1950*, Fischer, 1987.=1975『権威主義的国家』清水多吉編訳　紀伊國屋書店．
Horkhimer, Adorno 1947, *Dialektik der Aufklärung* Querido , in: *Gesammelte Schriften Band5: >Dialektik der Aufklärung< und Schriften 1940-1950*, Fischer,

Ffm 1987.=1990:『啓蒙の弁証法』徳永恂訳　岩波書店.

Marcuse, Herbert, 1964, *One Dimensional Man, Studies in the Ideology of Advanced Industrial Society*, Beacon Press.
Taylor, Charles (with commentary by K. Anthony Appiah, Jürgen Habermas, Steven C. Rockefeller, Michael Walzer, and Susan Wolf, Edited and introduced by Amy Gutmann), 1992, *Multiculturalism: Examining the Politics of Recognition*, Prinston University=1996『マルチカルチュラリズム─承認をめぐる政治を検証する』佐々木毅・辻康夫・向山恭一訳　岩波書店.

岩田正美　2008,『社会的排除』有斐閣.
春日清孝・楠秀樹・牧野修也編　2011,『社会のセキュリティは何を守るのか─消失する「社会/個人」』,学文社.
春日・楠・牧野編　2017,『社会のセキュリティを生きる─「安全」「安心」と「幸福」との関係』,学文社.
楠秀樹　2008,『ホルクハイマーの社会研究と初期ドイツ社会学』社会評論社.
楠秀樹　2010,「権威主義的パーソナリティ」,「文化産業」,日本社会学会事典刊行委員会編　『社会学事典』丸善　所収.
佐藤慶幸　1991,『生活世界と対話の理論』文眞堂.

第Ⅱ部　政治支配と現代

第10章　リベラリズムと支配
——ロールズのリベラリズムと非支配としての自由

宮本 雅也

はじめに

　リベラリズムはどのような理論的立場だろうか。一般的に、リベラリズムには、以下の二つの特徴があると考えられる。第一に、リベラリズムは「自由」を重視する。しかし、以下でも見るように、自由という概念には複数の解釈が可能であるため、自由を重視するというだけではいかなる立場なのかは明らかにならない。第二に、リベラリズムは、価値の多元主義 (pluralism) あるいは善の構想の多元主義を受容ないし肯定する。価値の多元主義とは、世界には複数の価値が存在し、それらすべてを調和させる方法が存在しない可能性を認める見解である。この価値多元主義を前提にすると、各人が有する善の構想（善い生き方に対する理解）も複数存在する状態であっても問題ないことになる。

　第二の特徴である多元主義を採るため、リベラリズムには自由を特定の仕方で理解する傾向がある。多元主義が正しい場合、特定の価値・善を達成した状態を自由とみなすことができない。そのため、特定の価値・善を達成した状態とは異なるものとして自由を理解することになる。ここから、自由を干渉されないこととみなすリベラリズムの傾向が生じる。すなわち、自由な人とは、他者や政府から干渉されずに好きなことをできる人であると考える傾向がリベラリズムにはある。

　こうした自由の理解に対して、フィリップ・ペティット (Philip Pettit) ら現代共和主義者から有力な批判が向けられている。それは干渉の有無では捉えられない自由の問題が存在するという批判である。その問題とは「支配」(domination) の問題である。以下二つの例からこの点が明確になるだろう。第一の例は夫婦関係に関わるものである。ある社会で性別役割分業の意識が確固として存在しており、政府がこれに対処する法を作成していないとする。その社会に住むある夫婦を見た場合、夫だけが仕事で所得を得ており、妻は

専業主婦で所得がない。だが、この夫は優しい人であるため、実際には、妻の生き方には何の干渉もしていない。第二の例は労使関係に関わるものである。ある社会で形式的な契約の自由・権利は存在するが、経営者と労働者の間に大きな経済的格差が存在し、労使間の権力の差に対処する法は存在しないとしよう。このとき、その社会に存在するある企業の経営者を見ると、よい人であるため、雇っている労働者に対して、業務上必要な指示の範囲を越えて不当に干渉することはない。これらの例で考えるとき、この夫や経営者は妻や労働者に干渉をしていないため、リベラリズムはこの妻や労働者は自由であると判断する。しかし、共和主義にとっては、これらの妻や労働者は不自由である。なぜなら、この夫や経営者はいつでも考えを変えて妻や労働者に干渉する力を有しており、それに対する法などによる適切な歯止めが存在しないからである。すなわち、これらの例では、夫は妻を支配し、経営者は労働者を支配しているため、妻や労働者は自由ではないとみなされる (Pettit 1997: 5, 131-132, Pettit 2006: 229-231, 234-236)。

　上記の多元主義の肯定に由来する干渉されないこととして自由を理解する傾向にゆえに、一般的に言えば、リベラルな理論家はこうした支配の問題に対処できないとされる。本稿で扱うアイザィア・バーリン (Isaiah Berlin) だけでなく、ジョン・ロールズ (John Rawls) も、代表的なリベラルな理論家であり、干渉の不在の論者であるため支配の問題を適切には扱えないと批判されることが多い。実際、ペティット自身は、ロールズは非干渉の点から自由を理解しているとみなす (Pettit 1997: 50)。

　しかし本当に、このような支配の観点からの批判にリベラリズムは答えることができないのか。本稿では、こうした支配の観点からの批判を手がかりとして、共和主義者が指摘するような支配の問題に対処可能なリベラリズムの構想がありうるかを検討したい。答えだけ先に言うと、ロールズの正当化を重視するリベラリズムであれば、支配の問題にも対処することができる[1]。鍵となるのは多元主義の理解である。リベラリズムにおける自由の理解は、多元主義の理解に依存する。それゆえ、多元主義の理解を変更すれば、共和主義者が提起するリベラルな自由の理解への批判を回避できる。

　本稿は以下のように議論を展開する。第1節では、前述の共和主義からの批判が生じる背景として、バーリンの自由論を紹介する。第2節では、バーリンの多元主義に対する理解から生じうる問題を指摘し、ロールズのように市民間の相互正当化に結びつけるように多元主義を理解する方が適切である

と指摘する。第3節では、共和主義者が提唱している非支配としての自由の構想を確認する。そのうえで、ロールズの正当化を重視するリベラリズムは、そうした非支配としての自由との親和性を持ち、それゆえ共和主義が問題視する支配の問題にも対処可能であると主張する。

1. 積極的自由と消極的自由の二分法

　本節では、前述の現代共和主義からのリベラリズム批判の背景には、バーリンの自由論が存在するという点を明らかにする。すなわち、以下に見るバーリンの二分法を前提にしてリベラリズムを理解する場合、支配の観点からの批判に直面することになる。

　バーリンが 1958 年に行った講演「二つの自由概念」で提示した、消極的自由 (negative liberty) と積極的自由 (positive liberty) の区別は、その後の自由論に決定的な影響を与えたと言われる。この重要な二つの自由の構想(理解)の区別を見ていこう。

　まず、消極的自由の場合、自由は干渉がないこと・非干渉 (non-interference) として理解される。この場合、自由は「たんにある人が他者に妨げられずに行為しうる範囲」を意味する (Berlin 2002: 169, 訳 304)。逆に、ある人が他者から行為や選択に対する干渉を被る場合、その人は自由ではない。バーリンによれば、リベラリズムの伝統における代表者たちは、消極的自由を支持し、「いかなる根拠によっても侵犯されてはならない個人的自由の一定の最小限の範囲」の確保を主張してきた (Berlin 2002: 171, 訳 307)。

　次に、積極的自由の場合、自由は自己支配 (self-mastery)・自己統制 (self-control) として理解される (Berlin 2002: 179, 訳 320 頁)。消極的自由では統制の範囲が問題になるのに対して、積極的自由の場合、統制の源泉が問題になる。個人の自己支配は政治という集合的営みにも拡張される。すなわち、民主的政治が集合的自己統治・自己支配とみなされ、それへの参加こそが自由であるという発想につながる (Berlin 2002: 176-178, 訳 315-317)。

　本稿で注目したいのは以下の点である。この講演において、バーリンは、積極的自由の危険性を指摘して、消極的自由の重要性を強調する。その際、バーリンは、二つの自由の構想の区別を価値の一元主義 (monism) と多元主義の区別に結びつけて理解する。ここで一元主義とは、あらゆる価値や目的は、衝突し合うことなくすべてを調和させるように実現することができると

いう見解である (Berlin 2002: 192-193, 212, 訳 345-346, 382)。対照的に、バーリンの言う多元主義とは、諸々の価値や究極的な目的は不可避的に衝突・対立するため、それらすべてを調和的に実現することはできないとする哲学的見解である。

　バーリンは、こうした一元主義と積極的自由の構想が結びつくことによる危険性を指摘した。積極的自由の構想は、一元主義と結びつくことで、抑圧や専制を正当化する論理に転化してしまうというのである。どういうことだろうか。

　前述のように、積極的自由の場合、自由は自己支配として理解されるが、そうした理解においては、ある種の自己の分裂が生じる。つまり、支配するべき自己と支配されるべき自己の分裂である。このとき、支配するべき自己とは真の・理性的な・より高次の自己であり、支配されるべき自己とは本物ではない・情動的な・より低次の自己である。このように、積極的自由では個人の内面に二つの自己を見出すことになる。

　ここまでは個人内の話であるが、こうした発想が社会全体の統治レベルにまで広がる。そのとき、統治者はより理性的な支配するべき存在であり、被治者はより理性的でない支配されるべき存在であるとみなされる。ここに一元主義の前提、すなわち、あらゆる価値は調和的に実現可能なはずであるという見方が加わることで危険性が大きく増大する。統治者が示す社会的・政治的問題に対する真の解決策は、すべての価値を毀損することなく実現しているはずであり、それゆえ、服従しない理由は全くないことになる。こうした場合に従わない者は、たんに非理性的な存在であり、真なる解決策に従うよう強制されることによってこそ当人が自由を実現することになる、という発想になってしまう。例えば、民主的統治の場合、多数派の支持を得て制定された法は真であり、どのような価値にも反しないのだから、少数派は従うべきであり、従わない場合は強制しても当人を不自由にはしないという考え方である。バーリンによれば、このようにして、自由の理解だったはずのものが抑圧の論理に転化してしまう。

　こうした事態に対し、バーリンは、あらゆる価値が調和的に実現可能であるとする、一元主義の前提が誤っていると考えるべきだと主張する (Berlin 2002: 200, 訳 358-359)。バーリンによれば、われわれの日常的経験からしても多元主義の方が真である。例えば、平等を重視して社会のメンバー全員に画一的な義務教育を受けさせるとする。この場合、多様性や個性を育むよう

な教育を同時に追求することは困難または不可能となるだろう。ここには価値・善の衝突が存在している。しかも、この例は、われわれの日常的経験の中で起こることを容易に想像できる。また、多元主義は「選択」の重要性も理解可能にする。諸々の価値や究極的目的が不可避的に衝突・対立するからこそ、そうした諸価値の間で、人びとは選択をする必要があり、人びとが選択に価値を置くことになる (Berlin 2002: 213-214, 訳 383-385)。そして、バーリンによれば、そのような多元主義の真理および選択の重要性からして、選択が可能な干渉をされない範囲を確保する消極的自由の構想の方が適切であることになる (Berlin 2002: 216-217, 訳 388-389)。

このようにして、バーリンは、一元主義と積極的自由との組み合わせ／多元主義と消極的自由の組み合わせ、という二分法を提示した。かつ、リベラリズムの伝統は、後者の組み合わせを採るものであると理解し、その優位性を主張した。

しかし、こうした二分法による理解を前提とする場合、はじめにで見た現代共和主義者からの批判を回避することは難しい。多元主義を肯定するリベラリズムが必ず消極的自由（非干渉としての自由）を採用しなければならない場合、リベラリズムでは支配の問題を適切に扱うことができなくなってしまうだろう。

しかし、リベラリズムは、多元主義と消極的自由の組み合わせを表す立場であるとする理解は不可避だろうか。そうではない。バーリンが設定した二分法では回収されないリベラリズムが存在する。本稿の理解では、ロールズの正当化を重視するリベラリズムこそがそれにあたる (cf. Nagel 2001: 109-110)。

2. 多元主義とロールズの正当化を重視するリベラリズム

前節では、共和主義からの批判の背景には、バーリンの二分法が存在すると指摘した。本節では、リベラリズムの特徴である多元主義との関係で、ロールズのリベラリズムがいかなる立場であるのかを確認する。ロールズは、バーリンとは異なる仕方で多元主義を理解し、それを市民間の相互正当化の要請と結びつけている。

前節で見たバーリンの立場には、前述の共和主義者たちによって提起された支配を扱えないという問題にくわえ、多元主義の理解に関連する別の問題

もあるように思われる。バーリンが支持している消極的自由を重視する政治秩序においても、結局のところ、一部の人びとに対する抑圧が生じているのではないか。

　バーリンは、多元主義の正しさを強調する中で、消極的自由も積極的自由も同様に究極的な価値ないし目的であるという点を認めている。また、自由以外の価値も同様に重要な価値・目的になりうるとする (Berlin 2002: 42, 48, 訳 74-75, 85)。それにもかかわらず、基本的に、消極的自由の価値を擁護している。言いかえれば、政治社会は、基本的に、消極的自由を実現するように編成されるべきだとバーリンは主張している。バーリンの言う意味の多元主義が真であるとき、消極的自由という特定の一つの価値を中心に政治秩序を構想するのには問題があるのではないか。バーリンの主張が正しい場合、諸価値が不可避的な衝突を生じさせている中で、同程度の重要性を有している他の社会的目的を、例えば平等の達成や社会正義の実現を犠牲にして、消極的自由という特定の価値が社会全体で追求・実現されることになる。こうした平等や社会正義のような価値が消極的自由の価値よりも重要であり、社会全体で追求するべきなのは平等や社会正義の方であると考えるメンバーが存在する。それにもかかわらず、そうしたメンバーの要求を無視して消極的自由の価値実現を社会全体の目的として採用するとしよう。その場合、それらのメンバーにとっては、社会が体現している価値が自身の最も重視している価値とは根本的に異なることになってしまう。そのような人びとは、当該社会のあり方を是認できない、ないしは強く否定することになるだろう。そうであるとすれば、そうした人びとは、ある種の抑圧状態に陥っていることになると思われる。そのようなメンバーは、自身が属している社会を真に自身のものであると感じることはできないだろう。

　以上、バーリンの言う意味の多元主義と消極的自由の組み合わせが問題を抱えていることを指摘してきた。それでは、リベラリズムがこうした問題を回避するためには、どのようにすればよいだろうか。本稿の理解では、この問題は多元主義の理解の仕方を変更することで回避可能である。ロールズのリベラリズムにおける多元主義の理解を見ていくことで、この点を確認していこう。

　ロールズも、リベラリズムの理論家である以上、ある種の多元主義を肯定しているが、多元主義に対する理解の仕方がバーリンとは異なる。つまり、ロールズが是認するのは、たんなるむき出しの多元主義ではなく、理にかなっ

た多元主義の事実 (the fact of reasonable pluralism) である。理にかなった多元主義の事実とは、理にかなった包括的教説が複数存在する状態のことである。このロールズの多元主義に対する理解を説明しよう。包括的教説とは、何が価値あるものなのか、あるいは、人間や世界がどのようなものなのかなどを教える見解のことを意味する (PL: 13)。宗教上の教義などが典型的な例である。包括的教説は、各人の有する善の構想に決定的な影響を与える。価値や世界のあり方に対する理解は、各人の善き生き方の理解に強く影響するからである。それゆえ、包括的教説が社会に必ず複数存在する場合、善の構想の多元性も不可避となる。また、ある包括的教説が理にかなっているとは、その包括的教説が一つの特定の包括的教説が真であると決定することを妨げる諸要因が存在することを認めるということである。そのため、理にかなった包括的教説を信じる人は、他の包括的教説を信じる人が存在することを認めることになる。そうした人は、他の包括的教説を信じている人びとがたんに間違っているだけだとは考えない (PL: 58-61)。ロールズによれば、こうした理にかなった包括的教説が複数存在する状態は、民主的社会の永続的特徴であり、否定されるべきものではない。この状態を否定して、特定の包括的教説を全員が信じる状態をもたらすためには、国家権力を抑圧的に使用するしかない (PL: 36-37, JF: 3, 33-34, 訳 7, 58-59)。

このように、ロールズは、社会において包括的教説と善の構想が一元化することを避けようとしており、ある意味での多元主義を肯定している。しかし、バーリンとは異なって、この意味での多元主義の肯定を政治社会における市民間の相互正当化の要請につなげる。この議論は、一般に公共的理性 (public reason) 論と呼ばれるものである。ここでは、その議論をロールズの著作から簡単に再構成する (PL: 136-137, 216-217, JF: 89-91, 訳 159-161)。ロールズの公共的理性論は、以下のような三つの要素ないし前提からなる。

(1) 市民たちは平等者であり、かつ平等者とみなし合う。
(2) 政治権力は社会において必要なものであるが、強制的なものである。
(3) 理にかなった多元主義の事実により、特定の包括的教説や善の構想の共有は期待できない。

説明していこう。まず、(1) からだが、ロールズの理論の核心部分には自由で平等なものとしての市民の構想がある。そうした市民は、次のような特

徴を有している。第一に、自身の善の構想を形成し、場合によっては修正するなどして、実効的に追求することができる（善の構想の能力）。第二に、協働の公正な条項を他者に向けて提案し、かつ他者もまた同様に行為することを前提に、そうした公正な条項を進んで遵守することができる（正義感覚の能力）。言いかえれば、市民たちは、共有される正義原理を他者に対して正当化し、かつそれを遵守することができる。すべての市民が、これら二つの道徳的能力を、とりわけ第二の正義感覚の能力を十分な程度に有しているという点で、平等でありかつ相互にそのような平等者とみなし合っている (PL: 19, 49-50, JF: 18-20, 訳 31-34)。

　ここに (2) が加わる。市民たちが社会を形成する以上、政治権力が必要になるが、政権権力は不可避的に強制的なものになる。だが、(1) の市民たちの自己理解に照らすと、平等者としての市民たちは政治権力を平等に共有しているとみなされる。そのため、強制的な政治権力の行使には、全員にとって受容可能な理由を挙げた正当化が必要である。なぜなら、受容可能な理由を提示されることなく強制力を行使される人がいる場合、そうした人びとは政治権力を平等に共有しているものとはみなしえなくなるからである。

　(3) がさらなる条件となる。仮に理にかなった多元主義の事実がなければ、同一の包括的教説の共有を前提に、特定の善い生き方に訴えて政治権力の行使を正当化できる。しかし、理にかなった多元主義の事実は民主的社会の永続的特徴であるため、そのように善い生き方に訴えることでは共有可能な理由を与えられず正当化は不可能である。したがって、理にかなった多元主義を前提にしたうえで、異なる包括的教説を持っている市民全員にとって共有可能な政治的諸価値 (political values) に訴えて正当化された政治権力の行使だけが正統なものでありうる、ということになる。

　なお、以下の点には注意が必要である。こうした市民間の相互正当化に結びつくような多元主義の理解の場合、バーリンのむき出しの多元主義とは異なり、多元主義を一定程度まで縮減することになっている。すなわち、多元主義の強さは、異なる理にかなった包括的教説を信じる市民たちの間でも、共有可能な理由を与えるような政治的価値が存在しうる程度にとどめられている。理にかなった人びとでさえ、あらゆる価値を同時に充たすような真なる方法に合意することはできないという点は認めつつも、相互正当化を成立させるために、政治的問題に関してだけは、一定範囲の価値の調和的な実現が可能であると想定している。

このようなロールズの公共的理性論に見られる多元主義に対する理解の場合、バーリンの場合に生じた抑圧の問題は発生しない。ここで見た正当化の要請が充たされているとすれば、すべての市民は、政治社会が自身も共有可能な政治的価値を実現していると理解することになる。それゆえ、全てのメンバーが、自身が属している社会を真に自身のものであると感じることができる。一部の人びとの抑圧の発生を回避するためには、バーリンのように、政治的決定をたんなる選択の問題にするわけにはいかない。

3. 正当化を重視するリベラリズムと非支配としての自由

前節では、多元主義の理解との関連で、ロールズの正当化を重視するリベラリズムがどのような立場なのかを確認した。本節では、そうしたロールズのリベラリズムと自由の構想との関係を見ていく。本稿の理解では、ロールズのリベラリズムは、消極的自由よりも共和的自由の構想により親和的である。

まず、現代の代表的共和主義者であるペティットの自由論を、彼の主著『共和主義』から確認していく。ペティットの採る自由の構想では、自由は支配がないこと・非支配として理解される。ここで、支配とは他者による恣意的干渉 (arbitrary interference) を被る立場にあることを意味する。言いかえると、ある人が支配されていると言えるのは、他者がその人に対して恣意的に干渉をする能力を有している場合である (Pettit 1997: 52)。反対に、非支配・支配の不在 (non-domination) とは、ある人が、他者からの恣意的干渉を被らない地位にあることを意味する。言いかえれば、その人に対してすべての他者が恣意的に干渉する能力を持たないことである (Pettit 1997: 66-67)。

このとき、「恣意性」という観念がポイントとなる。ここで干渉行為の恣意性とは、その行為によって影響を受ける人（被干渉者）が有する利害関心や意見を考慮せずに当該行為が選択されることを意味する。それゆえ、「ある干渉行為は、その行為がその干渉を被る人が有する利害関心や考えに適合するように強いられている場合、その限りでは恣意的ではない」(Pettit 1997: 55)。よって、干渉であるにもかかわらず、恣意的ではなく、支配とはみなされない場合がありうる。次のような例を考えてみよう。私は医師から酒を飲む量を大幅に制限するように指示された。そのため、私の家の酒が全て入っている戸棚の鍵を友人に預け、特別な場合を除いて私に鍵を返さないように

依頼したとしよう。私が酒を飲もうと鍵を返すように要求するとき、友人は当然鍵を渡さないだろう。その場合、その友人は、戸棚を開けて酒を飲むという私の選択に干渉していることになるが、それは恣意的な干渉とはみなされない。友人のそうした行動は、私の利害関心に沿っており、かつ予め示しておいた私の意見（酒の量を制限するべきという考え）にも従ったものだからである (Pettit 2012: 57-58)。

　以上が非支配としての自由の構想であるが、ペティットの自由論は、このような非支配の点から自由の価値を理解するべきだと主張する。そして、政治制度の評価は、このような非支配としての自由の理想の観点からなされる。つまり、どのくらい非支配を促進できるかどうかで制度の正しさが決まるというのである。

　ペティットの政治制度の議論は、私的支配への対処と国家による支配への対処の部分に分けられる。まず、私的支配だが、はじめにで見た夫婦関係や労使関係の例がこれにあたる。つまり、国家と市民との関係ではなく、私人としての市民の間で発生する支配を意味する。前述の例では、夫や経営者が、妻や労働者に対して恣意的に干渉する能力・地位を有しているため、非支配としての自由からすると問題になる。対照的に、実際の干渉は生じていないため、消極的自由の構想では問題にならない。直観的に、その例における妻や労働者の置かれた立場には問題があると思われるため、ペティットによれば、非支配としての自由の方が適切な構想であることになる。政府は、法を通じて市民間の関係に介入しそうした私的支配関係を排除するように行動する。このような政府の行動は、干渉にあたるため、消極的自由の観点からは否定されてしまう。しかし、非支配としての自由からすると、法の支配の仕組みが適切に作動し政府当局者が自らの恣意的見解に基づいて市民に干渉することができなくなっている場合、問題はない (Pettit 1997: 65-66)。

　しかし、そうした役割を担わせる場合、政府の権力が大きくなりすぎる危険性がある。そうであるとすれば、リベラルからの批判を招くだろう。また、非支配としての自由の観点からしても、市民間の支配を排除するはずの政府・国家が自ら支配する存在になってしまう事態（国家による支配）は避ける必要がある。

　そのような国家による支配を防ぐために、ペティットは、政府・国家に対して次のような「適合要件」(tracking requirement) と呼ばれるものを課す。すなわち、政府は、その市民たちの「認識可能な共通の利害関心のすべてに、

かつ、それらの利害関心だけに適合するように強いられるべき」である (Pettit 1997: 290)。つまり、政府の法ないし政策は、市民が共有している共通善ないし共通の利害関心に沿っていなければならない。

この適合要件を国家に守らせる手段として、ある種のデモクラシーが不可避的に要請される (Pettit 1997: 293-297, Pettit 2004: 165-169, cf. 谷澤 2012)。共通の利害関心になりうるものを見逃さないために、適切な選挙制度が必要とされる。しかし、これだけでは、選挙で多数派から選ばれた代表たちが、共通の利害関心ではありえないものを、共通の利害関心に偽装して国家を通じて追求しようとする危険がある。これを防ぐために、市民たちが政府に対して異議申し立て (contestation) を行うための諸制度が必要とされる。つまり、政府の決定に関して、十分な量のインプットを確保するために選挙制度が、アウトプットに不純なものが入り込まないように異議申し立ての制度が必要とされる。このように、国家による支配を防ぐために、ペティットの理論では、デモクラシーが必然的に要請される。この点でも消極的自由の構想とは対照的である。バーリンによれば、消極的自由は、干渉が少ないものであれば、ある種の独裁政治、少なくとも自己統治の欠如とは両立しうる。デモクラシーは必ずしも必要とされない (Berlin 2002: 176 , 訳 315-316)。

ここで、このような非支配としての自由の議論とロールズのリベラリズムとの関係を見るために、前節の内容をふりかえろう。ロールズは、政治権力行使の正統性のために、政治的価値に訴えることを要請していた。ここで見たペティットの適合要件の議論は、前節のロールズの公共的理性論と類似している。ペティットの言う共通の利害関心への適合は、ロールズの言う政治的価値への訴えと対応しているとみなしうる。こうした論理構造の類似性をもって、ロールズのリベラリズムは、国家による支配の防止に関しては、非支配としての自由との親和性を有しているとみなすことができる。

それでは、私的支配に関してはどうだろうか。この場合、ロールズの正義原理に関する議論を見ることで、彼も国家と市民との間だけでなく、市民同士の間の支配をもなくそうとしていたという点がわかる。この解釈には、二つのテキスト上の根拠が存在する。

第一に、ロールズの理論では、正義の第一原理によって基本的諸自由 (basic liberties) が平等に分配されるが、その際、政治的自由（政治的権利）に関してのみ公正な価値 (fair value) までも要求している。これは、各市民の社会的・経済的立場とは関係なく、全員が公職に就き政治的決定の結果に影響を与え

る公正な機会を有しているという意味で、各市民にとって政治的自由が有する価値が平等であることを要求するものである (PL: 326-328, JF: 149-150, 訳 264-265)。これによって、例えば、政治献金や選挙キャンペーンにおける支出に対する制約などの対処が必要とされる。ここで、政治的価値に対してだけ実質的な価値の平等を求める理由を支配の除去につなげて理解することができる。すなわち、社会的・経済的不平等が政治的不平等に波及する場合、そのような事態は否定されるべき支配関係の発生であると考えられる。経済的により有利な人びとだけが公職に就くとすれば、そのような人びとの利害関心だけに沿うような政治的決定が下されるようになってしまうだろう。社会の特定の人びと・集団が政治的決定手続きをコントロールする状態は、恣意的な決定が出される状態になっており、まさに支配が発生している状態と言ってよい。ロールズは、政治的自由の公正な価値の要請によって、社会的・経済的な権力の差が政治的決定を左右し、市民間の支配関係を固定化・強化するような事態を回避しようとしている。

　第二に、支配関係の強化を防ぐだけでなく、ロールズには、社会的・経済的不平等に依拠する私的支配を是正しようという関心も見られる。これは制度枠組み・体制の議論にあたる。現行の資本制下の福祉国家とは異なるものとして、ロールズは「財産所有型デモクラシー」(property-owning democracy) という体制を提案している。この体制は、生産用の資産（生産手段）および人的資本の所有を可能な限り広範なものにしようとする。そのような体制を提案するのは、ロールズが社会的・経済的次元で支配が発生するのを回避しようとしているためであると理解できる。この点は、資本制下の福祉国家との対比によってより明確になる。ロールズによれば、そうした福祉国家の体制は、市民間に権力の差を生み出す資産の不平等を放置したまま、経済的格差が生じた後から再分配で埋め合わせをしようとする。これでは支配の発生という問題を十分に回避できないがゆえに、市民間の権力の差自体を正すために生産手段や人的資本の広範な所有を実現する財産所有型デモクラシーが必要とされる (JF: 139-140, 訳 247-250)。

　以上で示した理解が正しいとすれば、国家による支配と私的支配のいずれに関しても、ロールズのリベラリズムには、それらの問題に対処する理論上の資源が存在することになる。

おわりに

　一言で言えば、本稿では、現代共和主義の批判を手がかりとして、バーリン型の消極的自由のリベラリズムとロールズの正当化を重視するリベラリズムを対比し、後者の優位性を主張してきた。第1節では、バーリンの消極的自由／積極的自由の二分法と、多元主義／一元主義の区分との結びつきを確認した。第2節では、多元主義の理解との関係で、ロールズの正当化を重視するリベラリズムがいかなる立場なのかを見た。第3節では、そのようなロールズのリベラリズムは、消極的自由ではなく、非支配としての自由と整合的な立場であると指摘した。

　最後に、バーリン型の消極的自由のリベラリズム側からありうる批判を簡単に見ておこう。第2節の最後で確認したように、ロールズのリベラリズムの場合、市民間の相互正当化を成り立たせるために、一定程度まで多元主義を縮減することを考えなければならない。しかし、われわれのリベラルな社会における多元主義の強さを前提にすると、ロールズの言う政治的価値は、あるいは、ペティットの言う共通の利害関心のようなものは、存在しえないのではないか。この問いかけに対しては次のように答えざるをえない。確かに、われわれの社会における多元主義が全員に共有可能な価値がありえないほどに強い可能性は否定できない。しかし、そのような共有可能な価値の追求を放棄してしまう場合、政治的問題に関する相互正当化の要請を充たすつもりはなく、抑圧が生じても仕方がないと宣言することに等しくなってしまうだろう。

　　※本稿は日本学術振興会科研費補助金（課題番号：17H07166）および早稲田大学特定課題研究助成費（課題番号：2017S-064）の助成を受けた研究成果の一部である。

【注】
(1) 本稿と同様に、ロールズ理論と共和主義の関係を扱う文献として、Costa 2009; De Francisco2006; 井上 2007 を参照。また、現代の自由論を概観するには、山岡 2014 が適している。

【凡例】
ロールズの著作に関しては、本文で参照する際、Rawls 2005 を PL、Rawls 2001 を JF と略記する。なお、翻訳がある著作に関しても、訳語の統一などのために必ずしも翻訳に従っていない。

【参考文献】
Berlin, Isaiah 2002 *Liberty*, edited by Henry Hardy, Oxford University Press. 小川晃一／小池銈／福田歓一／生松敬三訳『自由論［新装版］』みすず書房、2000 年。
Costa, Victoria 2009 "Rawls on Liberty and Domination," *Res Publica*, Vol. 15, No. 4, pp. 397-413.
De Francisco, Andrés 2006 "A Republican Interpretation of the Late Rawls," *The Journal of Political Philosophy*, vol. 14, No. 3, pp. 270-288.
Nagel, Thomas 2001 "Pluralism and Coherence," *The Legacy of Isaiah Berlin*, edited by Mark Lila, Ronald Dworkin, and Robert B. Silvers, New York Review Books.
Pettit, Philip 1997 *Republicanism: A Theory of Freedom and Government*, Oxford University Press.
Pettit, Philip 2004 "The Common Good," *Justice and Democracy: Essays for Brian Barry*, edited by Keith Dowding, Robert Goodin, and Carole Pateman, Cambridge University Press.
Pettit, Philip 2006 "The Republican Ideal of Freedom," *The Liberty Reader*, edited by David Miller, Edinburgh University Press.
Pettit, Philip 2012 *On the People's Terms: A Republican Theory and Model of Democracy*, Columbia University Press.
Rawls, John 2001 *Justice as Fairness: A Restatement*, edited by Erin Kelly, Harvard University Press. 田中成明／亀本洋／平井亮輔訳『公正としての正義　再説』岩波書店、2004 年。
Rawls, John 2005 *Political Liberalism expanded edition*, Columbia University Press.

井上彰 2007「共和主義とリベラルな平等―ロールズ正義論にみる共和主義的契機」、佐伯啓思・松原隆一郎編著『共和主義ルネサンス―現代西欧思想の変貌』NTT 出版。
谷澤正嗣 2012「デモクラシーにおける合意と抗争―現代共和主義の視点から」齋藤純一・田村哲樹編『アクセス　デモクラシー論』日本経済評論社。
山岡龍一 2014「自由論の展開―リベラルな政治の構想のなかで」川崎修編『岩波講座政治哲学 6　政治哲学と現代』岩波書店。

第 11 章　コミュニタリアニズムと支配
——公・私・共の三領域とその緊張関係の擁護

奥田　恒

はじめに

　コミュニタリアニズムに注目が集まったのは、ジョン・ロールズ『正義論』の批判に端を発するリベラル・コミュニタリアン論争においてであろう（cf. Mulhall and Swift 1992）。しかし、コミュニタリアニズムの主張や提言はロールズ的なリベラリズムと重なるところも多く、彼らの主要な論敵は、むしろリバタリアニズムやネオリベラリズム——特にその基底にある絶対的な個人主義——であったとされる（菊池 2012: 5; 2017: 103-104）。個人主義に従えば、政治や政策の目標は個人の選好をもとに決められる。それに対し、コミュニタリアニズムは共通善を強調する。共通善はコミュニティに共通目標を与えるものだが、共通善自体の維持もまた、共通目標に含まれるとされる（Etzioni 2004: 1）。共通善の要請とその維持は、家族の再建や道徳教育、不道徳な活動や表現への批判、都市の無秩序な拡大開発防止など、様々な政策に対して示唆を持つ。

　これらの提案の多くは保守主義の政策提言と重なっており、実際、両者は同一視されることもある。しかし、菊池理夫やマイケル・サンデルらコミュニタリアンは、自らと保守主義は明確に異なると述べる。菊池は、彼自身が擁護するのは「現代コミュニタリアニズム」であり、それは「基本的には左派」の「リベラル・コミュニタリアニズム」であるということを、特に強調する（菊池 2011: 182-183）。

　本稿の関心は、「リベラル・コミュニタリアニズム」を名乗ることの含意、特に「個人主義を批判しつつ保守主義とも距離を取る構想とはいかなるものか」に置かれる。例えば、以下のような疑問である。それは両者の中途半端な混合物とどう異なるのか。あるいは、保守主義から距離を取るとして、国家や政府にいかなる役割を担わせるのか。もし国家なしの世界やその大幅な縮小を擁護するのであれば、その提案は、理論的にはともかく実践的には、

ネオリベラリズムや新保守主義と似通ったものになりはしないか。

そこで本稿では、現代コミュニタリアニズムについて、「経済的権力による支配」と「伝統による支配」という二つの観点から考察を行う。特に主題とするのは、アミタイ・エツィオーニにより主導され、1990年前後に積極的な政策やガバナンス改革を提言するようになった、「応答するコミュニタリアニズム（Responsive Communitarianism）」である（cf. Etzioni 2015）。また、本稿における「支配」は、「成員を恣意的・制御不能な権力にさらすこと」を指す。このとき念頭に置いているのは、フィリップ・ペティットが「非支配としての自由」を擁護した際の「支配」の特徴づけである（cf. Pettit 1998）[1]。考察を通じ、現代コミュニタリアニズムは政府、市場、コミュニティの三領域に別々の役割を持たせ、かつ三領域の緊張関係を維持することを通じて、二つの「支配」を免れようとする構想だと主張する。

本稿の構成は以下の通りである。まず、第一節では、現代コミュニタリアニズムの主張・背景を整理する。最初にロールズ批判に代表されるアカデミック・コミュニタリアニズムに触れたのち、それに影響を受けた社会変革の動きとしての応答するコミュニタリアニズムを紹介する。第二節では、「支配」を切り口にコミュニタリアニズムを特徴づける。まず、「経済的権力の支配」への対抗という観点から個人主義への批判を、次いで、「伝統による支配」の回避という観点から保守主義との異同を述べる。それを踏まえ、コミュニタリアニズムの構想を「公・私・共の三領域の緊張関係の擁護」であると同定する。第三節では、日本の町内会を取り上げ、現代コミュニタリアニズムが持つ伝統的コミュニティへの批判的視角について検討する。町内会と構成員および政府の関係について、「伝統による支配」という観点から、コミュニタリアニズムがいかなる示唆をもたらしうるか考察する。

1. 応答するコミュニタリアニズムとその背景

本節では、現代コミュニタリアニズムについて、その背景とバリエーションを整理する。

1-1. アカデミック・コミュニタリアニズム

まず、リベラル・コミュニタリアン論争を契機として活躍した、アカデミック・コミュニタリアニズムについて確認する（Etzioni 2015）。論者としては、

ロールズ『正義論』批判に際してリベラル・コミュニタリアン論争に関わった、サンデル、チャールズ・テイラー、アラスデア・マッキンタイア、マイケル・ウォルツァーの四人である。彼らの主張は多様であり、また、必ずしも「コミュニタリアン」を名乗っているわけでもないが、その主張の多くは、応答するコミュニタリアニズムに影響を与えた。中野剛充はコミュニタリアニズムを四つに区分し、アカデミック・コミュニタリアンに該当する論者の業績を「現代リベラリズム理論に対して、自己論及び社会 - 存在論の観点から批判を行う人間学」とまとめている（中野 2007: 60）。ただし、上記論者の中にも、サンデルやテイラーのように「応答するコミュニタリアニズム」と同様の主張を行う論者や、運動への共感を示す論者は存在する（中野 2007: 60; 菊池 2013: 128; 谷口 2015: 33）。

1-2. 応答するコミュニタリアニズム

次に、応答するコミュニタリアニズムを紹介する。「応答するコミュニタリアニズム」という呼称には、コミュニティとは応答性（responsiveness）――ニーズや責務に応答する能力――を備えた仲間関係であるという彼らの考えが反映されている（永安 2001: 465）。

応答するコミュニタリアニズムの主張は、「応答するコミュニタリアン綱領」によって宣言された（Etzioni et al. 1993）。この綱領は、米国社会を利己主義と貪欲さが蔓延していると診断し、それに対抗しうる道徳的声の資源として、様々なコミュニティでの経験と実践を強調する（Ibid: 254, 訳 432-433）。綱領は、すべての構成員の公平な処遇、すべての構成員の政治参加、あらゆるニーズと価値の考慮という三条件を備えた道徳的価値の開発を目標に掲げ、コミュニティの再建をそのために不可欠なものと位置づける（Ibid: 255-256, 訳 435-436）。コミュニティ再建のため、家族の再建、家庭・学校・コミュニティの各レベルにおける道徳教育、相互扶助やボランティア活動、和解の精神にもとづく紛争調停を擁護する（Ibid: 256-262, 訳 436-444）。また、投票を含む政治活動、納税、陪審員としての奉仕など、市民による能動的なコミュニティ振興を強調する（Ibid）。

綱領に署名した論者間でも、それぞれの主張や強調点は多様である。先に、中野によるコミュニタリアニズムの区分に言及したが、中野の区分のうち、アカデミック・コミュニタリアニズムを除く三つの業績が応答するコミュニタリアニズムに該当する。第一に、「現代リベラル文化における、私的、個

人主義的傾向を批判する文化批判」である(中野 2007: 60)。ロバート・ベラーらの『心の習慣』などがこれにあたる。第二に、「現代のリベラル文化に対して、共和主義(参加民主主義)あるいは多文化主義的政治的オルタナティブを提唱する政治理論」である (Ibid)。共和主義あるいは参加民主主義を強調する論者としてサンデルやベンジャミン・バーバー、多文化主義を強調する論者としてテイラーを挙げることができる(中野・坂口 2000: 93-96)。第三に、「個人の権利と社会的責任とのバランスの回復を目指す社会運動」である(中野 2007: 60)。運動を主導するエツィオーニがこの立場に該当する。本稿は、「応答するコミュニタリアニズム」とは、上記の三つの立場が、応答性の場としてのコミュニティという考え、ひいてはそこから導かれる個人主義批判という点で緩やかにまとまった主張・運動であると理解する。

2. 二つの支配への抵抗

本節では、「経済的権力の支配」と「伝統による支配」という観点から、応答するコミュニタリアニズムの構想を明らかにする。経済的権力の支配が個人主義、伝統による支配が保守主義と、それぞれ関わる。最後に、応答するコミュニタリアニズムを理解する上では、「公・私・共の三領域のバランス」という構想が重要であると述べる。

ここで、用語について述べておく。本稿における「個人主義」「保守主義」は、エツィオーニの用法に従う。「個人主義」は、個人の自律の重視によって特徴づけられる立場であり、リバタリアニズムやネオリベラリズム、古典的リベラリズムがもっぱら念頭に置かれる[2]。「保守主義」は、エツィオーニの言う「社会保守主義」を指す(Etzioni 2001:21, 訳 53)[3]。社会的秩序を重視し、かわりに自由や自律にあまり価値を置かない立場である (Ibid: 7, 訳 23)。

2-1. 個人主義批判

コミュニタリアニズムの中心的主張は個人主義批判である。個人主義にも複数の立場が含まれるが、まずはバーバーによるリバタリアン批判を取り上げる。リバタリアンの世界観では、公と私——国家と市場——の二つの領域が争っており、国家の権威と市場の自由はトレード・オフの関係にあるという (Barber 1998: 17, 訳 24)。公と私の二領域を想定し、後者における個人の自由と自律を重視する論調は、多くの個人主義者に共通する。このように考

える個人主義者にとって、公共政策や道徳的慣習は、「個人の自由意思をもとに形成される合意」のみを反映すべきものとされる（Etzioni 1996: 11, 訳 28）。

これに対し、コミュニタリアンは、選好の集合に留まらない「一連の共有価値を含んだ社会秩序」の必要性を説く（Ibid: 12, 訳 30）[(4)]。というのは、人間は「常に文化的影響を交換しあい、社会と道徳の影響を受ける」存在だからである（Ibid: 21, 訳 44）。仮にリバタリアンらの提案通り国家や政府による制約を取り除いたとしても、個人は「顧客の幼児性や衝動性の本能に訴えかける」ような企業の宣伝など、それ以外の影響に服従するだけであるとエツィオーニは考える（Ibid）。現代コミュニタリアンが問題視する「経済的権力による支配」の一例であるといえよう。こうした主張は、アマルティア・センの経済学批判、特に経済学が暗黙のうちに依拠する主観主義への批判と重なる[(5)]。主観主義に従えば、「各人が望むものならばなんであっても効用として計算に入れ」てしまうことになる（守・玉手 2011: 195）。その結果、人々が元来自分自身のものではなかったような欲求に駆り立てられて消費活動を行うようになることを、エツィオーニは懸念するのである（Ibid: 195-196）。

こうした問題に対しては、「何らかの客観的な視点」から、「人々の効用を比較・判断すること」が必要である（Ibid: 197）。コミュニタリアニズムにとって、「コミュニティの中心的価値」がそうした視点を提供する。こうした視点は、まず、道徳的な事柄への意見表明の擁護として表れる。例えばサンデルは、リベラルな個人主義者と目される政治家が、道徳的・精神的な主張に踏み込まないことに批判的であった。彼はそれゆえ、婚外出産批判など道徳を語るリベラル派大統領として、ビル・クリントンに期待した（Sandel 1996: 327-328, 訳下巻 258）。道徳教育や説得を通じ、コミュニティの中心的価値と個人の自律を調和させることがまず必要であると彼らは考える（Etzioni 1996: 96-97, 訳 145-146）。

コミュニタリアン綱領は特定の政策にこだわらないと宣言するが、家族とコミュニティの維持という観点から、中心的だが軽視されている事柄に対しては具体的提案を行う（Etzioni et al. 1993: 254, 訳 432）。家族・学校・コミュニティの各レベルでの道徳教育はその一例だし、家族がともに過ごせるような職場への指導なども含まれる（Ibid: 254-262, 訳 436-444）。コミュニティにあっては、個人の自律と社会秩序を両立させるような能動的な活動参加が推奨される（Ibid: 261-262, 訳 443-444）。例えば、政治活動や陪審員として

の奉仕といった活動である（Ibid）。それ以外にも、法や権威にもとづく動員よりも、相互扶助やボランティア活動、和解の精神にもとづく紛争解決が好ましく描かれる（Ibid: 259-261, 訳441-443）。

2-2. 保守主義との異同
　コミュニタリアニズムは、過度な個人主義の問題視、つまり「経済的権力への抵抗」という点で保守主義に同意する。それでは、コミュニタリアニズムは、道徳的理想のための自由や自律の抑圧を是認するのだろうか。そこで、「伝統による支配」という観点から、コミュニタリアニズムと保守主義の異同について論ずる。
　先ほどと同様、バーバーに従い保守主義の特徴を見る[6]。それによれば、保守主義者は、私的領域を伝統的コミュニティと見なし、そこにおける社会的結合を称揚する（Barber 1998: 22-23, 訳31）。伝統的コミュニティは以下のような長所と短所を持つ。長所は社会的な接着剤としての機能であり、個人や集団が「非常に無秩序な社会と経済の世界」に置かれることを防ぐという（Barber 1998: 24, 訳33）。これは、エツィオーニの個人主義批判として紹介した、「中心的価値の共有」の場としてのコミュニティとおおむね同一の特徴づけである。他方、コミュニティでの結束は「階層性、排他性、画一性をもたら」しうるものであり、権威主義をはじめとする非リベラルな規範を招くという短所を持つ（Ibid: 24-25, 訳33-34）。これを「伝統による支配」と呼ぶことが可能であろう。保守主義は経済的権力の支配に抵抗する一方、構成員を「伝統による支配」によって脅かすおそれを持つ。
　このような抑圧的な伝統的コミュニティは、バーバーやエツィオーニら現代コミュニタリアンが目指すものではない（Barber 1998: 24-25, 訳33-34）。バーバーは伝統的コミュニティとその擁護者に批判的であり、しかし同時に、応答するコミュニタリアン綱領を挙げて「コミュニティの民主的な形態」だと高く評価する（Ibid: 25, 訳35）。エツィオーニも、コミュニティにもとづく道徳・価値が適切でない可能性があると認める（Etzioni 2001: 28, 訳61-62）。そして、ゲマインシャフトすなわち伝統社会への単純回帰を否定し、かわって抑圧的でも階層的でもない「新しいゲマインシャフト」を肯定的に捉える（Etzioni 1993: 122）。現代コミュニタリアンの目指すこのようなコミュニティを「目標としてのコミュニティ」と捉え、しばしば抑圧をともなう現実の伝統的コミュニティと区別することが有用であろう。以上のように、保

守主義は「伝統による構成員の支配」を是認し、現代コミュニタリアニズムはそうでない方向を少なくとも目指しているといえる。

2-3. 自律と秩序のバランス

　以上を踏まえ、応答するコミュニタリアニズムの構想を見ていく。特に着目するのは、コミュニタリアニズムの公・私・共——政府、市場、コミュニティ——の三領域を想定するという特徴である（Barber 1998: 34-35, 訳 48; Etzioni 2001: 2-3, 訳 23-24; 菊池 2011: 191-194）。先に紹介した通り、個人主義者と保守主義者は、どちらも社会を政府の領域と私人の領域に二分割する。これに対し、コミュニタリアンは、市場を私的な、政府を公的な領域として認めた上で、コミュニティを共という第三の領域に位置づける。この位置づけの含意は、コミュニタリアニズムの核は道徳的な、コミュニティ・ベースのものであり、法や政府行動といった国家に関わるものではない、というものである（Etzioni 1995: 101, 訳 124）。その力点は、あくまで道徳的風潮の変化、積極的なコミュニティへの献身、自分中心主義の抑制といった、政府権力をともなわない要求に置かれるのである。

　この構想の利点は以下のように説明される。例えば、猥褻あるいは不道徳な表現に対し、公私の二領域しか想定していなければ、放任か政府による規制のいずれかを提案することになる。しかしコミュニタリアンは、共という領域独自の活動を説くことで、道徳にもとづくが非強制的な反対活動——例えばメディアに対する批判や自主規制の要望など——を提案できるというのである（Etzioni 2001: 41-43, 訳 80-83）。エツィオーニにとって、こうした道徳的説得は、道徳の強制とは明確に異なる（Etzioni 1996: 132-133, 訳 194）。これが、「伝統による支配」に陥ることなく「経済的権力の支配」に抵抗する構想である。

　コミュニティの役割を道徳的説得に留め、強制に転ずることを防ぐための構想が、政府・市場・コミュニティの三領域のバランス、ならびに緊張関係の維持である（Etzioni 2001: 3, 訳 24; Barber 1998: 34-35, 訳 48）。政府とコミュニティの緊張関係を例に取ろう。エツィオーニによれば、あるコミュニティの価値は、仮にその構成員に支持されていても、憲法などにもとづく「より高次の価値判定」に違反していれば正統とは見なされない（Etzioni 1996: 200-201; 224, 訳 288-289; 322）。例えば、言論の自由や集会の自由といった憲法上の権利の侵害は許されないし、同意なしの婚姻、女子割礼、児童労働と

いった基本的権利に関わることは、コミュニティが最終的な回答を持つべき問題ではない（Etzioni 2001: 28, 訳 61-62）。このとき中央政府には、現実のコミュニティが「伝統による支配」に陥らないよう、それを監視し緊張関係を保つ役割が期待されている。

「緊張関係を維持しバランスを取る」という戦略は、成功を保証されたものなのだろうか。おそらく不可能である。なぜなら、エツィオーニの構想の根底にあるのは、秩序と自律の「逆転共生」という見方と、自律の過剰という現状診断だからである（Etzioni 1996: 35-37, 訳 65-67）。自律と秩序の「逆転共生」とは、自律と秩序は「ある程度まではお互いを高め合う」が、「どちらかの要素が一定レベルを超えてさらに強くなると、他方は弱体化し」相反するかのような動きへと変わる、という関係を指す（Ibid）。そして、エツィオーニがコミュニティの伸長を擁護するのは、個人主義の過剰という現状診断ゆえなのである。

すなわち、現代コミュニタリアニズムの提案が自由や自律を侵害するものではないというエツィオーニの主張は、基本的には現下の社会状況において個人主義が強すぎるという認識にもとづく。そのため、コミュニタリアニズムが行き過ぎて保守主義に転ずる可能性は「理論的には常に存在する」とも認められているのである（Etzioni 1995: 106, 訳 130）。

3. コミュニタリアニズムと政府・町内会関係

エツィオーニの議論は米国の状況を念頭に置いたものだが、コミュニティへの期待と懸念は日本においても存在する。例えば、日本におけるコミュニティ政策の嚆矢とされる国民生活審議会調査部会コミュニティ問題小委員『コミュニティ―生活の場における人間性の回復』は、開放的でありながら構成員間の信頼感を備えた「目標としてのコミュニティ」を描いている（金井 2004: 30-31）。もともと日本のコミュニティ政策は、町内会・自治会（以下、「町内会」）などの伝統的社会の衰退により、人々がより自由にはなったが連帯感を失った状況に対応すべく提唱されたものであり（Ibid）、応答するコミュニタリアニズムと同様の狙いを持つ。

とはいえ、持続的な政策の受け皿としては、やはり町内会は有力であり、それゆえコミュニティ政策には町内会の再現という性格も見いだされる（Ibid）。菊池によれば、著作『コミュニタリアニズムと「第三の道」』への

批判として最も多かったのが、日本の町内会を取り上げて積極的に評価した箇所であったという（菊池 2011: 155; cf. 菊池 2004）。批判に対し菊池自身も、町内会に「何も問題もないと考えているわけではなく、伝統的な組織を全面的に擁護しようとするものではない」と述べる（菊池 2011: 158）。そこで本節では、コミュニタリアニズムが、日本の町内会に対していかなる批判的視角を提供しうるか考察する。

3-1. 町内会の基本的特徴

まず、町内会の基本的特徴を述べる。広く挙げられるのは、下記①〜⑤である。「①加入単位が世帯であること、②領土のようにある地域空間を占拠し、地域内に一つしかないこと、③特定地域の全世帯の加入を前提にしていること、④地域活動に必要なあらゆる活動を引き受けていること、⑤市町村などの行政の末端機構としての役割を担っていること」（鳥越 1994: 9; cf. 日高 2003; 金井 2004）。

町内会による住民活動についてもっとも強調されるのは、その「公共サービスの提供者としての側面」である（金井 2004: 22; 26-27; 日高 2003）。ここには、地方自治体から委任された活動を行う補完機能と地域の共同管理の二つが含まれる（金井 2004: 26-27）。

これに対し、行政の末端機構を基本的特徴に含めず、かわりに「行政や外部の第三者に対して地域を代表する組織となること」を強調する見方もある（中田 2017: 17）。このとき、町内会の住民活動は、「公共サービスや租税負担の対象」すなわち「顧客」としての活動であると捉えられる（金井 2004: 22）。このときの活動は、町内会の代表者による、首長への要望や職員職員との意見交換などである（Ibid: 28）。

3-2. 緊張関係の維持と「伝統による支配」

以上の特徴を持つ町内会の活動を、「リベラル・コミュニタリアン」たる応答するコミュニタリアニズムはいかに捉えるのか。特に問題となるのは、公務や住民代表といった上記活動を行う上で、構成員の要望をいかに汲み、またいかなる義務を課すかである。町内会と構成員の関係において、もし伝統や慣習にもとづく不公正あるいは抑圧的な振る舞いがあれば、「伝統的な支配」が存在することになろう。そのような局面では、応答するコミュニタリアニズムは、政府に対し、コミュニティと緊張関係を保つ役割を期待する。

このとき参照されるのは、中央政府による「高次の価値判定」であろう。

中央政府による「高次の価値判定」と見なしうる例として、まず、「女性出労への出不足金」を取り上げる。参照するのは、日高昭夫による山梨県御坂町における全20の町内会の調査である（日高 2003）。これらのほとんどの町内会では、かつて全世帯が参加する出労において、「世帯主が男性の世帯で女性が出労した場合、「差額金」などと称する女性特例の「出不足金」を徴収してい」た（Ibid: 174）。しかし、そうした慣行は、「男女共同参画政策の浸透などによりにわかに廃止」され、2002年の調査時点では二つの町内会にのみ残っていたという（Ibid: 174）。三領域の緊張関係のもと、現実のコミュニティを「目標としてのコミュニティ」に近づける、「高次の価値判定者」の役割が果たされた事例と評価できるかもしれない。

より微妙な例としては、町内会の特性「世帯単位での加入」が挙げられる。世帯加入という特徴ゆえに、町内会は市民活動としては瑕疵を持つと評される（金井 2004: 29）。市民として住民活動を行う上では、世帯ではなく各個人が一票の権利を持つことが原則とされるし、市民活動の出発点を個人の自発的意思とする考えとも衝突するためである（金井 2004: 29; 中田 2017: 19）。反面、世帯単位での権利・義務の行使には、ゴミ処理問題や防災対策といった日常の問題解決を考えると一定の合理的根拠があると擁護されることもある（中田 2017: 20）。

この特徴にかかわる国の決定としては、1991年に地方自治法を一部改正して施行された「認可地縁団体」の制度がある（日高 2003: 61）。この制度により、元来法人格を持つことができなかった町内会に対し、「認可地縁団体」という法人格を付与することが可能になった。しかし、その認可要件には、「その区域に住所を有するすべての個人」が構成員になれる規約をもち、実際に相当数が構成員になっていることが定められている（中田、山崎、小木曽 2017: 83）。その結果、世帯加入が町内会の一般的特徴であるとは必ずしも言えなくなった面があるという（日高 2003: 61）。

とはいえ、この決定で「世帯単位での加入」という特性が失われたわけではない。第一に、法人格付与の条件としての個人加入と、世帯単位の決定という町内会運営上の問題は独立したものと見ることが可能といわれる（中田、山崎、小木曽 2017: 83）。第二に、認可地縁団体の認可さえ求めなければ改廃は求められないため、全国的に町内会への個人加入を進めるような制度ではそもそもない。なお、認可地縁団体の数は、2013年5月時点で44,008団

体であり、地縁団体のうち 15%弱にあたる（総務省 2013）。決して少数ではないが、割合としてそこまで普及しているわけでもない。以上を踏まえると、世帯単位での加入については、認可地縁団体の要件に町内会の特徴と異なる方針が示されていると見ることは不可能ではないものの、制度変更に至るような緊張関係があるとは言いづらい。

　以上の状況が現代コミュニタリアニズムから見ていかに評価されるかは微妙な問題である。エツィオーニの構想は、コミュニティによる「伝統による支配」を、国家や市場とバランスをとることで抑える、というものであった。この構想は、「伝統による支配」と見られる慣行への批判的視角を提供する。

　しかし、応答するコミュニタリアニズムは、これらの問題の最終的な結論は道徳的対話を通じて得られるものと述べる。第一に、国家が行う「高次の価値判定」は社会全体の価値にもとづきなされるとされ、普遍的な権利などを参照して行われるものではない（Etzioni 1996: 200-201; 224, 訳 288-289; 322）。道徳的対話では、われわれの社会全体の価値はいかなるものか、憲法、判例、ときにはさらに高次の文化横断的な道徳などを参照して、結論づける（Ibid: 224-227, 訳 322-327）。第二に、ある領域について、コミュニティと国家のいずれが正統な決定権を持つかの線引きもまた、「絶えず検討され引き直されている」（Ibid: 201, 訳 289）。ある問題が、公・私・共のいずれに属すかの線引きもまた、道徳的対話によって得られるとされているのである。このように、現代コミュニタリアニズムから伝統的コミュニティに対する批判的視角を得ることは可能だが、どこまで決定的な批判を行うことができるかは、領域の線引きも含めて道徳的対話に委ねられている。

おわりに

　本稿では、応答するコミュニタリアニズムの主張・提案について、「経済権力による支配」と「伝統による支配」という二つの観点から明らかにしてきた。経済権力による支配への抵抗に際しては、コミュニタリアニズムは個人主義を批判し、コミュニティの中核的価値の意義、ならびにその維持の重要性を強調する。企業広告等の影響にさらされやすい個人の選好にかえて、コミュニティの中核的価値にもとづく道徳的指針を擁護する。さらに、その一環として家族とコミュニティの再建・維持を必要と考え、道徳教育や積極的な政治活動、社会活動を推奨する。

個人主義批判とそこから導かれる提言ゆえ、コミュニタリアニズムは、伝統による支配を厭わない保守主義と見なされることもある。しかし、コミュニタリアニズムは信頼性と開放性を備えた「目標としてのコミュニティ」を支持する点で、保守主義と区別される。この目標は、社会を公・私・共の三領域に区分するという構想のもとで目指される。コミュニティを公とも私とも区別される「共」の領域に置き、政府および市場と緊張関係を維持するという構想である。第一に、共の領域は、道徳的に適切な活動や表現を、政治的権威に訴えることなく、説得などを通じて促進する役割を持つ。第二に、コミュニティでの実践が「伝統による支配」に転化するおそれに対しては、政府による「高次の価値判定」を通じて対処されると構想されている。以上の点から、コミュニタリアニズムは保守主義でも、個人主義と保守主義の単なる混合物でもない、独自の構想と意義を持つといえる。

　以上を踏まえ、日本の町内会を例にとり、応答するコミュニタリアニズムから得られる示唆について考察した。取り上げた事例に対し、中央政府の「高次の価値判定」と見なせる、町内会の慣習に反する政府指針を認めることは不可能ではない。それら事例に対し、応答するコミュニタリアニズムは批判的視角を提供する。しかし、個々の事例の最終的な評価と対応は、政府とコミュニティ、ひいてはそこに属する市民による道徳的対話に委ねられている。

【注】
(1) ペティットの用法を用いることについては、彼によるサンデル『民主政の不満』への批判と、サンデルの応答に示唆を得た（Pettit 1998; Sandel 1998; cf. 菊池 2011: 150-151）。ペティットはサンデルの主張を基本的には好意的に評した上で、サンデルが支持する「政治参加としての自由」に対し、ペティット自身が支持する「非支配としての自由」を強調した。これに対しサンデルは、現在の社会状況では、政治権力よりも大企業や利益集団による「支配」が深刻であることを強調し、それに対抗するために「政治参加としての自由」のもとで道徳的な発言を行うことを再度支持する（Sandel 1998: 327）。両者の異同と類似性は「足並みは揃っていないが、同じ方向に進んでいる」という比喩で表現され（Petitt 1998: 59）、本稿が主題とする個人主義とコミュニタリアニズムの関係がより隠微な形で表れているといえる。
(2) エツィオーニにおける「リベラル」は、「社会的な理想の擁護者」——例えば「貧者、子供、精神病患者、そのほかの脆弱な人々のニーズに注

意を向ける人々」――を指す（Etzioni 1996: 8, 訳 24）。そのため、リベラルであることと個人主義者であることは必ずしも一致しない。例えば、経済的格差拡大に対しては、リベラル派個人主義者のロールズもリベラル・コミュニタリアンのサンデルも、根拠は異なるがそれぞれの観点から批判を行うことが可能である（cf. Sandel 1996: 329-331, 訳下巻 261-265）。
(3) 扱いがややこしいのは、米国における新保守主義者である。小さな政府を支持することから個人主義に分類されることも、徳や人格にもとづく政策提言について論ずる文脈では保守主義として扱われることもある（Sandel 1996: 326, 訳下巻 256; Etzioni 1996: 7; 9, 訳 23; 26）。
(4) バーバーは本稿でいう保守主義を「コミュニタリアニズム」、自らの主張を「ストロング・デモクラシー」と呼ぶ（Barber 1998: 22-37, 訳 31-52）。本稿では混乱を避けるため、エツィオーニの用語にあわせ、バーバーの言うコミュニタリアニズムを「保守主義」、ストロング・デモクラシーを「コミュニタリアニズム」と言い換える。なお、上記二つの立場は、いずれも広義には「コミュニタリアニズム」と分類することが可能だが（谷口 2015: 34）、本稿は二つの立場の相違を主題とするため、コミュニタリアニズムと保守主義という前述の用語を採用している。
(5) センによれば、経済学は暗黙のうちに帰結主義、厚生主義、総和による順位付けの規範に依拠している（守・玉手 2011: 192）。主観主義は、このうち厚生主義に含まれる重要な側面の一つである（Ibid: 194-197）。
(6) 先述の通り、ここで「保守主義」として言及している立場は、バーバーの著作では「コミュニタリアニズム」と呼称されている。

【参考文献】
Barber, Benjamin R., 1988, *A Place for Us: How to Make Society Civil and Democracy Strong*, New York: Hill and Wang（山口晃訳『〈私たち〉の場所：消費社会から市民社会をとりもどす』慶應義塾大学出版会）.
Etzioni, Amitai, 1993, *The Spirit of Community*, New York: Touchstone Book.
――, 1995, "Too Many Rights, Too Few Responsibilities", Michael Walzer (Ed.), *Toward A Global Civil Society*, Providence, RI: Berghahn Books, pp. 99-105（石田淳訳「多すぎる権利、少なすぎる責任」『グローバルな市民社会に向かって』日本経済評論社, pp. 121-130）.
――, 1996, *The New Golden Rule*, New York: Basic Book（永安幸正監訳『新しい黄金律「善き社会」を実現するためのコミュニタリアン宣言』麗澤大学出版会）
――, 2001, *Next*, New York: Basic Book（小林正弥監訳『ネクスト 善き社会への道』麗澤大学出版会）.
――, 2004, *The Common Good*, Cambridge: Polity Press.
――, 2015, "Communitarianism", Michael T. Gibbons(eds.), *The Encyclopedia of*

Political Thought, First Edition, Hoboken, New Jersey: John Wiley & Sons.
Etzioni, Amitai et al., 1993, "The Responsive Communitarian Platform: Rights and Responsibilities", Amitai Etzioni, *The Spirit of Community*, pp. 251-267（永安幸正訳「コミュニタリアン綱領――権利と責任」『新しい黄金律』麗澤大学出版会, pp. 431-456）.
Mulhall, Stephen, and Adam Swift, 1992, *Liberals and Communitarians*, Oxford: Blackwell（谷澤正嗣、飯島昇藏訳者代表『リベラル・コミュニタリアン論争』勁草書房）.
Pettit, Philip, 1998, "Reworking Sandel's Republicanism", Anita L. Allen and Milton C. Regan(eds.), *Debating Democracy's Discontent: Essays on American Politics, Law, and Public Philosophy*, Oxford: Oxford University Press, pp. 40-59.
Sandel, Michael, 1996, *Democracy's Discontent: America in Search of a Public Philosophy*, Cambridge, MA: The Belknap Press of Harvard University Press（小林正弥監訳『民主政の不満 公共哲学を求めるアメリカ 上・下』勁草書房）.
――, 1998, "Reply to Critics", Anita L. Allen and Milton C. Regan(eds.), *Debating Democracy's Discontent: Essays on American Politics, Law, and Public Philosophy*, Oxford: Oxford University Press, pp. 319-335.

金井利之 2004「戦後日本の自治体行政と住民活動」西尾隆編著『自治体改革9 住民・コミュニティとの協働』ぎょうせい, pp. 21-46.
菊池理夫 2004『現代コミュニタリアニズムと「第三の道」』風行社.
――, 2011『共通善の政治学 コミュニティをめぐる政治思想』勁草書房.
――, 2012「はじめに」菊池理夫・小林正弥編著『コミュニタリアニズムのフロンティア』勁草書房, pp. 1-8.
――, 2013「現代コミュニタリアニズムの諸相」菊池理夫・小林正弥編著『コミュニタリアニズムの世界』勁草書房, pp. 111-158.
――, 2017「コミュニタリアニズムと政府」菊池理夫、有賀誠、田上孝一編著『政府の政治理論 思想と実践』晃洋書房, pp. 103-118.
総務省 2013「町内会・自治会等について」 http://www.soumu.go.jp/main_content/000307324.pdf （2017年12月29日アクセス）.
谷口功一 2015『ショッピングモールの法哲学』白水社.
鳥越晧之 1994『地域自治会の研究：部落会・町内会・自治会の展開過程』ミネルヴァ書房.
中田実 2017『新版 地域分権時代の町内会・自治会』自治体研究社.
中田実、山崎丈夫、小木曽洋司 2017『改訂新版 地域再生と町内会・自治会』自治体研究社.
中野剛充 2007『テイラーのコミュニタリアニズム 自己・共同体・近代』勁草書房.
中野剛充、坂口緑 2000「現代コミュニタリアニズム」有賀誠、伊藤恭彦、松井暁編『ポスト・リベラリズム 社会的規範理論への招待』ナカニシヤ

出版 , pp. 86-104.
永安幸正 2001「解説 今なぜ新しいコミュニタリアニズムか——二十一世紀の新しい人間と社会づくり」『新しい黄金律』麗澤大学出版会 , pp. 457-511.
日高昭夫 2003『市町村と地域自治会「第三層の政府」のガバナンス』山梨ふるさと文庫 .
守健二、玉手慎太郎 2011「政治経済学の復権—— A. センにおける経済学と倫理学」柴田信也編著『政治経済学の再生』創風社 , pp. 175-209.

第12章　功利主義と支配
──リバタリアン・パターナリズムの擁護論から

木山　幸輔

はじめに

　この短い本章の目的は、J・S・ミル (John Stuart Mill) と P・シンガー (Peter Singer) という2人の功利主義の論者とリバタリアン・パターナリズムの関係を紹介することを通じ、功利主義と支配の関係について読者諸賢の思考のきっかけを提供することにある。本章がリバタリアン・パターナリズムに注目するのは、後述するように、それが現実の政策──特に国際援助政策──において用いられる姿が、それを正当化する功利主義がはらむ支配──特に統治者・被治者の間での固定化された関係──に関する問題を提起するからである。

1. 功利主義とは何か

　功利主義とは何か。「主義」という表現の用いられる概念のおそらく全てにとってそうであるように、その理解は一様ではないが、現代における標準的理解──本章で登場する諸議論も依拠するもの──は以下のようなものである。すなわち、功利主義を、行為 (あるいは制度) の望ましさは、それが最大の「功利性・効用 (utility)」を達成しているか否かによって判断される、とする立場と捉える理解である。ここでいう功利性とは、快楽や選好充足などの享受されるべき善のことであるが、とりあえずここでは幸福、といったイメージをもつのみでもよい。
　もう少し説明すれば、功利主義は以下のような要素によって構成されると捉えられる[1]。

- 帰結主義 (consequentialism)：行為 (や制度) の善さ (goodness) は、その帰結としての事態の善さによって測られる

- 厚生主義 (welfarism)：事態の善さは、その事態に関連する功利性情報の善さによって測られる
- 総和順位 (sum-ranking)：功利性情報の善さは、問題となる功利性の総和によって与えられる

　つまるところ、帰結に注目し、そこでの功利性の情報を、その総和によって評価することで、行為 (や制度) の望ましさを判断するのが功利主義である。

2. リバタリアン・パターナリズムとは何か

　リバタリアン・パターナリズムとは何か。これは、人々の福利 (福祉・利益、あるいは功利性も含まれる) と人々の選択のズレが存在する中で、福利増進のために選択がなされる環境の設計を主張する立場である (cf. 若松 2013：454)。つまり、人々の福利を増進するために、人々の選択が行われる仕組みを理解している選択アーキテクト (設計者) が、人々の選択が行われる環境 (選択アーキテクチャ) を設計することを奨励する議論である (Thaler & Sunstein 2009)。この背景にあるのは以下のような認識である。人々の選択には傾向性がある。例えば、多くの人々は現在の短期的な利益を優先し (例えばテスト勉強をするよりもサークル活動を選び)、長期的には大きな不利益を招いてしまう (例えば単位を取れずに大学を卒業できない)。ここでリバタリアン・パターナリズムは、人々の福利を保護・増進するためには人々の選択が行われる環境の設計 (例えばサークル活動がテスト期間になされにくくなるサークル棟の開館時間設定) が必要だと主張するのだ。(ちなみに、リバタリアン＝自由尊重主義的という言葉で、サークル棟が閉棟されても近くの喫茶店などでサークル活動をする自由が依然残されることが、パターナリズム＝父権的温情主義という言葉で、諸個人の福利のために彼 (女) の選択に関わる場面に介入することが含意されている。)

　この発想は、現代の政策をめぐる規範理論・政治理論・公共政策論において、様々な分野での適用が議論されている。例えば公衆衛生を向上させる介入の正当化として用いるべきだという主張 (児玉 2012a)、世界の貧困層の生きる環境を設定し彼 (女) らの福利の向上のために用いるべきだという主張 (Duflo 2010; Banerjee & Duflo 2011)、アーキテクチャの有効な熟議民主主義へ向け

た使用の主張 (田村 2017)、などである。

3. 功利主義とリバタリアン・パターナリズム

3-1 リバタリアン・パターナリズムを擁護する功利主義？

　このように多くの分野での適用が検討される中で、リバタリアン・パターナリズムを正当化する一つの有力な基礎となりうるとみなされているのが、先に紹介した功利主義である。そもそも、リバタリアン・パターナリズムを支持する論者がしばしば乗り越えるべき対象として描いてきたのが、かつて J・S・ミル——実は彼も功利主義者ではあるのだがその点は後述する——が展開した「危害原理 (harm principle)」であった[2]。歴史的にはミルこそが危害原理によって反パターナリズムの立場の理論的礎石を打ち立てたとされ (若松 2016: 57-8, 62; 若松 2017; Conly 2013: 48)、現在でも C・サンスティンがリバタリアン・パターナリズムの主たる敵としてミルの危害原理を挙げている (Sunstein 2014: 4-5)。ミルの危害原理は、個人に対する力の行使が正当だと言えるのは自己防衛の目的でなされる場合に限られ、その人の意志に反して権力が正当に行使されうるのは他者に危害が及ぶことを防ぐことを目的とする場合に限られる、と論じる。その人がそうすることが良い (good) からと、その個人の選択へ介入 (interfere) することは決して正当ではない、というのだ (Mill 1859: ch.1, para 9, 訳 29-30)。

　危害原理がリバタリアン・パターナリズムと対立するのは、危害原理は個人の福利と選択の間にズレがあるときに前者を優先することを否定するからだ。ミル自身、危害原理の正当化に際して多くの理由を提示しているが、特にリバタリアン・パターナリズムの論者は、個人こそが彼 (女) にとって何が最善かを知っている判断者だ、という想定をミルにおける危害原理の重要な正当化論拠として解釈して来た (最善の判断者論[3])(e.g. Sunstein 2014: 6-7; Sunstein 2015: 10, 訳 15)。そして、リバタリアン・パターナリズムは、こうした最善の判断者論に基づく危害原理の正当化を、現代においては個人の外部者が、その個人にとっての福利を向上させることができるようになっている、という事実をもって批判する (Sunstein 2014; Sunstein 2015: 10-11, 訳 15-16)。例えば、太りやすいお菓子を買いがちな個人に対しては、外部者が、彼 (女) のそうした行動がなされにくくなるよう、お菓子を目につきにくい棚に陳列するようなアーキテクチャ設計をすることで、健康を増進し寿命を延ばすこ

とができる、といったように (Sunstein 2015: 10, 訳 17)。現在、リバタリアン・パターナリズムを擁護する功利主義者が多く現れている背景に、こうして「個人こそが最善の判断者だ」という想定が掘り崩されてきていることをみてとれる。こうした背景の下、功利主義者が「しばしば」リバタリアン・パターナリズムを正当化するのは、すでにあげた 3 つの功利主義の特徴が、人々の福利のために環境を設計していくことを推進こそするにせよ、それに反対する理由を示さないと捉えられるからだ (e.g. 安藤 2007; 児玉 2012b: 122-125)。

3-2. J・S・ミルとリバタリアン・パターナリズム

とはいえ「しばしば」と言っても、功利主義がリバタリアン・パターナリズムに常に肯定的な態度を示してきたわけではない。実際、危害原理の提唱者であるミル自身は、功利主義者であり、そうでありながら、リバタリアン・パターナリズムに至るような発想に対して、批判的立場を示していた[4]。その立場を説明するため、功利主義と、功利主義から「二次的規則」として導かれた危害原理の関係についてみておこう。ミル自身は、『自由論』において功利性原理が「全ての倫理的問題の究極的基準」だとしている (Mill 1859: ch. 1, para.11, 訳 32)。そして危害原理が功利主義から導かれるのは「二次的規則」、つまり社会全体の福利に寄与することによって採用が適切とされる道徳的規則として、それが存立しうるからだ (cf. Mill 1859: ch.1, para. 11, 訳 33-34, ch. 3, para 3, 訳 183-4, ch.5, para 3, 訳 229-30)。つまり、ミルは、危害原理を規則として採用する社会こそが、功利主義的に望ましい事態を生む、と考えた。

こうして、ミルはリバタリアン・パターナリズム的な発想に対して否定的な立場を示すことになる。彼は例として以下のような問いを考察している。すなわち、個人の最善の利益に反すると思われる行為について、国家は抑制すべきではないか、という問いである (Mill 1859:ch.5, para 9, 訳 242)。例えば、過度の飲酒を禁止しないまでも、飲酒手段をよりコストがかさむものにしたり、酒屋の店舗規制を導入したりする、といった手段によって、個人の重要な利益――飲み過ぎにより損なわれる利益――を保護すべきではないのか。この問いに対するミルの答えは、「〔危害を加えないといった形で〕国家や［他の］諸個人への法的・道徳的義務を果たしたのなら、飲酒を行う人たちの快楽の選択や、自身の所得の使い方という問題は、その人たちの問題で、彼(女)ら自身の判断に委ねられねばならない」(Mill 1859: ch.5, para 9, 訳 243) とい

うものである。だから、他者にも関わる潜在的問題——例えば酒が売られる場での消費が犯罪の温床になっていないか——を適切にクリアできるのなら、「それ以上の制約は、原理的に正当化可能だと思われない」(Mill 1859: ch.5, para 10, 訳 245) ということになる。

　このような立場は、現在でも適用可能な理由によって採用されているのだろうか。確かに、既に述べたように、現代とは異なりミルの時代においては細かく人々の生活を管理しうるアーキテクチャの可能性が十分に認識されなかったということもあり、ミルは当時の社会状況においては功利主義の立場から二次的ルール——功利性を増進するルール——として個人の選択への介入の否定を導いているのであって、統治能力が上がった今日にミルが生き返って『自由論』を再筆するなら、個人の選択環境の設計による福利の増進を功利主義の立場から主張するはずだ、と論じることはできる (cf. 安藤 2010: 79-81)。つまり、こうした立場からは、ミル『自由論』がなした想定、すなわち社会全体の功利性の増進のためには敢えて個人の選択・自由裁量に任せた方が良いという想定は (cf. Mill 1859:ch.1 para.11, 訳 33-34)、今日においては妥当しなくなっている、とされるのだ。しかし、ミル自身が述べるところから、19世紀と今日の違いを超えて妥当するとも思われるリバタリアン・パターナリズムに抗する理由を探すこともできる。

　第1が、人々の個性、あるいは多様性、といったものである。ミルによれば、異なる人間は、異なった条件によって成長するため、「喜びの源」、「痛みの感じ方」、といったものは個人によって異なり (Mill 1859: ch.3.para 14, 訳 165)、また、個性を形作る「欲求や衝動」(Mill 1859: ch.3, para 5, 訳 147) も多様である。こうした中、全ての人々にあてはまる福利、といったことを探し出すのは、極めて難しいだろう。もし、個人の判断——ミルによればそれは少なくともその個人が選んだものをその人が受忍できるという証拠を示す (Mill 1859:ch.5, para 11, 訳 247) ——を、社会が覆そうと介入するなら、それはなんらかの「一般的想定 (general presumption)」に基づかざるを得ないが、その想定を維持するのは極めて難しい (Mill 1859:ch. 4, para. 4, 訳 186)[5]。だから、先述の例のように、社会は、個人がその人の好む快楽から飲酒をすることを抑制することはできないことになる (Mill 1859:ch. 5, para. 9, 訳 243)。

　第2は、被治者の扱い方に関わる。ミルは、先の飲酒規制の例を用い、諸個人がよりアクセスしにくくなるように、また諸個人への誘惑が減らされるように、ビールやスピリットを売る店を規制することは、労働者階級 (被治

者) が、「公然と子供あるいは野蛮人として扱われている」ことを意味すると論じる (Mill 1859: ch.5, para.10, 訳 245)。そして彼は、人々を自由人としては認めなくなるこのような統治を誰も認めないだろう、という。こうしてミルは、統治者・被治者の関係を問題にするのだ。

　第 3 は、第 1 の点とも関わるが、「独創性 (originality)」に関するものである。ミルの論じるところ、社会において諸個人が独創的でありうるのは、個性が承認されていればこそ、である。ミルのみるところ「自由」と「状況の多様性」の 2 つがなければ、「個人の活力と豊かな多様性」や「独創性」は生まれ得ない (Mill 1859: ch.3, para.2, 訳 140)。つまり、多様な状況での、諸個人による自分自身の判断や、経験の活用・解釈、といった自由こそが独創性の鍵なのだ。「新しい実践」を始めるこうした独創性を持つ人々は人間の社会にとって重要であり (Mill 1859: ch.3, papa.11, 訳 157)、こうした多様性に基礎を置かなければ、(ミルのみるところの当時の中国やロシアのように) 社会は停滞してしまう。

3-3. P・シンガーとリバタリアン・パターナリズム

　上述のようなミルの議論とは対照的な、功利主義者のリバタリアン・パターナリズムへの立場を見てみよう。現代の功利主義者として名高い P・シンガーは、ミルと同様の功利主義的立場から、しかし、彼とは異なりリバタリアン・パターナリズムに肯定的な立場を導き出す。ここでは、それが顕著に現れる国際援助におけるリバタリアン・パターナリズムへの彼の立場を例にとって考えよう。

　まず、シンガーは、以下のような推論で、我々は世界の貧困層に対して援助しなくてはならない、と論じる (Singer 2009: 15-6, 訳 18-9)

第 1 前提：食料、住居、医療ケアの欠如による窮状や死は悪い。
第 2 前提：もし、あなたに、ほぼ同じくらい重要な何かを犠牲にすることなしに、悪いことがらの発生を防ぐことができる力があるのならば、防がないことは間違っている。
第 3 前提：あなたは、援助諸機関に寄付することによって、同じくらい重要な何かを犠牲にすることなしに、食料、シェルター、医療ケアの欠如による窮状や死を防ぐことができる。
結論：それゆえ、もしあなたが援助諸機関に寄付をしないのならば、あな

たは何か間違ったことをしていることになる。

　シンガーはこのような推論それ自体は、功利主義を採用していない人間にこそ受容されるべきだとしているが (Singer 1999: 334, note 27)、功利主義者こそが、こうした推論を支持する「有効な利他主義者 (effective altruist)」――他者をできる限り有効に助けることを道徳的原理として採用する者――であるべきであることは明確だという (de Lazari-Radek and Singer 2017: 110)。

　そして、シンガーは、この推論に関し、リバタリアン・パターナリズムの使用を高く評価し唱導している。この唱導は上述の推論におけるいくつかの場面に関連して看て取れる。第1は、推論の結論――我々は寄付すべきであること――を実行しやすい環境をリバタリアン・パターナリズムが与えうるという点である。例えば、企業が給与の1％をデフォルトで寄付するようアーキテクチャを設計することにより、「我々が本当にすべきことだと知っていること」(Singer 2009: 71, 訳92) を我々がなすのが手助けされる。第2は、第3前提、すなわち援助の有効性に関する議論と関連する。つまり、リバタリアン・パターナリズムを用いた援助の有効性は、我々の寄付が有効に用いられうることを示す。シンガーは、マサチューセッツ工科大学の国際開発研究所 J-PAL に拠点をおく開発経済学者たちの以下のような発想を高く評価する。すなわち、被援助地域への介入に関し、それがなされる場合となされない場合のインパクトを比較する実験によって介入に関する経験的知見を蓄積しつつ、そうした知見を用いて人々の選択がなされるアーキテクチャを、人々の福利が向上するように設計していこう、という国際援助におけるリバタリアン・パターナリズムの発想である[6]。シンガーのような功利主義者がこの発想を高く評価するのは、他者を助けるのに最も有効な介入を「証拠」をもって選び出すことができ (de Lazari-Radek and Singer 2017: 110-1)、そしてそうした介入は人々の生きる環境の設計を通じ、より多くの善を世界にもたらすことができるからだ。

　こうして、シンガーにおいては、最も多くの善を達成する、という発想こそが重要だということになり (Singer 2015: 50-51, 訳71-73)、そこに人々の選択の環境の設計が貢献できると捉えられる。これは、シンガーのような功利主義 (やそれに基づく有効な利他主義) においては、現代ではミルのように二次的ルールとして危害原理のようなルールを導入する必要はないと捉えられるからである (Singer 2015: 52-53, 訳73-74)。そしてこの目的のため、潜在

的援助者には寄付がデフォルトとなる環境の設計が、被援助地域の貧困に苦しむ者には彼らの福利が向上するような環境の設計が評価されることになる。

4. リバタリアン・パターナリズムの功利主義的擁護論への批判：功利主義と支配

　以上、ミルとシンガーという2人の功利主義者によるリバタリアン・パターナリズムの採否をめぐり、それが特に功利主義がパターナリズムを禁止する二次的規則を要請するか否かの判断に依存していることを見た。そして、そうした判断に関連する認識として、ミルにおいては個人の多様性への、統治者と被治者の関係への、独創性へのリバタリアン・パターナリズムの悪しき影響が重視され、シンガーにおいては有効とされる寄付・援助構想へのリバタリアン・パターナリズムの寄与が重視されることを確認した。

　ここで、現在生起しているリバタリアン・パターナリズムの発想への疑義、あるいはその発想を採用するJ-PALのような援助へのアプローチへの異論をみるなら、それは、逆にリバタリアン・パターナリズムを採用するような功利主義が応答しなければならない潜在的問題を照射するだろう。以下、支配に関係する論点に焦点を当て、そうした異論が照らすものを明らかにしていきたい。ここでまず支配に以下のような理解を与えておこう。

　本章は支配を権力関係の一形態であると捉える。特に、(国際援助において用いられる)リバタリアン・パターナリズムの文脈では、選択アーキテクチャの設計をなすような決定をなす人々、あるいは統治者と、決定の元で生きる人々、あるいは被治者の間のある関係が問題となる。統治者と被治者の存在それ自体は、必ずしも常に問題含みなのではない。例えばあなたは意思決定に(例えばサークルの総会を通じて)参与しているときには統治において選択をなす者に近づき、決定された決まりごとに(例えばサークル会員として)従っている時には被治者に近づく。こうした権力関係、特に統治者と被治者のそれが問題となるのは、それが「支配関係」になっていく時、つまり権力関係が「当事者がそれを変更するための戦略をわきまえているような」ものから、「動けないように固定」されてしまう時である(フーコー 2002: 221)。以下、こうした支配関係の成立のあり方を念頭に、リバタリアン・パターナリズム、あるいはそれに基づく援助政策に関して提起されて来た異論

を確認する。それを通じ、それらを擁護する功利主義が支配に関するどのような異論に応答しなくてはならないのかを明らかにしていきたい。

4-1. リバタリアン・パターナリズムとそれを用いる援助構想への支配に関連する異論

(a) 統治の目標における支配：目指される福利についての共約不可能性？

　J-PAL によるもののようなリバタリアン・パターナリズムを用いた援助構想に関しては、すでに以下のような批判がなされている。そうした援助構想においては、しばしば未来のより大きな福利ないし利益を、現在のそれより優先させるべきだとされ、選択アーキテクチャが設計される。しかし、そうした行動経済学的な人間観は、必ずしも常に適切なわけではない。例えば、現在のことを未来のことよりも優先する時間的不整合性は、「平均的」な人間にはあてはまるかもしれないが (Harrison 2011: 640)、とは言っても、それに対してなされる評価は多様である。我々は、貯蓄し将来耐久消費財を買う方が毎日お茶を飲むより幸福だと——この想定は J-PAL の研究者に採られた想定である (Banerjee & Duflo 2011: 184-5, 訳 244)——どこまで言い切れるだろうか (木山 2015: 176-7)。

　こうしたことが意味するのは、ミルも示唆していたような、目指される福利についての　多様な個人の間での共有の想定の難しさである。もし目指される福利が人々により共有されるものでないのなら、それを基礎にしたパターナリズムは人々の是認がなされない目標へ向けたパターナリズムに近づくことになる。そして、リバタリアン・パターナリズムの唱導者サンスティンでさえ認めるように、目的が不合意の対象である中でのパターナリズムが不正であるとしたら (Sunstein 2014: 160-1)、そうしたパターナリズムは、その意味での不正な支配、つまり目的に合意しないにも関わらずそれを通じて自らの生が規定されていくような権力関係に近づいていくだろう。

(b) 統治者と被治者の関係における支配：統治者の能力と被治者の無能？

　法哲学者 J・ウォルドロン (Jeremy Waldron) は、リバタリアン・パターナリズムは、かつて B・ウィリアムズという哲学者が功利主義に関して指摘した「総督府功利主義 (government house utilitarianism)」の問題と同型の問題を持つと指摘する。つまりウォルドロンは、統治者が道徳的な真理を知ってお

り、それを被治者に対するルールとして示すような像——導入されるルールに関して統治者が行うような計算を被治者がなしえないとする像——は、被治者に対して「侮蔑 (insult)」の要素を持つというのだ (Waldron 2014)。ミルが、リバタリアン・パターナリズム的な発想では、統治される人々が子供として扱われてしまっていると指摘していたのと同様に、そうした関係は道徳的に適切かが問われるものだろう。特に、いわゆる先進諸国やその学術・援助機関が中心となってアーキテクチャを設計し、いわゆる途上国の貧困者がその設計の担い手とはならないような像が永続するなら、統治者と被治者の関係が固定化され、その関係の変更が極めて困難な権力関係＝支配へと近づいていくだろう。

(c) 統治行為の支配化：独創性の妨げとなる心的態度？

　こうした統治者と被治者の関係は、それ自体が道徳的に問われうるものであるだけではない。それは、実践的にも、問題のある心的態度 (mind-set) をはらむ政策構想をもたらすかもしれない。ここで、再度 J-PAL に代表される国際援助の構想を考えるならば、それは W・イースタリー (William Easterly) のような開発経済学者によって「専門家の専制」であると批判されてきた (Easterly 2014: 335)。つまり、専門家あるいは統治者が実験から何が被治者の福利を増進するのかを判断し、それをリバタリアン・パターナリズムによって推進する際には、専門家 (統治者) が競合する援助の目標のうちで一つを選ぶ地位に立ち、援助において用いられる知においても専門家の知識が特権化される。こうした、専門家 (統治者) の社会に関する把握の適切性を前提とした発想においては、ノーベル経済学賞受賞者 A・ディートン (Angus Deaton) がシンガーを例に見てとるように、「一人がいくら寄付すれば貧困が撲滅される」といった工学的な発想が取られることになる (Deaton 2013: 272-274, 訳 290-291)(シンガーによるリバタリアン・パターナリズムの唱導もこの工学的発想の要素である)。しかし、イースタリーやディートンは、こうした発想に危険を見る。こうした発想では、多くの援助の領域においてその運営主体は専門家 (統治者) ということとなり、人々がローカルな文脈で積み上げてきた知が無力化されるとともに、人々の努力へのインセンティヴが低減され、貧困脱却へ向けた人々のボトムアップな努力が妨げられてしまう (Deaton 2013: ch.7, 訳 7 章 ; Easterly 2014: 38, 148)。これは、ミルが示唆していた、独創性を封じ込めていくような社会の問題、特に固定化した権力

関係＝支配それ自体が、人々の独創性を封じ込めていく可能性を示している。

4-2. 支配に関して再照射される功利主義とそのありうる応答

こうしたリバタリアン・パターナリズムとそれに依拠する援助構想への批判は、それを支持する（シンガーのような）功利主義が、支配に関連する点について欠陥をもつのではないか、という疑義となるだろう。

しかし、功利主義者はこうした疑義に対し、それらの異論は、個人の欲求や衝動をよりよく把握する統治技術と、それを反映する洗練された功利主義——例えば洗練された快楽説[7]——であれば、適切に応答されるとするかもしれない。第1の、目指される福利の多様性の指摘については、統治技術の進展によって多様化した意識主体の快苦が統治され得ると反論されるかもしれない（安藤 2007: 277）。第2の、統治者と被治者の間の侮蔑の問題に対しては、そうした侮蔑が被治者によって感じられることそれ自体がもたらす功利性の減少（侮蔑されることは例えば不快だろう）を統治技術により適切に把握することで、功利主義的に考慮に入れられうると応答されるかもしれない。第3の、諸個人の独創性が封じ込められうるという異議に対しては、仮にそうした独創性が功利性の増進に重要なのであれば、功利主義の立場からは、そうした独創性を生起せしめる諸要素を分析・抽出し、それらを推進するようなアーキテクチャを改めてリバタリアン・パターナリズムに基づいて設計すればよいのだ、と応答がなされるかもしれない[8]。これらの応答は、総じて言えば、統治技術の理想的な発展によって、支配に関係して提起される問題に功利主義の立場から対処ができるのだ、というものだと考えることができる。

おわりに

こうした応答の可能性は即座に否定されるべきでは無く、その適切性が吟味されるべきものである。しかし、本章が強調しておきたいのは、国際援助に関するリバタリアン・パターナリズムの発想への批判が示すのは、統治技術の発展に依拠するような理想的な——その十全な実現可能性の獲得が可能であるとしてもかなり先の——功利主義的リバタリアン・パターナリズムの構想の吟味とともに、現在導入されようとしているリバタリアン・パターナリズムを用いた具体案、そしてその功利主義的擁護についての検討の重要性

である。我々は、理想的な統治技術を手にした社会における社会構想の原理とともに、現在導入されつつある社会運営の原理を評価していかねばならない。

　以上、本章では、功利主義と、リバタリアン・パターナリズムについて紹介したのち、J・S・ミルとP・シンガーという2人の功利主義者によるリバタリアン・パターナリズムの採否の理由をみてきた。そして、特にリバタリアン・パターナリズムあるいは国際援助におけるそれに向けられる異論から、それを擁護する功利主義者が応答すべき支配に関する問題を照射した。そうした問題に対する功利主義者の応答は、統治技術の理想的発展に依拠するものであるだろうが、我々は、そうした発展が十分になされた社会における原理とともに、現在の社会運営の原理の問題として、リバタリアン・パターナリズムとその功利主義的擁護のはらむ意味を考察していくべきだろうと結論した。こうした考察を通じ、功利主義と支配の関係について読者諸賢が思考を進める何らかのタネを本章が提示できていたなら本章の課題は達成されたと言えるだろう。

【注】
(1) Sen 1985: 175 の定式を若干改変した。本章では扱わない功利主義の多面性については、de Lazzari-Redek & Singer (2017：chs.1, 2) が読みやすい。
(2) 『自由論』より他の著作における、強制的介入の側面については、本書第5章を参照してほしい。
(3) 詳しくは若松 (2011: 109)。なお、こうした解釈を示すサンスティン自身も、最善の判断者論以外のものがミルの危害原理に含まれていたとしているし (Sunstein 2015: 訳 15)、邦語圏では若松 (2011: 114); 若松 (2017) が決定を下す最終の判断者として解釈することを提案している。
(4) ミル、特にその『自由論』における功利主義と危害原理により個人の自由領域の確保を謳うリベラリズム的要素との関係は、思想史的にしばしば問われてきたものであるが——例えば功利主義的要素は父ジェイムス・ミルやJ・ベンサムの影響の残滓にすぎないと見るI・バーリンやC・テンの議論 (Crisp 1997: 174) ——、本文で述べるように、危害原理を二次的規則として一貫して捉えられうること、またそのような解釈が近年広く示されていることから (e.g. Crisp 1997: 175, 児玉 2012b: 82-3)、本章では危害原理自体を功利主義から導かれたものとして捉える。
(5) 同様のことはベンサムのようなミルに先行する功利主義者によっても意識され、だから幸福(福利)の増進ではなく苦痛の抑止に焦点が置か

れた (小畑 2016: 53)。
(6) シンガーによる J-PAL の高い評価については、Singer 2009: ch.6, 訳 6 章 ; Singer 2015: ch.14, 訳 14 章を参照。シンガー自身は実験に重点をおいた書き方をしているが、J-PAL の開発経済学者たちがリバタリアン・パターナリズムの発想を用いて援助プログラムの立案をしている点は、Duflo 2010: 87, 訳 76; Banerjee & Duflo 2011: 64-6, 訳 97-99; Karlan & Appel 2012: 6-7, 訳 15-17 を参照。
(7) 実際、近年シンガーは選好功利主義から快楽主義への接近を明言しており (Singer 2015: 198, n.10, 訳註 15 頁)、以下のような応答をするようになるのかもしれない。
(8) こうした理路は米村 (2017: 93-4) によって示唆されている。

【参考文献】

Banerjee, Abhijit V. & Esther Duflo 2011 *Poor Economics: A Radical Rethinking of the Way to Fight Global Poverty*, New York: Publicaffairs. 山形浩生訳『貧乏人の経済学：もういちど貧困問題を根っこから考える』みすず書房、2012 年。

Conly, Sarah 2013 *Against Autonomy: Justifying Coercive Paternalism*, Cambridge: Cambridge University Press.

Crisp, Roger 1997 *Mill on Utilitarianism*, Abingdon: Routledge.

de Lazari-Radek, Katarzyna & Peter Singer 2017 *Utilitarianism: A Very Short Introduction*, Oxford: Oxford University Press.

Deaton, Angus 2013 *The Great Escape: Health, Wealth, and the Origins of Inequality*, Princeton: Princeton University Press. 松本裕訳『大脱出：健康、お金、格差の起源』みすず書房、2014 年。

Duflo, Esther 2010 *Le Développment Humain (Lutter contre la pauvrete, volume 1)*, Paris: Le seuil.「第 I 部人間開発」峯陽一・コザ・アリーン訳『貧困と闘う知：教育、医療、金融、ガバナンス』みすず書房、2017 年所収。

Easterly, William 2014 *The Tyranny of Experts: Economists, Dictators, and the Forgotten Rights of the Poor*, New York: Basic Books.

Harrison, Glenn W 2011 "Randomisation and its Discontents," *Journal of African Economies*, 20(4): 626-652.

Karlan, Dean & Jacob Appel 2012 *More than Good Intentions: Improving the Ways the World's Poor Borrow, Save, Farm, Learn, and Stay Healthy*, New York: Plume. 清川幸美訳／澤田康幸解説『善意で貧困はなくせるのか？：貧乏人の行動経済学』みすず書房、2013 年。

Mill, John Stuart 1869 *On Liberty, reprinted in Collected Works of John Stuart Mill Vol. XVII*, Toronto: University of Toronto Press. 斉藤悦則訳『自由論』光文社文庫、2012 年。

Sen, Amartya 1985 "Well-being, Agency and Freedom: The Dewey Lectures

1984," *The Journal of Philosophy*, 82(4): 169-221.
Singer, Peter (1999) "A Response," in Dale Jamieson (ed.) *Singer and His Critics*, Oxford : Blackwell: 269–335.
Singer, Peter 2009 *The Life You Can Save: How to Do Your Part to End World Poverty*, New York: Random House. 児玉聡／石川涼子訳『あなたが救える命：世界の貧困を終わらせるために今すぐできること』勁草書房、2014年。
Singer, Peter 2015 *The Most Good You Can Do: How Effective Altruism is Changing Ideas About Living Ethically*, New Haven: Yale University Press. 関美和訳『あなたが世界のためにできるたったひとつのこと：〈効果的な利他主義〉のすすめ』NHK出版、2015年。
Sunstein, Cass R 2014 *Why Nudge?: The Politics of Libertarian Paternalism*, New Haven: Yale University Press.
Sunstein, Cass R 2015 *Choosing Not to Choose: Understanding the Value of Choice*, Oxford: Oxford University Press. 伊達尚美訳『選択しないという選択：ビッグデータで変わる「自由」のかたち』勁草書房、2017年。
Thaler, Richard H & Cass R Sunstein 2009 *Nudge: Improving Decisions About Health, Wealth, and Happiness (Revised and Expanded Edition)*, New York: Penguin Books. 遠藤真美訳『実践行動経済学：健康、富、幸福への聡明な選択』日経BP社(邦訳はオリジナル版の訳)、2009年。
Waldron, Jeremy 2014 "It's All for Your Own Good," *The New York Review of Books*, 9 Oct 2014.

安藤馨 2007『統治と功利：功利主義的リベラリズムの擁護』勁草書房
安藤馨 2010「功利主義と自由：統治と監視の幸福な関係」、北田暁大編『自由への問い4 コミュニケーション：自由な情報空間とは何か』岩波書店、所収。
小畑俊太郎 2016「功利主義と不正義　ベンサム：快苦の非対称性」、姜尚中／齋藤純一編『逆光の政治哲学：不正義から問い返す』、法律文化社所収。
木山幸輔 2015「社会実験とリバタリアン・パターナリズムは世界の貧困を救う？：援助の新潮流に関する政治理論的一考察」、日本政治学会編『年報政治学』2015-I号
児玉聡 2012a「功利主義と公衆衛生」、日本法哲学会編『法哲学年報』2011号
児玉聡 2012b『功利主義入門』ちくま新書
田村哲樹 2017『熟議民主主義の困難：その乗り越え方の政治理論的考察』ナカニシヤ出版
フーコー, ミシェル 2002「自由の実践としての自己への配慮」、蓮實重彦／渡辺守章監修 小林康夫／石田英敬／松浦寿輝編『ミシェル・フーコー思考集成 X 1984-88 倫理／道徳／啓蒙』筑摩書房、所収。
若松良樹 2011「パターナリズム批判の因数分解」『スンマとシステム』国

際高等研究所、所収。
若松良樹 2013「行動経済学とパターナリズム」、平野仁彦／亀本洋／川濵昇編『現代法の変容』有斐閣、所収。
若松良樹 2016『自由放任主義の乗り越え方』勁草書房
若松良樹 2017「ミルにおける自由と効用」、若松良樹編『功利主義の逆襲』ナカニシヤ出版、所収。
米村幸太郎 2017「2つのパターナリズムと中立性」、『法と哲学』第3号

※本章はJSPS科学研究費補助金JP17J01095の助成による成果の一部である。

第13章　グローバリゼーションと支配
——植民地主義の悪性を題材として

福原　正人

はじめに

　ヒト・モノ・情報の国際的な流動化は、グローバリゼーションと呼ばれる。グローバリゼーションは、われわれが、もはや国家という単位や範囲に留まることなく、政治・経済的な関係を築き上げられることを示す現象と言えるだろう。しかし、こうしたグローバリゼーションを背景とする関係のなかには、例えば新自由主義による経済的搾取や、アメリカ化による文化的抑圧といった負の影響を伴うことが明らかになっている。このとき、反グローバリゼーションを掲げる言説は、そうした関係において「帝国主義」といった言葉で形容される道徳的に誤った支配関係が潜むことを曝こうとした。しかし、こうした支配関係が、具体的に言って、どういった意味で道徳的に誤った支配関係であるのかは、必ずしも明晰に言及されてきたわけではない。

　そこで本稿では、植民地主義（colonialism）の悪性を題材として、「グローバリゼーションと支配」というテーマに取り組んでみたい。というのも、植民地主義は、国際社会における道徳的に誤った支配関係の古典的な題材であることから、本テーマに繋がる示唆を得られると考えられるからである。具体的に言えば、植民地主義は、道徳的に要請される手続き的な条件を満たさないという手続き的な意味で誤っていると考える戦略を採用した上で、二つの手続き ——「（実際の）同意」、「（適格な）受容可能性」—— を検討する。結論として筆者は、グローバリゼーションを背景とする支配関係に内在する手続き的な問題は、とりわけ善意の支配者として振る舞うことで、「道徳的平等 (moral equality)」と呼ばれる価値を毀損している点にあると主張したい。

1. 植民地主義それ自体の悪性

　本稿の出発点は、「植民地主義」という言葉に定義を与えることである。

むろん、植民地主義が、どういった状態であるのかという定義の問題は、植民地主義が、どういった意味で道徳的に誤っているのかという評価の問題を混同しやすい。そこで本稿では、こうした混同を避けられる程度に広い定義を採用しておきたい。つまり、植民地主義は、特定の政治的集団が、一定以上の期間をもって、他の政治的集団とのあいだで支配関係にあることである（Ypi 2013:162, Moore 2016:447-448）[1]。

　では、植民地主義は、どういった意味で道徳的に誤っていると捉えるべきなのか。むろん、世界史の教科書を紐解けば、植民地主義が、その成立過程または支配構造において、数々の甚大な諸悪 —— 領土併合、経済的搾取、文化的抑圧 —— をもたらしてきたことは明らかであろう。例えば、その代表例として、大航海時代における新大陸の植民地化や、日本による韓国併合などを思い浮かべる人もいるかもしれない。このとき、問題となる諸悪は、植民地主義が、その支配関係が成立される以前から存在する、あるいは、存在するべきである被支配集団の諸権利 —— 領土への権利、所有物への権利、文化への権利 —— を不当に侵害している点において、支配関係に付随する悪性であると言える。

　とはいえ、支配関係に付随する悪性は、果たして植民地主義の悪性を汲み尽くしていると言えるのだろうか。というのも、植民地主義が、被支配集団にとって諸悪を付随しない支配関係を成立させるという論理的な可能性が残されるからである。このとき、植民地主義は、その成立過程こそ問題であったかもしれないが、例えば個人・集団の権利保障にとって不可欠である政治的制度の構築や、生活インフラといった社会的条件の整備を通じて、被支配集団の暮らしぶりを向上させることから、その支配関係は、長期的な視点に立てば、被支配集団にとって有益であるといった言説を思い浮かべることができる。

　しかし筆者は、植民地主義が、たとえ被支配集団にとって諸悪を付随しない支配関係を成立させるとしても、道徳的に誤っていると言える余地があると考えている。このことを理解するために、奴隷と「善意ある主人（the benevolent master）」のあいだの主従関係という事例を用いることが助けになるだろう（Ypi 2013:168-172, Stilz 2015:6-8）。例えば、わたしが、ある主人の奴隷であるとしよう。幸運なことに、わたしの主人は、わたしの身体を重い鎖で繋ぎ止めたり、鞭を打ちつけたりしないばかりか、雨風をしのげる小屋を用意する「善意ある主人」であった。しかし、われわれの道徳的直観は、

わたしと主人のあいだの主従関係が、たとえわたしの身体的な自由を侵害しなくとも、あるいは、わたしの暮らしぶりにとって有益であるとしても、わたしと主人とのあいだの主従関係それ自体が、何か道徳的に誤っているとするのではないか。同様に考えると、植民地主義が、たとえ被支配集団にとって諸悪を付随しなくとも、あるいは、そうした人々の暮らしぶりにとって有益であるとしても、植民地主義それ自体が、何か道徳的に誤っていると言えるのではないか。そこで本稿では、こうした悪性を「植民地主義それ自体の悪性（non-contingent wrong of colonialism）」と呼びたい。

2. 実際の同意

では、「植民地主義それ自体の悪性」は、どういった意味で道徳的に悪であると捉えるべきなのか。その有力な戦略は、植民地主義が、道徳的に要請される手続き的な条件を満たさないという手続き的な意味で誤っていると考えることである。つまり、植民地主義は、たとえ被支配集団にとって諸悪を付随しない支配関係であるとしても、問題となる支配関係の成立過程が誤っているという手続き的な意味で悪であると捉えられる。

そこで本稿では、こうした手続き的な条件を要請する道徳的価値として、「リベラリズム（自由主義）」と呼ばれる考え方に通底している「道徳的平等」から考えてみたい。それによれば、わたしとあなたのあいだの関係は、わたしはあなたに対して、同時に、あなたはわたしに対して、平等な道徳的地位を尊重するべきである。つまり、植民地主義は、問題となる支配関係の成立過程が、こうした「道徳的平等」が要請する手続き的な条件を満たさないという手続き的な意味で誤っている。

しかし、「道徳的平等」は、具体的に言って、どういった手続き的な条件を要請すると考えるべきなのだろうか。この点に関して、例えばイピ（Lea Ypi）いう論者は、成立する支配関係に対する「意思」をたどる試金石として、「同意」が要請されるべきであると主張する（Ypi 2013: 180）。例えば、あなたの両親が、あなたの同意なしに、婚姻関係を結ぶ相手を決めてしまったとしよう。このとき、両親が決めた婚姻関係は、たとえあなたの将来にとって実際に望ましい関係であるとしても、あなたの同意を取り付けずに成立した婚姻関係であるという手続き的な意味で誤っている。同様に考えると、植民地主義もまた、たとえ被支配集団にとって諸悪を付随しない支配関係である

としても、被支配集団の同意を取り付けずに成立した支配関係であるという手続き的な意味で誤っている（Ypi 2013:184-186）。

むろん、こうした議論は、新たな支配関係を実際に受容したり拒絶する集団それ自体の構成が問題になってくる（Valentini 2015, Moore 2016:452-453）。一つの解釈は、同意者である集団を個人の集積（aggregation）として理解することで、集団の構成員全員による同意が取り付けられるべきであると考えることである。しかし、集団の構成員全員が、新たな支配関係を実際に受容することは、既存の国家による支配関係さえも認めないほどに満たされがたい条件である（Stilz 2015: 18, Valentini 2015）[2]。というのも、集団の構成員全員が、既存の国家による支配関係を実際に受容することは考えがたいからである。

そこで以下では、もう一つの解釈である、同意者である集団を個人の集積に還元されない一つの集団（corporation）として理解する考え方を採用したい。このとき、同意者は、個人から集団に類推されることで、手続き的な条件は、新たな支配関係に対する「集団的な意思」をたどることを要請する。つまり、「植民地主義それ自体の悪性」は、構成員個人の意思をなんらかの形で集約した「集団的な意思」を尊重せずに成立した支配関係であるという手続き的な意味で誤っていることにある（Wellman 2005: 57-58, Stilz 2015:12-16）。

しかし、実際の同意、つまり被支配集団が新たな支配関係を実際に受容・拒絶することは、「植民地主義それ自体の悪性」にとって、果たして必要かつ十分な条件であると言えるのだろうか。そこで以下では、同意論と呼ばれる考え方の特性を検討してみたい（Estlund 2005; 2008: ch.7）。

同意論とは、「合意は拘束する（pacta sunt servanda）」という法諺に表されるように、同意者は、同意内容に則した義務を負うという考え方である。例えば、わたしが、あなたとのあいだの契約内容に同意する場合、わたしは、あなたに対して契約を履行する義務が発生する。ただし、とりわけ厳格なタイプの同意論は、その同意内容を問わず、同意者の意思が正確に反映されているか否かのみを問題にする。このとき、同意が、例えば強制や情報操作を介して取り付けられる場合、問題となる意思表示は、同意者の意思を正確に反映したものであると言えないことから無効化される。例えば、被支配集団による同意が、「同意しなければ侵略する」といった条件を前提として取り付けられる場合、問題となる意思表示は無効化されることになる（Ypi

2013:180-181, Stilz 2015:17)。

　とはいえ、厳格なタイプの同意論は、道徳的に問題含みであると考えることができるだろう。というのも、こうした同意論は、同意者の意思を正確に反映しているならば、例えば奴隷契約といった道徳的に問題のある同意内容に則した義務を負わせることを認めるからである。よって、われわれの道徳的直観は、例えば譲渡できない権利（inalienable rights）の存在といった同意者の意思を制約する外在的な基準を備えるような穏当なタイプの同意論を望むことになる。このとき、こうした穏当なタイプの同意論は、たとえ同意者の意思を正確に反映しているとしても、その同意内容が道徳的に問題のある場合、同意者による意思表示を無効化する。

　例えば、スティルツ（Anna Stilz）という論者も、被支配集団による同意は、たとえ被支配集団の意思を正確に反映しているとしても、最低限に正義に適った支配関係のみが受容されるに値すると主張している（Stilz 2015:15）。しかし、同意者による意思表示が、ひとたび同意者の意思から独立した形で無効化されることを認めるならば、ある種の仮説的な議論 —— 特定の同意内容は、道徳的に受容・拒絶されうるだろう —— が浮上してくる。というのも、わたしがあなたの奴隷になるという契約に同意する意思表示が無効化されるということは、わたしが、あなたとのあいだの奴隷契約を実際に受容していたにも関わらず、あたかも受容していないかのように扱われるからである（Estlund 2005: 354-356, 2008:121-123）。

　ここまでの議論から明らかであることは、実際の同意という手続き的な条件は、「植民地主義それ自体の悪性」にとって、必ずしも十分な条件であるとは言えないということである。たとえ植民地主義の悪性が、被支配集団の意思を尊重していない点にあるとしても、問われるべき問題は、被支配集団が、新たな支配関係を実際に受容するか否かではなく、道徳的に受容可能であるか否かにあるのではないだろうか。

3. 適格な受容可能性

　では、被支配集団が、新たな支配関係を道徳的に受容可能であるか否かという点は、具体的に言って、どういった手続き的な条件として定式化されるのだろうか。筆者は、こうした手続き的な条件として、エストランド（David Estlund）という論者が提示する「適格な受容可能性要件（Qualified

Acceptability Requirement)」を適用することができると考えている。ただし、エストランドは、こうした手続き的な条件を、とりわけ国内社会における政治的支配の正統性や権威に関する議論として展開している（Estlund 2008）。そこで本節では、エストランドが提示する条件の概略を説明したうえで、次節では、「植民地主義それ自体の悪性」として問われるべき、国際社会における支配関係に適用することにしたい。

まず、エストランドが取り組む課題は、以下のようなものである。例えば、風邪を早く治したいと考える場合は医師による決定、注文した料理に合うワインを選びたいと考える場合はソムリエによる決定に従うことが正しいと言えるだろう。このとき、われわれは、日常生活においては、専門領域により分化された知識が存在しており、知識を獲得した専門家による善意の決定に従うことが、一般的に正しいと考えている。であるならば、政治的支配は、どういった理由をもって、政治に関する知識を獲得した専門家による善意の決定を退けることができるのだろうか。

古くはプラトンの「哲人王」に遡る専門家支配——エストランドは、こうした政治的支配を「エピストクラシー（epistocracy）」と呼ぶ——の誘惑は、次のような構造をもって展開される（Estlund 2008:30）[3]。(E1) 意思決定から独立した決定の正しさが存在する、(E2) 決定の正しさに関する知識を獲得する専門家が存在する、(E3) 政治的な決定の正しさに関する知識を獲得する専門家が支配するべきである。つまり、(E1)・(E2)「専門家であること」から自明なものとして、(E3)「支配者であること」を導く。

これに対してエストランドは、(E1)・(E2)「専門家であること」から、(E3)「支配者であること」を導くような、いかなる推論であっても、以下の手続き的な条件を満たさないという点において、「専門家・支配者の誤謬（expert/boss fallacy）」を犯していると主張する（Estland 2008: 3-4, 33）[4]。

適格な受容可能性要件
政治的支配は、あらゆる適格な観点から受容可能な理由をもって正当化されなくてはならない

適格な受容可能性要件と呼ばれる手続き的な条件は、政治社会における(1) 理由の不一致、(2) 支配の強制という二つの問題意識を想定している。すでに述べたように、日常生活においては、個人・集団が領域ごとの専門家とし

て特定される理由は、多くの場合に論争的ではない。例えば、医学に関する専門教育を受けた上で、必要な手続きを通じて資格を得た個人・集団は、医学的な知識に関する専門家、つまり医師として特定されており、医学的な判断に関する医師による善意の決定は、一般的に拒絶されないと言えるだろう。しかし、政治社会においては、(1) 個人・集団が政治的な知識に関する専門家として特定される理由は論争的であるにも関わらず、(2) 政治的支配は、特定された専門家による支配を拒絶する個人・集団を従わせるように強制することになる。このとき、適格な受容可能性要件は、問題となる支配関係を強制することが、受容可能な理由をもって正当化されることを要請している。

　少し具体的な事例を用いて説明しよう。例えば、わたし、あなた、高位の聖職者——ローマ法王やダライ・ラマ——の三人から構成される政治社会を想定されたい。わたしは、特定の宗教的な観点から、善き生に関する知識を獲得した高位の聖職者が、政治に関する専門家として、善意の支配を行うことが正しいと考えていたとしよう。このとき、聖職者による宗教的な支配は、あなたが、例えば宗教的な観点とは相容れない世俗的な観点から、問題となる支配関係を拒絶するにも関わらず、あなたを従わせるように強制するだろう。しかし、現代のように観点や価値が多く存在する社会では、わたしの観点にとっての宗教的な支配と、あなたの観点にとっての世俗的な支配のあいだで、いずれの政治的支配が正しい支配であるのかを、各人による正しさを認識する能力から比較することは不当である。よって、わたしにとって (E1)・(E2)「専門家であること」から、あなたにとって (E3)「支配者であること」を強制することは、必ずしも自明なものとして片づけることができない。よって、政治的支配は、わたし、あなた、聖職者の三人にとって受容可能である理由をもって正当化されなければならない、というわけである。この点において、宗教的な支配の強制は、あなたにとって、たとえ宗教的な支配が実際に正しい支配であるとしても、あなたは異なる観点から拒絶するだろうという点から退けられる。

　では、こうした正当化手続きは、どういった観点をもつ人々にとって、受容可能な理由を特定するべきなのだろうか。こうした手続きへの参入資格は、「適格な」受容可能性要件における、「適格性」の中身に関する問題である。例えば、三人から構成される政治社会という事例において、わたしが、宗教的な狂信者やサイコパスであるとしよう。このとき、わたしは、自分の観点にとって宗教的な支配が正しい支配であることを、政治社会の構成員である、

あなたに対して誠実な形で説得しようとは試みない。わたしは、支離滅裂または場当たり的な発言を繰り返したり、自分とは相容れない観点や価値に対して教条的または差別的な評価を下し続ける。このとき、「適格な」受容可能性要件は、政治的支配が、わたしにとっても受容可能である理由をもって正当化されなければならないことは馬鹿げている、または不可能であると評価することから、わたしは、実際には政治社会の構成員ではあるのだが、正当化手続きへの参入資格を満たさないことになる[5]。

　むろん、どういった参入資格を満たすべきであるのかは、少々哲学的な議論として問われてしかるべきである。しかし、ここで確認するべきことは、「適格な」受容可能性要件は、政治的支配が、こうした例外的な個人・集団を除いた、あらゆる参入資格者にとって受容可能な理由をもって正当化されなくてはならないということである[6]。

4. グローバルな支配関係

　ここまでの議論をまとめておこう。本稿では、植民地主義が、道徳的に要請される手続き的な条件を満たさないという手続き的な意味で誤っていると考える戦略を採用した上で、「道徳的平等」に関する二つの手続き的な解釈——「(実際の) 同意」、「(適格な) 受容可能性」——を検討してきた。

　同意は、政治的支配が、あらゆる個人・集団に対して、支配関係を実際に受容・拒絶する地位を保障しなければならないという意味において、各人は道徳的に平等であると解釈している。これに対して筆者は、「植民地主義それ自体の悪性」は、被支配集団の意思が新たな支配関係を実際に受容していないという点ではなく、いかなる個人・集団であっても道徳的に受容可能ではないという点から適切に説明されると議論した。その上で、この点を手続き的な条件として定式化した適格な受容可能性要件の概略を説明した。つまり、政治的支配というものは、例外的な個人・集団を除いた、あらゆる参入資格者にとって受容可能な理由をもって正当化されなくてはならない。このとき、受容可能性要件は、政治社会の各構成員が、各人による正しさを認識する能力から比較されないという意味において、各人は道徳的に平等であると解釈している。

　もはや、こうした適格な受容可能性要件が、国内社会における政治的支配のみならず、植民地主義を考えるにあたっても有用であることは明らかであ

るだろう。というのも、国内社会における、わたしとあなたのあいだの関係を、国際社会における、われわれとあなたがたのあいだの関係として考えてみることができるからである。このとき、植民地主義は、われわれにとって(E1)・(E2)「専門家であること」から、あなたがたにとって(E3)「支配者であること」を強制するような支配関係と捉えられる。つまり、支配集団による政治的支配が、被支配集団にとって実際に正しい支配であるとしても、善意の支配者として振る舞う――「われわれこそ正しく支配する」――ことは、各集団による正しさを認識する能力から比較する点において「道徳的平等」を毀損している。要するに、植民地主義は、たとえそれが正しい支配を実現するとしても、「専門家・支配者の誤謬」という手続き的な誤りを犯しているのである。

　しかし、このように考えみると、「専門家・支配者の誤謬」は、国内社会における専門家支配や、国際社会における植民地主義のみならず、グローバリゼーションを背景とする支配関係の一部にさえ見出すことができるかもしれない。というのも、国家により強制される支配が、国内・国際社会を問わず、われわれの生活に決定的な影響を与えることは言うまでもないが、そのことは、強制なき支配が、われわれの生活にまったく影響を与えないことを意味しないからである。実際に、国際組織、NGO、私企業といった非国家主体は、国家による伝統的な支配とはかけ離れているとはいえ、金融、環境、人権、テロ対策といったアジェンダに特化した支配構造として、とりわけ発展途上国の人々の生活に多大な影響を与えていることは疑いえない。例えば、国際通貨基金（IMF）や格付け機関といった金融に特化した支配構造は、国際金融や為替相場の安定化を目的として、各国の経済政策を制約するわけだが、経済的な自立性の低い途上国が、その結果として、財政破綻の危機に追い込まれることが指摘されている。

　むろん、こうした構造は、個別利益を乗り越えるような、国際社会全体にとっての一般利益を実現する「ガバナンス」として機能していると考えられる反面、例えば「エリート主義」や「官僚主義」といった言葉で形容される支配関係が潜んでいることを見逃すべきではないだろう。このとき、グローバリゼーションを背景とする支配関係は、まさに国家という単位・範囲に留まることなく、善意の支配者として振る舞っているという手続き的な問題として捉えられるのである[7]。

おわりに

　本稿の結論は、消極的なものである。各人は、正しい支配を実現する善意の支配者から自由である[8]。このとき、適格な受容可能性要件は、さしあたり既存の支配関係を問い直す批判的な基準として機能することになるだろう。では、われわれの社会に偏在する支配関係は、国内・国際社会を問わず、どういった制度の形として再編されるべきなのだろうか。より具体的に言えば、観点や価値が多く存在する社会では、どういった制度が、「道徳的平等」という価値に適った政治的制度であると言えるのだろうか。一つの候補として、例えば「一人一票」のような政治的権力の平等な分配が想起されるだろうが、この点は別稿の課題としておきたい。

【注】
(1) 次の二点に注意されるとよい。第一に、政治的集団とは、さしあたり家族や私的結社ではない集合体であると想定されたい。第二に、戦争終結後の秩序回復を目的とした占領は、一定以上の期間という但し書きをもって、植民地主義の定義から排除されると想定されたい。
(2) この点に関連して、「（実際の）同意」は、政治的平等として解釈することができるかもしれない。つまり、あらゆる政治的関係は、各構成員に対して平等な政治的権利を保障するべきである。というのも、特定の個人・集団に対して投票権を認めないことは、彼らの政治的な地位を「二級市民」として貶めているという意味において誤っているからである。しかし、例えば支配集団が、被支配集団に対して平等な政治的権利を保障してもなお、事実として、植民地支配が継続する場合が考えられることから、「植民地主義それ自体の悪性」は、個人の政治的権利をもって汲み尽くせるわけではないと考えられる（Stilz 2015: 10-12）。
(3) エピストクラシーとは、古代ギリシャ語由来の言葉である、知識を意味する「エピステーメー（episteme）」と、権力や支配を意味する「クラシー（cracy）」を組み合わせた造語であると考えられる。
(4) (E3) に関して、次のように考える人がいるかもしれない。政治社会における集合的な意思決定は、個人の選好の集積にすぎず、例えば民主的な手続きから独立した決定の正しさに関する基準は存在しないのではないのか。筆者は、こうした主張に必ずしも同意するわけではないが、さしあたり本稿が取り上げる植民地主義に関して言えば、そうした基準が存在すると仮定する必要がある。というのも、善意的な支配者は、支配

の正しさに関する基準をもって初めて善意的と言えるからである。
(5) 宗教的な狂信者やサイコパスといった例外的な個人・集団が、正当化手続きにとって適格ではないことは、実際の政治社会においても、権利保障といった正義の射程から排除されるわけではないことには注意されたい(Quong 2004)。なお、こうした適格性の内容は、例えばロールズ(John Rawls)による『政治的リベラリズム』における適理性(reasonableness)という概念の解釈と関連して、かなり議論の余地がある問題である(Rawls 1993)。筆者の考えは、(福原 2017)において断片的に展開されているが、さしあたり本稿では、問題となる適格条件は、正当化対象から除外される個人・集団は極めて例外的であるという弱い排除性でしかないとだけ考えられたい。
(6) 率直に言って、本節は、適格な受容可能性要件の概略を、われわれの道徳的直観に適った形で説明したにすぎず、受容可能性要件の妥当性を十全な形で擁護しているとは言い難い。むろん、そうした擁護は、学術的な研究として蓄積されつつあるが、それらを扱う紙幅の余裕がないことを断っておきたい。
(7) 断っておくと、筆者は、安全保障や公衆衛生に代表される、いくつかのアジェンダに関しては一般的に受容される正しさに関する基準が存在しており、そうした正しさを機能的に実現するガバナンスが、事実として正統性を有する場合があることを否定するつもりはない。
(8) 社会構造としての支配関係を回避するという問題意識は、いわゆる共和主義的自由に基づく「不支配(non-domination)」という概念と重複するが、必ずしも共和主義に還元されるわけではないと考えられるかもしれない。この点は、受容可能性要件に備わる積極的な議論と合わせて、今後の課題としたい。

【参考文献】

Estlund, David 2005 "Political Authority and the Tyranny of Non‐Consent" *Philosophical Issues* 15(1): 351–67.

Estlund, David 2008 *Democratic Authority: a philosophical framework*, Princeton: Princeton University Press.

Moore, Margaret 2016 "Justice and Colonialism" *Philosophy Compass* 11(8): 447–61.

Quong, Jonathan 2004 "The Rights of Unreasonable Citizens" *Journal of Political Philosophy* 12(3): 314–35.

Rawls, John 1993 *Political Liberalism: Expanded edition*, New York: Columbia University Press.

Stilz, Anna 2015 "Decolonization and Self-Determination" *Social Philosophy and Policy* 32(01): 1–24.

Stilz. Anna 2016 "The Value of Political Self-Determination." in David Sobel,

Peter Vallentyne, and Steven Wall (eds.) *Oxford Studies in Political Philosophy: Volume 2*, Oxford: Oxford University Press.

Valentini, Laura 2015 "On the Distinctive Procedural Wrong of Colonialism" *Philosophy & Public Affairs* 43(4): 312–31.

Wellman, Christopher Heath 2005 *A Theory of Secession*, New York: Cambridge University Press.

Ypi, Lea 2013 "What's Wrong with Colonialism" *Philosophy & Public Affairs* 41(2): 158–91.

福原正人 2017「領有権の正当化理論：国家は何をもって領土支配を確立するのか」『法と哲学』3: 109-132.

第14章　バイオテクノロジーと支配
——フーコーの司牧権力の観点から

三羽　恵梨子

はじめに

　本章では、人を対象としたバイオテクノロジーとして医療技術をとりあげ、そこにおける専門家支配の議論をフーコーの司牧権力論から捉え直すことを試みる。議論は以下のように構成される。まず1節においてバイオテクノロジーと医療をめぐる議論の現状を概観する。つづいて2節においてインフォームド・コンセント（IC）の導入と発展について見ていく。その上で3節において、本章が方法の中心に置く、フランスの哲学者ミシェル・フーコーの司牧権力のモデルを確認する。4節では3節をもとに、ICがいかに専門家支配への抵抗でありえ、専門家がそれに対してどのような対抗戦略を取ったかを説明する。最終5節では、ヘルスプロモーションのとる戦略を簡略に概観し、ICにおける議論と比較して、示唆的ではあるが、今後どのような専門家支配への対抗がありうるのかを検討する。

1. バイオテクノロジーと医療をめぐる支配関係

　はじめにバイオテクノロジーとは何かについて確認しよう。バイオテクノロジーとは、非常に広いカテゴリーであり、「生物の機能を利用する技術」の総称である。バイオテクノロジーと呼ばれる技術には、古くはアルコールやヨーグルトの生産、接ぎ木によるクローン栽培などがあり、新しくは乳牛の人工授精による繁殖、抗生物質の発見と開発、遺伝子組み換えの農産物（GM食品）、研究用遺伝子組換えマウス、バイオエネルギー、微生物を用いた環境浄化システムなどがある。各生物の持つ特性を解析し、人工的に操作、あるいは模倣することにより、特定のモノを生成し、有用な作用を得ようとするこれらの技術は、その生物の生命の有用性を引き出し、人間のために使役する技術と言い換えることができる。人間とその生物の間における、この

「使役・被使役」の関係は、前者の後者に対する支配と解することも可能である。

　バイオテクノロジーは、微生物・酵素、水産生物、畜産生物、植物等、生命現象全般を対象としており、人間もその例外ではない。その最たる例が医療技術、およびヘルスケア部門で用いられる技術である（ワクチン接種、遺伝子治療、臓器移植技術、再生医療、分子標的薬、生殖補助医療、人工臓器、脳画像診断、Brain-Computer Interface[1]等）。しかしながら、医療分野やヘルスケア部門におけるバイオテクノロジーは、介入の対象となっている人間身体そのものを他の人間あるいは人類全体のために使役するというよりは、個人の身体の健康性に資する形で、当人の身体への働きかけを行うためのものであると理解されている。そのため、技術が医療目的あるいは治療目的である限りは、「使役・被使役の関係」は見られず、人間身体に介入するテクノロジーの開発や利用について、原則的に否定する必要はないと考えられてきた[2]。例えば、新たな人体介入のテクノロジーが出現した場合には、そのテクノロジーの使用の可否についての議論は、多くは、そのテクノロジーが治療の目的に適う範囲にとどまっているかどうかという問いとその答えの応酬という形になる。すなわち、そのテクノロジーの使用が当人の健康を回復する「治療」の目的で使用されるならば容認されるが、それを超えて当人の身体的、精神的、あるいは道徳的な能力の増強を図るものであるならば容認されない、という議論である（治療／エンハンスメント論争[3]）。

　このような文脈において、バイオテクノロジーに関する支配の問題は、技術内在的なそれではなく、主に専門家による非専門家の支配の問題であるととらえられてきた。特に、米国に発するバイオエシックスの分野では、パターナリズムを基盤とする専門家による支配が伝統的な問題のひとつである。現代における、医療の専門家支配への批判には2つの系統がある。ひとつは、自律尊重原則の体現とされるインフォームド・コンセント（以下IC）の実践であり、もうひとつは、ヘルスプロモーションへの多様な言説的批判である。前者の系統である、個別の医師-患者関係あるいは医師-研究参加者関係における支配-被支配の関係については、医療倫理四原則における自律尊重原則を対抗原理として、ICの技法が開発され、現在はその運用において様々な議論が行われている。後者の系統については、公衆衛生倫理学の目覚ましい発展はあるものの、実際的な対抗技法には結実していないのが現状である。

本章では、バイオエシックスの主流の議論において、ミシェル・フーコー (Michel Foucault、1926-84) の議論との直接の接合を試みることにより、医療における専門家支配への対抗がどのようになされ、どの程度成功しているのかを明らかにする[(4)]。また、ICの実践を典型例とすることにより、いまだ対抗技法の結実に至っていないヘルスプロモーションへの可能的な対抗選択肢を提示する。

2. インフォームド・コンセントの考え方の発展

　「インフォームド・コンセント」（以下IC）は、米国で生まれたバイオエシックスにおける、最重要のキーワードのひとつである。患者の権利擁護運動の文脈においては、「医療において、患者が自己の病状、医療行為の目的、方法、危険性、代替的治療法などにつき、正しい説明を受け理解した上で自主的に選択・同意・拒否できる」（日弁連 1992）ことと定義されている。ビーチャム（2011）によると、米国においてICが法的かつ道徳的義務であるとの見方が確立されたのは、1972年から1978年の間であり、80年代前半までには、文書もしくは口頭によるICの取得率は8割を超えるに至った。日本でもすでに広く普及しており、治療の決定においてはICの取得が医師の努力義務となっている[(5)]。

　ICの普及は、適切な同意を得ない治療に対する損害賠償という、医療領域に対する法律領域からの新しい規範の提案から始まった。治療において、同意のない身体接触は暴行であり、適切な情報提供がなされないことは過失であるという整理である。治療に対する今日的な意味での同意について、ICという言葉が初めて用いられたのは、1957年のサルゴ判決においてである。サルゴ法廷は、腹部大動脈造影検査による下半身まひについての医療過誤裁判であったが、その論点の一つとして、同意を得る際に医師が患者に適切な情報を与えていたかどうかが追求された。また、1960年のネイタンソン判決では、医師に技術的な過失がなくとも情報提供に過失があれば、治療による損害に対して責任を負うことが示された。このように、司法によってもたらされてたIC概念は、専門家の適正な注意義務として「説明」あるいは「情報開示」を求めるものであり、情報提供それ自体を専門家の義務として打ち出してきた。

　このようなICの実践は、法的な側面からの根拠づけのみならず、倫理原

則の側面からの位置づけもなされている。医療における医師の道徳的義務としてのICは、理論的に2つの原則から説明し得る（Faden & Beauchamp 1986）。善行原則から説明される場合と、自律尊重原則から説明される場合である。どちらの原則からICが導かれると考えるかにより、ICの位置づけは異なってくる。前者の善行原則から導かれると考える場合、医学的益（延命、健康増進、苦しみの除去、病気の治癒）という、医療の専門家が固有に達成すべきと想定されている価値に寄与するものと同意が解釈され、場合によっては情報の恣意的コントロールや偽りの説明も辞さない立場が導かれる。後者の自律尊重原則から導かれると考える場合には、患者一人の全体的福利に関する決定を患者個人の権限のもとにあるものと考え、患者の自己決定行為それ自体[6]を目的としてICの説明や同意を位置付ける。今日的なICにおいて採用されているのは後者の見方であり、ICは自律尊重原則の「実践」とみなされている。

　自律尊重原則は、「ヒポクラテスの誓い」に見られるパターナリスティックな医の倫理に対置されて語られることが基本である。パターナリズムとは、一般的に、他者の利益を理由として行われる他者への干渉のことを指し、支配の形態を意味する場合には、権力を行使される側が権力を行使する側の一方的なサービス提供に依存している「専断的保護関係」を指している（澤登、1997）。適切な情報開示の義務、あるいは自律尊重の義務の実施の有効性は、このパターナリズムにいかに対抗しえているかがひとつのメルクマールとなりうる。しかしながら、「専断的保護関係」は医療専門職による名称・知識・技術の独占から成り立っているため、現代の医療サービス提供の仕組みが変わらない限り温存され続ける。そのため、ICの実施は、専門家の支配をより「マシ」にしているだけで、専門家-非専門家間の非対称的関係を根本的には解消するものではないとの評価に落ち着くことになる（土屋1998）。

　適切な情報提供による医師と患者の対等な関係性が神話に過ぎず、パターナリズムとの関係において敗北せざるをえないとすれば、ICについての残された議論は、「専断的保護関係」の解消ではなく、ICがいかに巧みに「自律尊重原則」という新しい道徳的要請を体現するかということになる。しかしながら、後述するように、その道徳的要請は、医療者による情報開示義務から患者の理解・同意の質へとその軸足を移しつつある。論点は、医療専門職の行為条件ではなく、患者という認識主体の主観的条件（理解・意図・干渉からの自由）（石田2013）に収斂していく。医療専門職は、認識主体の条

件整備に介入する方法を洗練させてゆくこととなり、パターナリズムの不可避性という新たな難問を招くこととなる。

　以下の節では、以上のようなICを専門家が果たすべき義務の追加、あるいは自律尊重原則の実践と理解する枠組みとは別の見方を、フーコーの司牧権力論を補助線として提示していきたい。

3. フーコーの司牧権力論

　ミシェル・フーコー（1926-1984）は、近代の内部から近代を相対化し、近代の成立を解き明かすことに専心した20世紀フランスの知の巨匠である。デカルト以来の思惟する主体を中心とした哲学からの脱却として「ポスト構造主義」の旗手とみなされ、キリスト教道徳における〈性〉のラディカルな分析やプライベートな性生活のセンセーショナルな側面から、フェミニズムやクィア理論(Queer theory)において多大な影響力を与えた存在である。フーコーは、ある種の必然であるとみなされているような事柄が、実際には歴史的偶然や恣意の産物に過ぎないこと、いかに別様でありえたかを示すことを通して、「人間」、「権力」、「性」、「統治」、「自己」といった主題を解き明かしていった。

　本節では、参照モデルとして、フーコーの司牧権力を採用する。それは、近代的統治の合理性のうち、良く知られる政治権力の集中化と双璧を成すものと位置づけられ、特に医療の領域では顕著にその効果が発揮されているものと評価されている（フーコー 2007a）。フーコーの分析によると、司牧的様態の権力は、その起源をオリエントにもち、そしてキリスト教の中で進化を遂げた。フーコーは、『知への意志』のなかでは〈性〉の歴史を、権力メカニズムの側からとらえることを方法論として採用したと主張している（フーコー 2007b）。権威から発せられる要請内容ではなく、権力メカニズムの側から権力を明らかにしていくこの手法を、規律権力から拡大して統治の問題にもあてはめたのが、司牧権力論である。

　まず、『知への意志』におけるフーコーの方法的「こだわり」とその意義を確認しよう。フーコーの分析によると、〈性〉についてのキリスト教道徳は、道徳的要請の内容から見れば、キリスト教出現以前の古代ローマ世界にすでに存在しており、何らそれに寄与するところはない。しかしながら、キリスト教は禁止やタブーを人々に課すための新しい技術を導入したという。この、

人々に禁止やタブーを課すやり方の刷新がキリスト教道徳の寄与であり、『知への意志』においてフーコーが〈性〉権力におけるポジティブな効果として明らかにしたことであった。この成果によりフーコーは、権力が、抑圧的に機能するだけでなく、何らかの行為あるいは認識の生産を促すものとしてポジティブに働うるということを示し、近代的な権力が「生きさせる」権力としての様相を持つという権力論を展開しえた。これがフーコーの生政治議論の端緒となっている。キリスト教道徳の支配技術の刷新というモチーフは、その後司牧権力論としてモデル化される。牧人の技法は、19 世紀の資本主義的工業化社会という非宗教的な場所で確立・変容・普及し、姿を変えて近代に生き延び、個人形成という近代国家が必要とした手続きを提供した（フーコー 2007a）。このような、支配に関するフーコーの分析手法は、権力の側が我々に何を要求しているのかではなく、どのように支配しているかに注目した分析として位置づけることが可能だろう。

　司牧権力とは、「すべての個々人の生命に四六時中こころを配り、彼らに助けを与え、彼らの境遇を改良することを役割とする権力」（フーコー 1993）である。フーコーによると、司牧権力は次のように特徴づけられる（フーコー 2007a）。まず、①領土に対して行使されるのではなく、群れに対して行使される権力である。さまよい、移動する群れは、正しく救いの道に向かうために、牧人の操行を必要としている。次に、②善行を旨とする権力である。善をなし、群れを救済することを存在意義としており、力の行使や立場の優位ではなく、「熱心さ、献身、限りない専心」を通じて現れる。最後に、③個人化を伴う権力である。牧人は、群れ全体に目を配るとともに、個々の羊にも目を光らせている。群れ全体とたった一頭の羊とを等価とみなすような両義的な価値づけを包含している。司牧権力はテクノロジーであり、通常、政治的「闘争」の対象となるような権力ではない（フーコー 2007c）。それは「人間たちの操行を対象とする非常に特殊なタイプの権力」（フーコー 2007a）である。

　この司牧権力論には、その不可分の要素として、権力の正統化に関する議論が潜んでいることも見過ごしてはならない。司牧権力論内に置かれている「救済問題」の素描がそれにあたる。つまり、何ゆえ群れは牧人の操行に従わなければならないのかという問いに対する答えである。レジティマシーとしての救済問題を見ていこう。フーコーは、救済問題を「司牧権力の存在する社会に生きる意味」として言及している（フーコー 2007b）。まず、①人

は救済されなければならない。救済されたくないと願う選択肢をあらかじめ奪われている。次に、②人は、他者の権威に従うことによってはじめて救済への道が開かれる。故に、救済に至る道には③絶対的・無条件の服従が求められる。この、人は否応なしに救済に導かれなければならず、救済へと至る道は服従によって開かれるというモチーフは、パターナリズムを基盤とした古典的な医療倫理にとどまらず、自律尊重を最重要の価値のひとつと定める現代の医療倫理においても繰り返し現れるモチーフである。

　その上でフーコーは、司牧権力の支配に対して被支配者が行いうる「反操行」についても言及している。それは、①この牧人ではなく他の牧人（自己自身あるいは他者）により操導される、②他の方法・手続きで操導される、③あるいは他の救済に向けて操導されるの3つがそれに当たる。単に支配の形態を分析したのみならず、それに対して被支配者が取りうる抵抗手段を明示化したものとして、この概念は非常に重要である。以下では特にこの概念に依拠して議論を進めて行く。

　フーコーによると、医学は司牧権力を継承した大勢力のひとつであり、事実としても操行上の反乱を数多くひき起こしている分野である（フーコー2007a）。加えて、後述するように、「救済」によるヘルス領域における専門家支配の正統化は、50年の戦略の変遷にもかかわらず、ほとんどぶれていない。そのため、ここにおいて、フーコーの分析方法が有効に働くと考えることはさほど不自然ではないであろう。変化があったのは、介入対象の範囲の拡大、介入手法の多様さの拡大という点においてである。

4. インフォームド・コンセントはいかにして 専門家支配への抵抗でありえたか

　では、ICの問題に戻って、フーコーの支配の仕方に注目する方法論を当てはめてみよう。

　ICがいかなる意味で専門家支配への抵抗でありえたかについては、フリードソン（1992）が明晰にモデル化している。フリードソン（1992）は、医師の権威の源泉が、患者内面に医師に対する尊敬や信頼があることにではなく、治療を受け、健康になるための社会的条件が非対称的に配置されていることにあることを描いている。フリードソンの卓見は、財とサービスの独占的提供権の保持という社会的制度に依拠することによって、医師が自身の有能さ

の評価を回避していることを指摘していることにある。評価の回避には、次のテクニックが使われてきた。まず、患者像を無力で無知なものとし、患者に決定の資格や地位を与えない。それから、治療や疾患に関する知識・情報を秘匿し、判断材料を与えない。最後に、患者自身から拒否の機会を剥奪しておく。IC はこれとは逆のことを医師に要求した。患者の理解を導く十分な説明は、医師に説得という手間を省かせることを阻止している。そのため、患者にあらかじめの信頼を強要することができない。患者は決定の資格を保持し、自身の身体と健康に関する情報を得、自律的権限移譲を行わず「否」と意思表示する機会を得た。IC の手続きにおいて、患者は、自律し自己決定するという像に書き換えられた。

　フーコーの主張に倣うならば、これらの専門家支配への抵抗の要は、「自律尊重」という新たな道徳的要請に見出されるのではなく、医師の権威の源泉となってきたテクニックを無効化することにあり、かつ「否」の機会がもたらされる IC の機能にある。それは、救済問題における、すべての人はすべからく救済されなければならず、救済を拒否する選択肢はないという前提を覆す手段を提供している。

　医師による専門家支配を司牧権力の行使として捉えた場合には、IC の導入が、上述のフーコーの「反操行」の方法に対応していることに気づかされる。すなわち、「患者の自己決定権」を医師に対して承認させることは、「この牧人ではなく他の牧人（自己自身あるいは他の医者）により操導される」ということを認めさせることである。「IC という手続に基づかない限り身体介入は認めない」という制度の要求は、それ自体が、「IC を経ないで医師の裁量のみで身体介入が行われる」という操行手続きと対置されるような、「他の方法・手続きで操導される」ことを求めることに他ならない。また、IC の情報提供が代替療法とそのリスクの提示を専門家に要求することは、患者が他の形式の救済を求める機会となっている。

　しかし、IC の要求・確立の議論の中では、このような司牧権力に対する反操行としての機能・性質はあまり注目されておらず、したがってこれが、専門家・非専門家間の支配関係に対するテクニック部分の地殻変動であるという点はほとんど気づかれることはなかった。むしろ IC は、「自律尊重」という新たな道徳的要請に基礎づけられた、医師による介入の正統化の部分における変化としてのみ、もっぱら捉えられている。そのため、自律尊重原則は、専門家による操行方法の部分での地歩を回復させる余地を与える格好の

口実として使用されることになる。

　ICを通じた支配関係への抵抗に対して、専門家により「本当は」自律的ではない患者像が次々と「発見」される。この「発見」は、専門家と非専門家はもはやすでに「自律尊重」という原則を共有しているのだが、その実践としてのICが患者によってではなく専門家によって、もっともっと洗練されなければならないというメッセージである。例えば、老人、子ども、あるいは意識障害のある患者といった「真に」判断能力があるとは言えないような患者の取り扱いは、いつも臨床の悩みの種であり、ICのあり方を「問い直す」契機となってきた。医師にどうすべきか命令してほしいと「頼る」患者の存在の指摘、あるいはICが自己決定の「強要」であるというような限界づけは、患者の外延が医師の有能さの評価者という内包に一致しないという点を強意している。これらに加えて、患者の自律を損ねているのは、専門家ではなく患者自身であるという言説が浮上してきた。「患者は真の選好など持っていない」（Swindell et al. 2011）上に、意思決定の環境要因に容易に左右される脆い存在である。専門家が自身のバイアスを開示するという行為そのものが、専門家に対する信頼を強化し、専門家の情報をバイアスで差し引くどころかよりそのバイアスに影響を受けやすい状態を招くというパラドキシカルな状況は、医療の分野においても当てはまるところである(Sah et al. 2016)。

　患者は「否」と言いうる、しかしそれは真正な自己決定ではないという点で、「間違いうる」し「害をなしうる」ため、救済の道を遠のかせる原因となりうる。ここに新たな善行義務が発見されることになる。すなわち、医療の専門家は、選択の科学により明らかになった人間の認識の限界をきちんと踏まえたうえで、患者の選択の癖を先取りして予見し、そこから「患者を守らねばならない」。この新たな善行義務は、ICにおける意思決定を、インフォームド・ディシジョンからシェアード・ディシジョン・メイキング（SDM）[7]の枠組みへと転換させることを要求しているように見える。患者の自律的状態は医師の権威の排除から達成されることはなく、自由な選択環境を創造するための医師の「適切な」責任分担からなされる。自律尊重の重要性はこのようにして、「専門家にとって納得いく形に配置し直」された（Ubel et al. 2017）。しかもSDMは、コスト削減の観点と医師・患者関係の良好な維持の観点からも支持されうる。このようなSDMは、「善行」による「自律尊重」の包摂という構造から、新たな形態のパターナリズムの出現と評価されることがあ

る（Hans et al. 2016）。

　このように、バイオエシックスは医学的益に先んじて患者の自律を尊重するように医師にパラダイムの変更を迫った。しかしながら、患者が理想的な自律的状態からほど遠いという評価から、現在の医療実践においては患者のエンパワメントは失敗したというのが医療専門家による総括となっている。確かに、ICによる反操行は、患者の操導のされ方に新たな局面を付け加えたものの、相変わらず情報提供の主導権は医師にあるという点で限界を持つものである（専断的保護関係の保持）。だが、SDMを推進する言説に見られる展開は、専門家が新たに付け加えられた操行方法の中に、自身の「献身」や「専心」を新たな形で織り込み始めたことを意味している。専門家の「善行」に位置付け直された視点では、目下のところのICの運用における最大の論点は、意思決定支援ツールをはじめとした患者のエンパワメントに資するような「専門家の適切な援助手法」の開発である。患者は専門家の導きによってのみ、自律的な自己決定あるいは正しい治療選択という救済を与えられるのである。ここにおいて検討されるべきは、「自律尊重」という要請の実現の可否ではなく新たな操行技法それ自体である。

　ICについての議論において、その司牧権力に対する反操行という性質が明確に認識されていた場合に、その後の展開が変わり得たかについての検討は本章の射程を越える。ここでは、少なくとも道徳的要請の部分のみを強調したICの議論は、専門家側からが新たな道徳的要請の議論を提起することによって吸収・相対化されてしまい、専門家側の新たな主張に対して操行の具体的な行われ方の精査という観点を見えにくいものにしてしまった点を指摘するに留めたい。

5. ヘルスプロモーション

　2節で見たように、治療に関する意思決定におけるICの導入は、ヒポクラテス的パターナリズムとの対比で、医師の権限の縮小と患者の権限の拡大として理解されている（ヴィーチ 2003）。医師の権限が、患者のwell-beingの全体から、患者のwell-beingの一部へと縮小されたというわけだ。しかしながら、このような患者の自律や自己決定の増大の裏には、専門家による別種の介入の増大が伴っていたという見方が提出されている（Bunton & Burrows 1995）。医師に代表されるヘルスケアの専門家は、well-beingへの権

限をあきらめたわけではなかった。IC普及と並行して、病人と健康な人を区別せず、胎児から人生を終えるまでの全年齢的な範囲を対象として、社会・物理・情報のあらゆる場面から人々の「健康」を配慮する、ヘルスプロモーションが進展したのである。本節では簡単ではあるが、ICの分析から得られた示唆を適用することで、どのような展望を示すことが可能かを示したい。

　ヘルスプロモーションとは、「人々が自らの健康とその決定要因をコントロールし改善できるようにするプロセス」を指す（WHO 1986）。ヘルスプロモーションは歴史的に、第三世代の公衆衛生革命に位置し（Breslow 1999）、健康教育と政策的な環境改善の組み合わせから成っている（Green & Kreuter 2005）。ヘルスプロモーションの発展の説明には、教科書的なひな型がある。おおむね、WHOの積極的健康定義による導入、予防医学の発展、行動理論に基づいた健康教育の発展、社会疫学とヘルスプロモーションの提唱、プリシード・プロシード（PRECEDE-PROCEED）モデル[8]の活用という説明をたどる。これは厳密には歴史的な変遷をたどるものではなく、トピック間に必ずしも連続性が保たれるものではないが、専門家が人口の健康に対する戦略をいかに洗練させてきたかを説明するには効果的な並び順である。この発展の説明は、ある種の健康観の否定と介入技術の精緻化を説明する順序からおこなわれているからである。WHOの健康定義は、すべての人の健康を実現するという医療専門家の役目が人間のありとあらゆる側面に関わるということを概念的に肯定し、理論上の準備を促すものである。予防医学は、疾病構造の転換としての健康課題の拡大（感染症→慢性疾患→老人退行性疾患）を説明し、（とりわけハイリスク群に対して為される）健康教育は、身体的疾患のみならずその心理・社会的な側面への介入方法（行動変容理論）の導入を説明している。社会疫学とヘルスプロモーションにおいては、この公衆衛生的課題の拡大と心理社会的側面という介入ポイントの追加はドラスティックな融合を見せる。臨床において用いられている狭義の医学的技術以外のすべての手段を用いた、個人・家族・コミュニティ・社会のあらゆるレベルへの介入が求められるようになるのである。プリシード・プロシードモデルはこれら一連の戦略変遷の総括として、専門家に一回限りではない持続的な繰り返しの介入ための具体的な段階を踏む方法を伝授するものである。

　ヘルスプロモーションの発展は、基本的には、個人の努力の上に成り立つ健康観の否定の歴史であり、独立した個人を介入対象とすることの否定の歴

史である。患者のライフスタイルや行動に疾患の原因を見た行動変容理論は、「相談」や「面接」という場面で、個人の「知覚」「規範」「態度」を介して健康行動を変化させようと試みた（身体に対する介入により個人の意識の更生を狙った規律権力とは逆のことが行われているのが興味深い）。そこにおいては、個人は疾病との関係で完全に受動的なのではなく、疾病（を媒介するライフスタイルや行動）の原因として主体的な存在とみなされている。そのため、行動変容理論による介入目的は、健康について自己管理能力を持つ主体の形成であった（Ogden 1995）。しかしながら、個人の主体化を通じた健康へのアプローチは、健康という価値を共有せず、行動の変容を全く考えていない「無関心層」という集団へのアプローチに失敗した。そして、「無関心層」は往々にして健康教育が最も行動の変容という結果を必要とすると認識しているハイリスク群と重なるものである。

　能動的な主体形成を主目的とした健康教育とは対照的に、社会疫学は、自分の運命は自分の手の届かない自己の外部に決定されているということを積極的に認める姿勢をとることで、テクニックをより洗練させた。自己責任としての健康を「乗り越え」、より「ソフト」で「ゆるやか」な介入方法であるポピュレーション戦略を採用する。個人の行動変容に最終的なねらいがあるとしても、個人への健康命令という形式で介入を行うことはない。介入対象は、物理的環境、情報、社会資源であり、個人の選択をその意識に上らせることなく健康的な方向へ誘導することが戦略である。環境生態学、マーケティング、社会格差縮小への働きかけなどの医療分野以外のあらゆる介入技術を採用する。そのような戦略をとるヘルスプロモーションにおける専門家の役割は、「人々が健康になり得る条件を保障すること」であり、介入されている個人は専門家からフィードバックを受ける専門家の「パートナー」であると称されることもあり、時には教育資源として積極的に「活用」される。

　以上、患者教育からヘルスプロモーションへの転換は、健康な人々を含んだ人口一般への支配対象の拡大と行動科学的あるいは疫学的な知による方法の多様性の強化からなされていることを確認してきた。では、ヘルスプロモーション時代の専門家支配への対抗策とはいったい何であろうか。先に見たように、医師・患者関係におけるICの有効性は、情報開示によって操行のやり方に新たな局面を付け加えること、および患者による拒否の可能性の開かれにあった。たとえ自律的な患者像の解釈的変化を試みることで、専門家の援助的立場の強化を図ったとしても、専門家のテクニックのいくつかを無効

にしたという点において、ICは専門家支配への抵抗となりえている。ヘルスプロモーションについては、ICと類比的な何かがありうるだろうか。

ICにおける「反操行」に倣うならば、ヘルスプロモーションにおいても、操行のやり方に異を唱える、あるいは救済問題に真正面から取り組むのいずれかが戦略候補であると考えられる。しかしながら、ヘルスプロモーションの多彩な介入方法の採用と生活のあらゆる側面に介入する姿勢は、「別様の仕方で操導されたい」というクレームを実質的には許さない可能性がある。というのも、ある仕方での操行を無効化するテクニックを開発している間に、専門家は新たな介入技術を別の次元で、もっと手の込んだ形で開発するであろうからである。操行と反操行との応酬が仮に十分なスピードでもって行われるとしても、次の問題が残されている。ヘルスプロモーションにおいては、生活のあらゆる場面がヘルスプロモーション的介入方法の資源となってしまっている。このことは、病院という非常に限定的で非日常的な空間で行われる医療専門家による介入への対抗とは異なり、生活を不自然に捻じ曲げないことには対抗テクニックが機能しない可能性を呼び込むものである。

さらに、ヘルスプロモーションにおける救済問題については、「救済」による正統化がむしろ強化されていると考えられる。ヘルスプロモーションの前提には、健康に関する個人の自由な選択には限界があり、人々は生まれや環境といった「運命」には逆らえず、健康を選択する自由を確保するためには、専門家が積極的に援助をする必要があるというものがある。しかもその援助は、患者個人に関する医学的益のような偏狭な視点から提示されるのではなく、人々のニーズ、さらには社会的な価値に沿う形で設計されるのである。このような「援助」に対する正統化は、近年リバタリアン・パターナリズムといった政治思想的な基盤を得て、専門家による救済から降りる選択を理論的にますます取りづらい状況をつくり出している（橋本 2016 a,b）。

以上のような分析からは、明確な対抗技法を引き出すまでには至らないが、しかしフーコーの議論に依拠することから引き出されうるひとつの可能性を示して、本章を閉じたいと思う。専門家支配の源泉となっている救済問題という大前提を打ち壊すことができないのだとしたら、そして「反操行」がある程度の合理性を持った形でしか成され得ないとしたら、ひとつの出口は、牧人であるところの専門家の種類を増やし、「この牧人ではなく他の牧人により操導される」可能性を拓いておくことである。そのことは、必然的に「他の方法・手続きで操導される」あるいは「他の救済に向けて操導される」可

能性を拓くことになるだろう。先に見たように、ヘルスプロモーションが取る方法は、臨床におけるような狭い医学的手技にこだわらない。つまり、医療以外の専門家がヘルスプロモーションに関わる機会は格段に増えている。そこにおいて、専門家相互のチェック・アンド・バランスがなされることが、ひとつの戦略的出口となりうると考えられる。

おわりに

　専門家支配について語るときには、「なぜ、専門家が支配を行うことが許されるのか」という正統化の議論を避けることはできない。一方で、正統化の議論をどこまで突き詰めても、専門家支配を完全に消滅させることはできないのは、本章の分析が示すところである。その意味で、専門家支配の是非をというだけの二者択一的な論争は、制度設計の議論としては結局のところ不毛である。建設的な議論のために問われるべきは、「どのような専門家支配であれば適当か」ということである。本章では、フーコーの司牧権力モデルを用いて、これを反操行の問題として取り扱った。司牧権力モデルは、支配される側による「支配にどのように従うか、または、従わないか」という反操行の方法論も提示していることが重要である。膨大な専門知識に囲まれ、誰もが何らかの形で専門家支配の客体となることを避けられない現代において、司牧権力論が与える示唆は、バイオエシックスの問題を越えた豊穣な地平を有するであろう。

【注】
(1) 感覚器官や筋肉を介さずに、脳と脳外環境との関係を人工的に構築する技術のことである。人工内耳をはじめとした人工感覚、脳活動の読解による外部機器の操作、脳活動の亢進や抑制による神経系疾患の治療などがこれにあたる。
(2) 人を対象とした医学研究の領域では、人間身体の使役性が最も先鋭化するが、問題は、リスクを負う被験者と裨益者である未来の患者が必ずしも一致しないところにあるとされ、「治療」という目的による正当化は保持されている。また近年、バイオテクノロジーの発展を新たな経済領域の開拓や経済的価値の創造と結びつけたり、持続可能な経済発展の「魔法の弾丸」とみなしたりする「バイオエコノミー」と呼ばれる分野が発

展している（OECD 2004）。本章では、資本主義経済と生命身体との新たな関係創出を俎上に載せることはできないが、現代のバイオテクノロジーを論じる上で重要なことは論を俟たない。

(3) もちろん、新たな技術の許容について、このような目的による区別が有効ではないという見方も存在する。両者を概念的に区別できないとする立場、あるいは両者に道徳的に差異はないといった見方である（伊吹・児玉 2007）。

(4) フーコーの規律権力論と医療社会学との接合を試みたものとしては、美馬（2015）を参照のこと。

(5) IC の日本における受容に関しては、（レフラー 2002）を参照のこと。

(6) 「自律的権限付託」と称される。

(7) SDM とは、ヘルスケアに関する意思決定に関して、専門家と患者が最も適切なエビデンスを分かち合うことによって、患者が選択肢を与えられた状態で決断することを手助けするアプローチのことである。専門家の行動様式としては、選択肢を示すこと、患者の意思決定に資する形で選択肢を記述すること、患者の選好の探索を援助することの三要素が求められる（Elwyn et al. 2012）。一方で、患者の側も自身の選好を積極的に開示する姿勢が求められる。倫理的には、関係的自律により正統化されるアプローチとされている。

(8) 保健プログラムや健康増進的介入のための計画・実施・評価を包括的に示した理論的枠組みのこと。

【参考文献】

Beauchamp, T. L. (2011). Informed Consent: Its History, Meaning, and Present Challenges. *Cambridge Quarterly of Healthcare Ethics, 20*(4), 515-523.

Breslow L. (1999). From disease prevention to health promotion, *JAMA*, 281, 1030-1033.

Bunton, R., & Burrows, R. (1995). Consumption and health in the 'epidemiological' clinic of late modern medicine. *The sociology of health promotion*, 206-222.

Elwyn, G. et al. (2012). Shared decision making: a model for clinical practice. *Journal of general internal medicine, 27*(10), 1361-1367.

Faden, Ruth R. & Beauchamp, Tom L. (1986). *A history and theory of informed consent*, Oxford University Press.

Green, Lawrence W. & Kreuter, Marshall W. (2005). *Health program planning: an educational and ecological approach*. McGraw-Hill, 4th ed.

Hans, D. R., Dubé, P., & Wasserman, J. A. (2016). Experimental evidence showing that physician guidance promotes perceptions of physician empathy. *AJOB Empirical Bioethics, 7*(3), 135-139.

Mazumdar-Shaw, K. (2016). Biotechnology can transform India into a global innovation hub. *Pharmaceutical Engineering, 36*(3), 10-12.

OECD (2004). Biotechnology for Sustainable Growth and Development, Organization for Economic Co-operation and Development.

Sah, S., Fagerlin, A., & Ubel, P. (2016). Effect of physician disclosure of specialty bias on patient trust and treatment choice. *Proceedings of the National Academy of Sciences, 201604908.*

Swindell, J. S., McGuire, A. L., & Halpern, S. D. (2011). Shaping patients' decisions. *Chest, 139*(2), 424-429.

Ubel, P. A., Scherr, K. A., & Fagerlin, A. (2017). Empowerment failure: How shortcomings in physician communication unwittingly undermine patient autonomy. *The American Journal of Bioethics, 17*(11), 31-39.

World Health Organization. (1995). *Health promotion: Ottawa charter.*

石田安実 (2013). IC における「会話モデル」を補うもの. 医学哲学 医学倫理, 31, 22-32.

伊吹友秀・児玉聡 (2007). エンハンスメント概念の分析とその含意. 生命倫理. 17, 47-55.

エリオット・フリードソン (1992). 進藤雄三・宝月誠訳. 医療と専門家支配. 恒星社厚生閣.

澤登俊雄 (1997). 現代社会とパターナリズム. ゆみる出版.

土屋貴志 (1998). インフォームド・コンセント. 佐藤純一・黒田浩一郎編. 医療神話の社会学. 世界思想社.

日本弁護士連合会 (1992). 患者の権利の確立に関する宣言.

橋本努 (2016a). リバタリアン・パターナリズム批判：いかなる介入を正統化すべきか（上）. 思想. 1108, 63-77.

─ (2016b). リバタリアン・パターナリズム批判：いかなる介入を正統化すべきか（下）. 思想. 1109, 109-129.

ミシェル・フーコー (1993). 北山晴一訳. 全体的なものと個的なもの. ミシェル・フーコー・北山晴一・山本哲士. フーコーの〈全体的なものと個的なもの〉. 三交社.

─ (2007a). 高桑和巳訳. 安全・領土・人口. 筑摩書房.

─ (2007b). 渡辺守章訳. 〈性〉と権力. ミシェル・フーコー・渡辺守章. 哲学の舞台. 朝日出版社. 増補改訂版.

─ (2007c). 渡辺守章訳. 政治の分析哲学. ミシェル・フーコー・渡辺守章. 哲学の舞台. 朝日出版社. 増補改訂版.

美馬達哉 (2105). 生を治める術としての近代医療. 現代書館.

山崎吾郎 (2011). 臓器移植の生経済：治療から数の調整へ. 檜垣立哉編. 生権力の現在：フーコーから現代を読む. 勁草書房.

ロバート・B・レフラー (2002). 長澤道行訳. 日本の医療と法. 勁草書房.

ロバート・M・ヴィーチ (2003). 品川哲彦ほか訳. 生命倫理学の基礎. メディカ出版.

第15章　支配の経済学
——自由な経済学における二重の支配

笠井　高人

はじめに

　経済学は、世の中のヒト・モノ・カネそして情報の流れ及びそれらの蓄積を分析し、時代の制約を受けながらも良き社会を目指すために、これまで大きく貢献してきた。古くは貧困や不平等の原因を究明したうえでその解決をはかったり、社会的な富を最大限に利用できるよう制度環境を整えたりした。経済学的分析手法は、われわれが生活する社会のメカニズムを設計しただけでなく、経済成長や格差の是正など今日直面している課題を解決するためにも欠かせない。
　経済学理論が有用に機能するための最も基礎的な要件のひとつに自由の概念がある。たとえば、我々が自宅の庭先でリンゴの木を育て、その果実を道行く人に売るという経済活動を行えば、そこには売り手と買い手が存在し、交換する財としてのリンゴ市場が出来上がる。そして各個人は誰からも制約を受けることなく自身の考えに従って売買することで、均衡価格と均衡取引量が決まるため、その価格で販売したい者全員が販売したい量を売ることができると同時に、その価格で購入したい者全員が購入したい量を買うことができる。そこでは売りそびれも買いそびれも発生しないという意味で社会的に望ましい状態が実現する。
　このように自由であることが社会的に望ましい結論を導くと説く経済学において、支配とはどのように存在するのであろうか。自由に立脚する経済学は本書のテーマである支配と一見して対蹠的な立場にあるが、本章はその自由概念すらも経済学では暗黙裡に何らかの支配下にあることを示すことで、経済学という学問領域の特異な状況を議論する。換言すれば、自由が恣意的な一種の思考様式であることを理解し、経済学が支配を理論レベルでは嫌いながらも、それに従属せざるを得ない現状を示す。経済学的分析から導かれる論理が必然的に個人の行動を支配する一方で、暗黙の前提によって経済学

そのものも支配されていることを、自由な経済学における二重の支配と呼ぼう。本章では自由な経済学における二重の支配を取り扱うことで、特定の地域・時代において何を知覚し、政治や社会との距離を測りながら、どのような事柄を問題として認識するのかという経済学の枠組みそのものを議論し、自由な経済学の不自由さを明らかにする。

1. 自由な経済学

　そもそも経済学における支配にはどのようなものがあるのだろうか。様々な支配から自由であろうとしてきた経済学理論の基本的スタンスは、個人が自身の利己的関心に基づいて経済活動を市場で行うことが、平等に裏付けられた公正な社会を実現するという自由主義にある。アダム・スミスが、自由に基づいた社会の発展をこのように説くことによって、自由主義の強い影響下で経済学は形成されていった[1]。

　経済学が好む自由主義は、制約のない主体の集まりの場である市場においても顕著である。経済学の基本的な分析ツールを提供する完全競争市場は、売り手と買い手といった市場参加者が無数に存在すること、売買される財・サービスは全く同質であること、市場の参加者は当該取引に関するあらゆる情報を持っていること、そして市場への参入および退出に制約がないことを仮定する。これらの仮定はあくまで議論の単純化や分析を容易にするために用いられている一種の工夫でしかなく、当然ながら、完全競争市場は現実には存在しない理念型である。物財が売買されるあらゆる市場の特徴を最大公約数的に集約して純化することによって、この極めて抽象的な理念型は作られた。経済学は、このように現実の社会事象を単純化してモデルにすることで、一般的な市場という特殊な空間の仕組みに関する議論のエッセンスを抽出できるという論法をとる。

　自由に依拠して完全競争市場を考えることは経済学における2つの特徴的な暗黙の条件を含意する。1つ目は法則の導き方である。完全競争市場から普遍的な経済の法則を見つけ出そうとする立場には、どこにも存在しえないものから導いた結論は、どこにも適用できないとするのではなく、どこにも存在しない理念型を想定するからこそ、あまねく通用する論理を導けるといった倒錯がある。また法則として抽出された理論が議論をスムーズに進めるための決まり事でしかない場合もある。例えば需要法則については、価格

が上昇すると需要量が減少するという現象が広く観察されたために導かれたものでしかなく（Blaug 1992: 138-141）、実際にそれが人間の経済行動の基礎となる法則かどうかは確認できない[2]。物理学や化学などの自然科学と違い、社会科学では法則と呼べる規則的な現象を確認できるかどうかは疑わしい[3]。2つ目の特徴は、市場の参加者が予算以外にも実際に直面している様々な制約が捨象されていることである。たとえば経済主体間の力関係や制度・法による制限が良い例であろう。とりわけ、所有権は経済取引における大前提とされているので、自由な個人であっても略奪などの暴力的行為によって物財を得ることは、それが道徳的に許されないという以上に、考察の埒外にあるため議論の俎上に載らない[4]。このように経済学は法や慣習に制限・支配された恣意的自由概念をもとに理論を組み立てている。

　また経済学は、分析対象である経済活動がどのようなものなのかを解明する事実解明的・実証的分析（positive analysis）にくわえ、それが効率性の観点から正しいかどうかを判断する規範的分析（normative analysis）を行う（Blaug 1992: 114-116）。効率性の基準は与えられた条件で最大のパフォーマンスを生むかどうかである。この際のパフォーマンスとは、財・サービスの産出量や人々の満足などを社会的に集計し、金銭評価したものであるので、そのような操作ができない事物は経済学の分析では取り扱えない。そのため自然環境や人々の情操なども金銭評価できる側面のみは分析対象となりえるが、当然ながら、その評価が対象そのものの有する価値のすべてを表現するわけではない。このように経済学では、金銭では評価できない側面があることを認めつつ、あえて特定の一部分だけに着目して議論を展開するというスタンスをとる。このような規範的分析は効率性を事象や制度に関する正しさの基準として用いるので、非効率な経済活動に対しては、効率的で正しいものとなるよう「○○すべき」と改善を求める。そのため、非効率を生む独占や寡占といった少数の経済主体による市場の支配や政府による価格規制・数量規制は望ましくないという結論を導く[5]。

　このように経済学は、他者からの支配がないという消極的自由を論拠とし、どこにも存在しない効率的な市場をベンチマークとして理想化している。経済学の分析は、様々な経済取引がどれほど効率的な完全競争市場に似ているかどうかを議論し、もし現実の取引が効率的でないならば、それに近づけるよう求める。それは支配のない自由な人間活動を分析するはずの経済学が、効率的な市場という理想にもはや支配されていると云える。人間や市場の文

化的特性や多様性そして政治的・環境的条件など人々をとりまく現実の一切を捨象して、効率性を基準とした理念型に近づけることを求める態度は、すべての市場が同じような仕組みであるべきであるという画一化の圧力を生む。つまり、すべての市場において最大限に効率化された状況の実現が経済学の発すべきメッセージとなる。このように自由を前提とする経済学理論は、効率性を求めるため、それ自身が経済学を支配し、あらゆる市場を同質的なものへと導く論理を生む。

2. 経済学による支配

　経済学理論は、特定の主体が他の主体を支配する仕組みを作りだしたり、ある支配を正当化したりする理論的根拠をしばしば提供する。たとえば、世界経済のグローバル化に着目すれば、資本の移動が自由になることで、世界中の投資家に好まれるために、それまで存在したさまざまな制限や規制の撤廃が効率性の名のもとにあたかも宇宙の理であるがごとく主張される。貿易を活発にするため国家間の障壁を小さくするグローバリゼーションを正当化すれば、材料費などの生産にかかるコストとは別に取引そのものに付随して発生する取引費用[6]の削減がどの国でも達成すべき政策課題となる。それは、経済学が規制緩和や市場整備といった特定の政策を奨励することで、各国の民主主義的政策を支配していると云えよう。本節では、ダニ・ロドリック（Dani Rdorik）のグローバリゼーション論をもとに、経済学が国家や個人を支配していることを説く。

　そもそもグローバリゼーションとは世界という語が地球と同義になっていく過程を指す。[7]中世であれば地球上にはヨーロッパ世界やイスラーム世界など皇帝や教皇をトップとしたさまざまな世界が存在したが、大航海時代以降それらが急速に結び付けられ、世界が一つになっていった。それに伴って経済活動においてもヒト・モノ・カネ・情報の移動が活発になり、それまで地域的・局所的であった取引がより広範囲になった。国家を超えた交易の振興による「地球全域での経済的結びつきの強化と伸長」（Steger 2013:37）がグローバリゼーションの実態である。

　第一次世界大戦以前の約100年を第１次の経済的なグローバリゼーションの拡張期とすれば、それは新しいテクノロジーの発明、経済学の発達そして金本位制の採用によってもたらされた。新しいテクノロジーとは、蒸気船や

鉄道の発明・普及などの運輸革命を指し、これによって輸送コストが大幅に削減されることで貿易が促進された。また電信によって情報伝達コストも低下した。このように新しいテクノロジーが取引費用を低下させたことにくわえて、自由市場を信奉する経済学がこの時期に貿易促進の理論的根拠を提供したこともグローバリゼーションを加速させた。各国政府による輸入制限や関税を縮小し、自由な経済主体による貿易が推奨され、さらに19世紀後半に金本位制が各国で採用されて通貨価値が安定し、国際的な資本移動がスムーズになったことで一層グローバリゼーションが促進される。このように第1次経済的グローバリゼーションは、運輸・関税・不安定な通貨における取引費用を削減することで加速していったのである（Rodrik 2011: 24-26, 訳43-44）。

　グローバリゼーションは、20世紀の2度の大戦で一度停滞した後に、国際通貨基金（IMF）や世界銀行の設立とともに関税と貿易に関する一般協定（GATT）の発行によってその勢いが復活するけれども、それは完全な自由化を意味しなかった。GATTは関税やダンピング、セーフガードの撤廃など国際取引における取引費用の削減を主張し、自由貿易を促進することで各国の経済成長を実現した一方で、多くの農業作物や途上国の産業には自由化を求めず、制限的ルールを存続させた（Rodrik 2011: 67-88, 訳89-112）。つまり各国の協調や妥協によって作られた恣意的な自由貿易が主張されたのである。もちろんこのような恣意的な体制は自由な経済学から自ずと導かれたものではない。制限的ルールの下での恣意的な自由貿易を肯定する態度は、自由であることに価値を見いだす経済的な論理よりもむしろ社会的・政治的なものを優先する協調に依拠しているため、埋め込まれた自由主義（embedded liberalism）と呼ばれる（Ruggie 1982）。自由主義によって世界中がその恩恵を得た時でさえ、経済が全面的に自由化されないまま貿易の促進によるグローバル化が進められたのである。

　1970年代以降には急速なグローバリゼーションの進展によって、埋め込まれた自由主義から離床する動きが強まる。世界貿易の拡大とともに金融取引が増大すると、固定為替相場体制が維持できなくなり、資本移動の自由化に対する機運が高まる。また、スタグフレーションの発生によって、それまでの介入主義的な経済政策ではなく、政府干渉を小さくして自由を拡大することが、民間企業の生産力を増加させて経済成長を実現すると考えるサプライサイドの経済学が台頭する。これらを背景として各国政府は自由な貿

易こそが経済を活発にするという経済学の論理に支配される。各国政府は世界経済の振興のために、小さな政府、自由貿易、自由な資本移動そして自由企業を目指し、貿易の障壁となりうる取引費用の削減を求める黄金の拘束服（golden straitjacket）を身に着けることとなった（Friedman 2000: 99-108, 訳 136-149）[8]。政府は富の拡大という果実のために自らの政策を制限しなければならない。小さな政府こそが企業活動を活発にし、経済成長を実現するのに必要であるという論理は、形式的な自由による政府の拘束に他ならない。我が国においても1980年代以降、規制緩和や民営化によって代表されるように、効率性を重視した政策による社会の支配が確認できる。とりわけ2000年代は顕著である。しかしこのような支配を生み出した経済学の論拠は先に見たように現実には存在しない効率的な競争市場モデルである。

　ロドリックは黄金の拘束服の議論を相対化し、民主主義、国民国家そしてグローバリゼーションによる世界経済の政治的トリレンマに我々が直面していると唱える。グローバリゼーションと民主主義そして国民国家の3つを同時に達成はできず、我々が実現可能な3つのパターンは、それぞれどれか1つを放棄せねばならない。国民国家とグローバリゼーションを採用して民主主義を制限すれば、黄金の拘束服を着た国家群による世界が実現する。政府は、自国を富ますためにグローバリゼーションの波に従って貿易や資本を呼び込んで企業活動を推奨すると同時に、低い税率や規制緩和などの取引費用を削減する政策を実行するが、そこでは必ずしもグローバルな経済的ルールと人々の生活が調和するわけではない。グローバル化の成功によって不安定化する一般労働者や金融の効率化によって増幅した経済危機で混乱に陥った国民の声は、グローバルな経済には反映されない。このようにナショナルデモクラシーとグローバルな市場経済との衝突は不可避である。もしグローバルな経済を維持しつつ人々の生活に着目するのであれば、国家主権を制限して我々になじみ深い国民国家を放棄せねばならない。これはグローバルな民主主義と呼ばれる2つ目の可能性である。そこでは国境という国民国家の境界の意義を弱めて取引費用を削減することで、経済学が求める効率的な自由貿易を促進できる反面、一国の独立した政策の実施は困難となる。また政治的には、超国家的な為政者への正当性が確保されればグローバルな統治が可能となる。EUやグローバルな連邦体制がこれにあたる。3つ目に、民主主義と国民国家を重視すれば、もはやグローバリゼーションを制限するしかない。ロドリック自身は今後の世界について、GATTによる自由貿易の促進が

各種の制限の下で成功したことに鑑み、時計の針をもとに戻すことはできないが、民主主義と国民国家を中心に据えた埋め込まれた自由主義による健全なグローバリゼーションとうまく付き合うことを求める (Rodrik 2011)。

このように経済的論理が国家や世界の構造を支配する要因となるため、自由な経済学の論理を採用してグローバル化を受け入れることは、各国に黄金の拘束服かグローバルな民主主義を迫る。これまで採用されていた黄金の拘束服は、経済活動の活発化によって必然的に求められる帰結ではなく、制度的諸条件を無視しつつ効率性のみを好む自由に端を発したものである。たとえば、自由で効率的な労働市場を実現するためにグローバルな基準を採用すれば、国家主権による呼び込み政策か民主主義に基づく規制政策のどちらかを選ぶことになる。今日のEUにおける移民問題はまさにグローバルな基準と民主主義との衝突であろう。さらに難民問題を顧慮すれば人道的な観点から自由な移動を求める圧力も発生する。市場での自由を現実世界に適応した場合、経済的自由はそれ自身では完結できず政治領域をも巻き込むのである。

ブレグジットやアメリカの保守主義的政策、カタルーニャの独立宣言など近年の世界情勢が示すように、グローバリゼーションを制限して、効率性を目指す自由による支配から人々を解放する民主主義の動きが台頭している。これらは経済的論理の支配から脱却し、保守主義という形で自由な政策運営を行う機運の高まりとみなせる。取引費用の削減は各国が足並みをそろえて実行するからこそ世界貿易の拡大により富の増大が見込めるため、存在感のある国がグローバルな基準から離脱すれば、それまで民主主義を顧みなかった多くの国が、グローバリゼーションを放棄して国民国家と民主主義を選択する圧力が高まるだろう。今後の現実世界はロドリックの見立てとは異なって、政治的緊張を含みながらグローバリゼーションの制限が進むかもしれない。

3. 支配された経済学

前節でみたように、経済学は効率性に焦点を絞ることで、時として国家や個人といった他者を支配する一方、経済学自身もさらに市場という狭隘な視野に支配されていることを次に見よう。当たり前であるが、人間の経済活動は市場に限ったものではなく、我々が日々目にするように人々の間で取り交わされる物と物との取引には様々な形態がある。このように市場交換だけで

なく、より広い経済活動を認識したカール・ポランニー（Karl Polanyi, 1886-1964）の思想から経済学の自己支配（再帰性）を確認する。

　ポランニーは、人々の生命や生活を脅かした20世紀の世界大戦について、その原因を経済的要因に求め、世界経済と人間の生存との齟齬として理解した。つまり政治的問題の起源を市場と人間の不和に求めたのである。ポランニーの認識では、大戦の原因は、需給で価格と数量とを決定する市場の自己調整的な機能があらゆる物財に適応できると想定する経済学の論理にある。金本位制によって政策を固定された各国は、国内経済で発生した緊張を解消できないために、それを国際政治上の平和の危機へと発展させてしまったという。超過需要や超過供給が発生した場合でも、自動的にそれらを解消する市場の自己調整的な機能が本当に作用するならば、大戦は免れたはずである。実際は市場が自己調整的でないにも拘らず、その概念に支配されていたことを彼は問題視し、人間の生活に則した経済理論を求めた。

　ポランニーは主著『大転換』（1944）で、このように世界大戦を生んで人々を危機に陥れた経済学が特定の立場に支配されていることを指摘し、自己調整的市場に即した経済学を2つの側面から批判する。それは、市場分析にそぐわない物財が存在するということ、さらに市場のすべてが自己調整的ではないということである。彼によれば経済学が分析する財・サービスは、金銭評価の可否という次元を超えて、市場で取引されるものとそうすべきでないものがある。彼は「商品とは市場で販売されるために生産されたもの」（Polanyi 1944: 75, 訳125）と捉えるため、そうでないものは自己調整的市場という概念を用いて検討できない。その典型として土地、労働そして貨幣といった生産要素が挙げられる。土地は自然の別称であり、そもそも販売するために人間が生産したものではない。人類が生まれる以前から自然は存在し、人が手を加えることでそこから恵みを得ているだけである。労働と貨幣もそれぞれ人間と購買力との別名に過ぎず、商品ではない。このような本来商品でないものがあたかもそうであるかのように取り扱われることをポランニーは商品擬制（commodity fiction）と名付けた。第1節でみたように、金銭評価できる側面だけに着目してあらゆる事物を財・サービスとして市場で取引可能なものとみなす経済学のあり方を批判しているのである。[9]このように彼は、多くの財に対する市場交換を認めつつも、生産要素市場というものが不自然であることを説き、あらゆるものに市場が成り立つとする経済学の分析視角を狭めることを求めている。

またポランニーは、販売のために生産された本来的な商品である穀物についても、自己調整的市場における取引によって価格と数量がいつも決定されるわけではないと主張する。古代ギリシアの例をみれば、穀物の入手可能性は人々の生命の安定に直結するため、取引が商人や個人によって何の制限もなく実行されていたわけでなく、ポリスの王が外国商人との自己調整的でない市場での交渉を経て割当量を決定していた。市場で価格と数量が決定されるが、それらは人間の生存にとっての必要量に基づいて制限が課されていたのである（Polanyi 1977）。そのため、あらゆる財が自己調整的市場で取引されることで効率的に社会を組織できるという考えは一種のイデオロギーでしかない。むしろ効率性を追い求めることで、ポリスのような共同体などの制度的環境が持っていた生存確保機能を破壊し、人間が生身のまま市場に直面するため、社会が不安定化する危険性を知覚していた（笠井　2016）。

　さらにポランニーは、人間の経済活動は市場での交換だけでなくもっと多様であることを示し、自己調整的市場概念に支配されている経済学の狭隘な視野を指摘する。彼の視座によれば、経済活動は交換にくわえて互酬、再分配、家政によって重層的に構成されるため、売り手と買い手という2者による等価交換を唯一の分析対象とする経済学は、人間の経済活動を捉えることはできず、あくまで交換のルールを解明したに過ぎない。

　ポランニーが挙げた互酬とは、複数の経済主体による物財またはサービスのギブ・アンド・テイクのことを指し、贈与や返礼・応答といった形式をとる。取引が等価である必要はなく、またギブとテイクが同時に行われる必要もない。さらに、互酬は2者間で行うだけでなく特定のグループにおける物財の移動でも構わない。経済主体Aが物財αを経済主体Bに渡し、経済主体Bは物財βを経済主体Cに渡し、経済主体Cは物財γをさらに別の主体へ渡すといった経済活動も含まれる。[10] 再分配は、複数の経済主体が獲得した物財を特定の場所に集めたのちに、再度その集団内で分ける在り方を云う。古くは集団狩猟による食料の共有から、今日においても租税制度は再分配によって説明可能である。各個人の利己的関心のみに依拠して経済社会を組織すれば、近代国家においても租税制度は生まれないはずであるにも拘らず[11]、自由な経済学ではそのような仕組みに対して十分に言及していない。また、家政は家計のやりくりや自らの消費のための小規模な生産のことを指す。これは、経済活動の大きな領域を占めるわけではないが、確実に存在する交換以外の在り方を意味する。自身や親族が消費する財に関する生産活動

である家政は、儲けを目的とするものでなく、生存を確保するための自給自足的活動である。つまり商品を生産しない。そもそもエコノミーの語源であるギリシア語のオイコノミア（oeconomia）はこのような活動を指すのであって、それを顧慮しない経済学は本来的なあり方から逸脱していると云える。

　ポランニーは、このような互酬・再分配・家政そして交換の4つのバランスによって経済活動が成立していることを主張し、過度に交換のみに考察対象を限定する経済学の限界を指摘した。どのような経済もこれら様々な形態の組み合わせで成立するので、それを分析する経済学も重層的であらねばならない。いわば市場の学としての立場から経済学を自由にすることを求めたのである。彼の主張は現今の主流派経済学モデルには吸収されていないという限界があるけれども、だからこそ支配された経済学への力強い批判であるだろう。

　ポランニーは、擬制商品論によって経済学の視野を狭めることを求めた一方で、経済活動の諸形態を示し、視野を広げることの両方を主張した。2つの意味で支配された経済学を真に自由にしようと試みたのである。彼の議論は巨大な世界経済と身近な人間の生活との不和を知覚したことに端を発しており、彼自身、世界大戦の教訓から国際連合を高く評価し、そのような超国家的な組織による平和の維持を望んだ。世界的な平和が各国の緊張的関係によるというバランス・オブ・パワーを重視しながら、自由主義的国家の活動を制限するのは、ロドリックの云うグローバルな民主主義への道だと言えよう。ポランニーから導かれるグローバルな民主主義は確かに一見して魅力的であるが、2017年フランスでEU離脱の議論が高まったことは、その限界を示唆している。約100年前の第一次世界大戦前夜と今日の国際情勢における保守の台頭という類似性が確認される現代であるからこそ、民主主義と資本主義との衝突を指摘したポランニーの指摘を忘れてはならない。

おわりに

　以上みてきたように、自由な経済学は、自らが定義した自由のみに焦点をあてており、二重の支配が存在する。現実の複雑な社会に対して効率性を論拠としながら改善を求めるが、その経済学自身も理想的な市場の実現という幻想に支配されており、決して真に自由ではない。これは自然科学であれば、空気抵抗や摩擦の無い実験室で得られたデータが現実世界と整合的でないと

いう理由で、実際の物理現象に変更を求める態度と同じである。いうまでもなく、我々が求めるのは、均整のとれた理論をもとに現実を歪曲して解釈することではなく、現実世界に対する説明力を持った理論である。

　自由主義に基づいて産出される結論を皆が受け入れるべきだという論理を示し、各国に取引費用の削減を求めてきた経済学が、20世紀には一定程度の成功を収めたけれども、理論的にも現実的にも民主主義との衝突を生むことが今日明らかになり始めている。我々は民主主義という基本的な価値の放棄を選択しないとすれば、自由な経済学が変容する必要がある。その際に、経済と政治の衝突や非市場的な経済取引そして経済活動の前提となる健康・生命といった諸課題に視野を広げれば、つまり市場の学として経済学の支配から自由になれば、我々が欲するのはもはやこれまでの経済学という領域に縛られない。

　自由に活動する個人や企業を分析する経済学は、社会と同じように常にその関心を富裕・貧困・格差・成長・正義などと変動させてきた。このような傾向は流転する社会を相手にする限りこれからも続けなければならないだろう。人間の諸活動において何を問題として認識するかという問いそのものが経済学の関心事である。

【注】
(1) 本書の第4章が示すとおり、スミスは支配を必要としない社会の秩序を論じたのであって、それが自由放任や市場を万能とする考えとは直結しない。
(2) 需要法則が真に法則であるならば、価格が低下すると需要量が減少するギッフェン財を想定する必要もなかろう。むしろ需要法則は、価格が上がると需要量が増加する財を経験的に確認できないという意味でしかない（Blaug 1992:146）。また、需要法則が初めて統計的に確認できたと考えられていたキングの法則も近年の検証によれば市場の調整式でしかなったことが明らかになっている（蓑谷 2011）。
(3) ルーカス批判やグッドハートの法則として知られているように、社会科学における法則の発見は、その法則やそこから導かれる結果に関する情報を人々が入手することで、人々の行動を変化させることがしばしばある。常に変化する制度と人間の思考や行動を対象として確固たる規則性を見出すのは、原理的には極めて困難である。
(4) 略奪などの海賊行為も物財の移動を意味するため、後にみるカール・ポ

ランニーの思想からは経済活動の一環であるとみなせる。また経済活動の前提となる所有権の思想史的な系譜については田上 2017 第 1 部の諸章を参照されたい。

(5) 理論の変遷に鑑みれば、完全競争という条件が極めて厳しいために、現実の社会はむしろ不完全であることの方が多いという認識のもと、独占や寡占、独占的競争の理論が発展していった。またアメリカで独占資本が形成され、カルテルやトラストが組織されたために、独占の非効率性を理論的に証明する動きが高まったことで不完全競争の理論ができあがった。
(6) より具体的には、金融取引に付随する手数料や、財・サービスの交換機会（可能性）を調査する探索コストなどが挙げられ、時間や手間なども計上される。
(7) グローバリゼーションがいつから始まったということについては、論者によって様々であるが、本章は初期近代からスタートし、1970 年代以降急激に進展したという理解に立つ。
(8) なおフリードマン自身は黄金の拘束服を着用することについて、各国が一元的な政策を目標とするため効率的な世界貿易が実現できるという肯定的な評価を下している。
(9) 自然に関する商品擬制論は、市場で自由に土地を取引することを認めないため、一瞥して、経済活動を一定程度制限して自然環境の保護との両立を図る環境経済学と親和的であるように映る。しかしながら、CO_2 の排出権を取り扱う京都メカニズムのように、本来的には販売のために生産されたものでない空気を取引することは商品擬制に他ならないと云える。
(10) このような経済活動が物財の移動にくわえ、経済主体間の安否の確認や地域間の安全保障に大きな役割を果たしていたと示される。
(11) この点に関して、個人が十分な知識や情報を持っているために、徴収された税は後に公共サービスとなって返ってくることが周知されているという合理的な説明はもちろん可能であるが、決してそれは現実的でない。

【参考文献】

Blaug, Mark 1992 *The Methodology of Economics: Or How Economists Explain* [2nd ed.] Cambridge: Cambridge University Press.

Friedman, Thomas 2000 *The Lexus and the Olive Tree*, New York: Anchor Books. フリードマン, トーマス、東江一紀訳『オリーブとレクサスの木（上・下）』草思社、2000 年。

Polanyi, Karl 1944 *The Great Transformation*, Boston: Beacon Press. ポランニー・カール、野口建彦・栖原学訳『大転換』東洋経済新報社、2009 年。

---------- 1977 *The Livelihood of Man*, New York: Academic Press. ポランニー・

カール、玉野井芳郎・中野忠訳『人間の経済1・2』岩波書店、1980年。
Rodrik, Dani 2011 *The Globalization Paradox: Democracy and the Future of the World Economy*, Oxford: Oxford University Press. ロドリック・ダニ、柴山圭太・大川良文訳『グローバリゼーション・パラドックス』白水社、2014年。
Ruggie, John 1982 "International Regimes, Transactions, and Change: Embedded Liberalism in the Postwar Economic Order" *International Organization*, Volume 36, Issue 2, pp. 379-415.
Steger, Manfred 2013 *Globalization: A Very Short Introduction*, Oxford: Oxford University Press.

笠井高人 2016「カール・ポランニーにおける市場像と公正価格:『ベーシックニーズ』と『実質的経済』をめぐって」『経済学論叢』第68巻第1号、115-139頁。
田上孝一編著 2017『権利の哲学入門』社会評論社。
蓑谷千凰彦 2011「日本における計量経済分析のはじまり——米穀による『キングの法則』検証」『三田学会雑誌』第104巻第3号、353-385頁。

第16章　支配の社会学
——ウェーバーの支配論

宮崎　智絵

はじめに

　マックス・ウェーバー (Max Weber) は、1864 年プロイセンに生まれた社会学者・政治学者・経済学者である。社会科学全般にわたる業績を残しているが、特に同世代のエミール・デュルケーム、ゲオルグ・ジンメルなどと共に社会学の分野に古典的業績を残している。ウェーバーは社会学を「社会的行為を解釈によって理解するという方法で、その社会的行為の過程および結果を因果的に説明しようとする科学である」(Weber1922:1, 訳 8) と定義した。また、ウェーバーは、社会や集団全体が意思決定して行動する行為主体ではなく、個々の人が意思決定し行動するときに社会や集団や他者のことを考えて行動すると考え、社会の実体化を避けるために方法論的個人主義の立場をとったのである。

　そして、ウェーバーは、『社会学の根本概念』のなかで、権力 (Macht) と支配 (Herrschaft) について定義している。権力は「或る社会的関係の内部で抵抗を排してまで自己の意志を貫徹するすべての可能性を意味し、この可能性が何に基づくかは問うところではない。」とし、支配は「或る内容の命令を下した場合、特定の人々の服従 (Gehorsam) が得られる可能性を指す。」(Weber1922:28-29, 訳 86-88) としている。つまり、権力とは、意味内容が相互に相手を目指し、それによって方向を与えられた多数者の行動において、抵抗を排除し、自分の意志を貫くことであるが、支配は服従という形態をとるのである。さらに、ウェーバーは、「社会的関係は、当事者の側から見て、「正当な秩序」の存在という観念によって支配されていることがある。」(Weber1922:16, 訳 50) としている。正当な秩序に支えられた社会的関係において支配が存在するのである。

　このように、社会学において「支配」というのは、社会における社会的行為及び社会的関係を分析するうえで重要な概念のひとつである。支配は、権

力の下位類型であり、社会秩序を可能にする要素のひとつだからである。それゆえ、支配論は、権力、秩序、さらに官僚制、家父長制など多方面との関連で論じられるのである。

本章においては、社会学では代表的なマックス・ウェーバーの支配論を中心として論じることにより、社会学における支配論を見ていくこととする。

1. ウェーバーにおける支配の概念

ウェーバーは、『経済と社会』において「支配の諸類型」と「支配の社会学」の章で支配に関して3分の1近くを占める分量を書いている[1]。いかにウェーバーが支配を重要視していたかわかるだろう。では、ウェーバーは、『経済と社会』では支配をどのように定義しているのであろうか。第3章「支配の諸類型」では、「特定の(またはすべての)命令に対して、挙示しうる一群のひとびとのもとで、服従を見出しうるチャンスをいう。」(Weber1956(a):122, 訳3) としている。したがって、他人に対して「力」や「影響力」をおよぼすことができるあらゆる種類のチャンスが、すべて「支配」というわけではない。支配とは、服従することに対する利害関心があることが本当の支配関係の要件である。つまり、ウェーバーは、支配者と服従者の関係から支配のあり方を規定しているのであり、特に利害関心が必須要件であるとしている。

そして、ウェーバーの「支配の社会学」の主題は、経済と人間共同体の一般的構造形式の発展形態としての支配のさまざまな形式との関係が、経済制約的そして経済関係的な相において論じられる。(向井 1979:63) 経済と人間の間の規則的な関係を示す一般的命題は、一般的であるために、どうしても具体性に乏しくなるが、ウェーバーは豊富な知識を活かして多くの具体的な例を積み上げて、経済と人間の規則的な関係を緻密に分析している。

さて、ベンディクスは、ウェーバーの支配論について、「支配という用語を、狭い意味でのみ用い、権力が利害の布置連関に由来する状況を、その適用範囲からいっさい除外したのである。ウェーバーにとって「支配」とは、「権威ある命令権力」と同義であった。」(Bendix1962:290, 訳334-335) としている。しかしながらウェーバーは、狭義の概念として「利害状況によって——とりわけ市場的に——制約され形式的にはつねに自由な利害関心の発動に基づく権力とは真っ向から対立する概念であって、それはむしろ、権威をもった命令権

力と同義である。」(Weber1956(b):544, 訳10-11) と述べており、狭義の意味として限定的に使用することによって理念型として分析していると考えるならば、ウェーバーの支配の扱い方は実にウェーバーらしいと言えよう。

　では、なぜ支配に服従するのだろうか。ウェーバーは、利害関心と正当性の信仰から説明している。恩賞と罰則などの制裁によって利害関心を強めるが、服従者が命令に服従する方が損か得かと計算ばかりするなら、安定した支配は成立しにくいが、支配者の命令が、一定の限界までは無反省に服従されるならば安定した支配となるというのである。また、正当性の信仰であるが、ウェーバーは、「服従者は、支配者には特定の命令を下す正当な権利(権威)があるという信仰をもちうるが、このような信仰は、服従への利害計算を素通りさせる。すべての支配は、その「正当性」に対する信仰を喚起し、それを育成しようと努めている」(Weber1956(a):122, 訳4) としている。本当の支配関係とは、服従者の一定の最小限の服従意欲があること、服従に対する利害関心があることである。服従意欲は、純粋な物質的な・目的合理的な動機、習俗、情緒的な動機、価値合理的な動機と正当性信念である。支配者は、命令を発するという事実に加えて、自分たちが命令を発する正当な権利をもっていると主張し、それによって、その命令が遵守されることを期待する。まったく同様に、被支配者の服従は、あるていど、支配者とその命令とが正当な支配権の秩序をなしているという観念によって導かれている。(Bendix1962:290, 訳335) したがって、重要なのは「正当」であるということであり、正当であると認識していることが服従や社会の秩序にもつながっていくのである。その正当性は、支配者と服従者の双方の認識が必要であり、互いに正当であるという合意がなされたとき、支配と服従という社会的関係が成立するのである。

　さらに、支配の存続にとって重要なのは「行政幹部」の存在である。支配者の意志を実行し、管理していく存在であるため、行政幹部は支配トップに対しては服従者であり、服従者大衆に対しては支配者であるという二重性をもつ。行政幹部は、支配トップに対しては正当性を要求する方であり、服従者大衆からは正当性を要求される側なのである。ゆえに、支配の存続を中心的に支えているのは、支配者と服従者の媒介となる行政幹部の正当性といえよう。

　ところで、ウェーバーの「支配の社会学」または「支配社会学」には先駆がある。ジンメルの『社会学』第三章の「上位と下位の社会学」である。阿

阿閉吉男の指摘によると、ウェーバーは支配を「命令に服従するチャンス」と定義し、「一定最小限の服従意欲」を「あらゆる真の支配関係の構成要素をなす」とみる点からすれば、かれがジンメルの「上位と下位の社会学」から示唆されて自己の支配理論を展開していったことが推定される。(阿閉1976:44-45)ジンメルが「上位と下位」として支配関係を扱ったとき、それまでの支配理論は支配権力に視点を置く上から支配を論じていたが、ジンメルは、下位の主体の自発性と協調性、要するに服従者の主体性に視点を置いた下からの支配を論じたのである。社会生活を分析するためには下位の主体の自発性と協力性を明らかにし、表面的な思考様式ではなくもっと根源的なところから社会生活における上位と下位関係を分析することが重要であるとしている。このように、ジンメルは支配関係を逆説的にとらえた上からの支配理論に代わる下からの支配理論が登場したのである。(阿閉1976:44-45)そして、ジンメルは、「たんに人格の要点からのみ生じて相互に規定し合う行為は、上位と下位のばあいにも存在し、そしてそれゆえに、一方による強制が他方からいっさいの自発性と、それとともに相互作用の他の一面である固有の「作用」とのいっさいを奪いさると普通は理解されているばあいにも、その上位と下位の関係を、なおある社会的な形式とする。」(Simmel1994:161-162, 訳151)としている。このようにジンメルは、社会的な側面としての相互作用から支配関係を論じたのである。それは、上位と下位が相互に規定しあうものであり、上位のみから規定するものではない関係なのである。

　では、支配以前の支配というのはどのような支配であろうか。支配以前の支配に関して大澤真幸は、「極小化された支配しかもたない」とした。極小化された支配とは、支配のための制度が国家の形態を取るには至っていない、ということである。(大澤1996:26)大澤は、支配以前の支配をピエール・クラストルを通して論じている。クラストルによれば、「内的な複雑性(成員たちが取りうる行為の多様度)の程度が非常に低い原始的な共同体―いわゆる「無文字社会」と分類される社会―は、まるで、拡大・連合して「国家」へと成り上がることを積極的に拒否する機構を備えているかのように見える。」(クラストル:37)という。なぜなら、原始的な共同体も、しばしば、その全体を代表する支配者(首長)を持っているが、その権力は一般には、非常に限定されているからである。まず、首長は、強い強制力をもった命令を下すことはない。首長の最も重要な機能はただ言葉にのみに頼って紛

争時に妥協を促し、共同体の内部に平和をもたらすことであり、物理的な暴力を使用する特権は与えられていない。そして、首長は、自らの物財に関して物惜しみしてはならず、従属者への絶え間ない贈与に応じなくてはならないが、物財を収集するための圧倒的な権限を有するわけではない。(クラストル:37-41) では、原始的な共同体における、この限定的な権力に基づく支配は、いかにして可能なのだろうか。クラストルは、非常に多くの原始的な共同体で成人であることを承認する通過儀礼に「拷問」を思わせるほどの苦痛を与える儀式が中心に置かれている点を挙げている。成人になるということは、共同体の成員として承認されることであり、「拷問」のような儀式が、支配者への（無意識の）持続的な承認―これが支配の正統性をもたらすのである。(大澤:29-30) 成人になる際の儀式には、割礼やバンジージャンプのような身体的精神的な試練を与えられ、それを乗り越えることで成人、つまり社会の成員として認められるのという社会がしばしば見受けられる。この試練を乗り越えて成員として認めるのが支配者であり、それが支配を正当化する機能をもっているのである。

ところで、支配なき社会というのは成立するのだろうか。直接民主制が支配なき社会に該当するが、これは理論上は可能だが、小規模の社会でのみ可能であり、現実にはほとんどない。

2. 支配の三類型

ウェーバーは、支配の種類を、それぞれの支配に典型的な正当性の要求を標準として区別し、合理的、伝統的、カリスマ的という支配の三つの純粋類型を立てたが、現実のあらゆる支配は、支配の三類型の混合として認識されるべきものであると強調している。

2-1 合法的支配 (legale Herrschaft)

ウェーバーは合法的支配について、「合理的な性格のものであることがある。すなわち、制定された諸秩序の合法性と、それらの秩序によって支配の行使の任務を与えられた者の命令権の合法性とに対する、信仰にもとづいたものでありうる。」とし、また「合法的に制定された没主観的・非人格的な秩序と、この秩序によって定められた上司とに対して、上司の指令の形式的合法性の故に、またこの指令の範囲内において、服従がなされる。」

(Weber1956(a):124, 訳10) としている。合法的に制定された規則には従うべきであり、その規則に定められた権限の範囲では支配者の命令に服従すべきであるという信仰である。この支配は、明示的に制定された法律などの規則への信仰が前提となっており、手続きを通して法を制定したり修正や変更をすることができる。支配者は、法によって支配することが許された者であり、どのような命令権があるかなどは規則で決まっているため、服従者は特定の人に服従するのではなく、規則に従い、法を正当性の根拠として服従するのである。

　典型的な支配装置は、近代的・合理的な官僚制で、各行政幹部の権限と命令系統が体系的な合理的規則によって定められている。官僚制は、複雑で大規模な組織の目的を能率的に達成するため組織の活動が合理的に分業化された管理運営の体系で、近代の国家機構の持つ強大な権力を支えている。地位、役割が職務によって階級づけられて、人間関係が非人格的な性格をもち、責任と権限が職務に与えられて各部署ごとに専門教育や技術が要求される。このような官僚制的支配は、本質は「没主観性」と「合理性」、被支配者が平等化しており、合理的・専門試験を制度化するという特徴がある。この試験制度は、支配階級としての地位を築くものとして機能する。官僚制的行政が優越性を獲得した偉大な手段は専門知識である。(Weber1956(a):128, 訳27) この専門知識が、支配者と服従者のどちらの地位になるかを決定づけるものとして機能している。日本では、合理的・専門試験を制度化したものが公務員試験である。

2-2 伝統的支配 (traditionale Herrschaft)

　ウェーバーは、伝統的支配について、「伝統的な性格のものであることがある。すなわち、昔から妥当してきた伝統の神聖性と、これらの伝統によって権威を与えられた者の正当性とに対する、日常的信仰にもとづいた者でありうる。」とし、「伝統によってその任につけられ、伝統に（伝統の範囲内で）拘束されているヘル (Herr)[2] の人に対して、ピエテート (Pietät 恭順) によって、慣習化したものの範囲内で、服従がなされる。」(Weber1956(a):124, 訳10) としている。つまり、昔から存在する秩序と支配権力との神聖性を信じる信念に基づいた支配、または、古くからある秩序は侵してはならないという伝統的な規範への信仰に基づく支配である。

　伝統的支配に対してなぜ服従するのだろうか。それは支配者には、伝統に

よって支配者自身に権威を与えられるからである。伝統的に決められてその地位につけられた人にたいして服従するのである。そして、支配者の命令は二つの仕方で正当性を持つのである。(a) 指令の内容を一義的に規定するごとき伝統にもとづいて、また、伝統の信ぜられた意味と範囲との限界内において、伝統的限界を犯すことによって伝統の信ぜられた範囲に動揺を与えることは、ヘル自身の伝統的地位を危殆に瀕せしめることがある。(b) 伝統がそれだけの余地を恣意に与えているとき、ヘルの自由な恣意によってである。(Weber1956(a):130, 訳 33-34) したがって、伝統的支配は、ある程度の伝統のある社会における支配であり、ある程度は安定しているが、伝統を基盤としているゆえに伝統が途切れたとき、その支配は不安定なものとなる。

そして、伝統的支配の支配団体の最も単純なケースは、教育の共同によって規定されたピエテート団体である。支配者は、合法的支配のように上司ではなく、個人としてのヘルであり、行政幹部は、基本的には個人的な奉仕者(Dienern)である。被支配者は、団体の成員ではなく、「伝統的な仲間」か「臣民」である。(Weber1956(a):130, 訳 33)

支配装置は、長老制や家父長制などである。長老制は、最長老が、神聖な伝統の最良の精通者として、支配を行使している状態である。家父長制は、多くは基本的に経済的で家族的な (家) 団体の内部で、(通常は) 明確な相続規則によって定められた個々人が、支配を行使している状態をいう。(Weber1956(a):133, 訳 45)「父」と「子」が恭順し、支配領域が広域に及ぶ場合には、行政幹部が必要となり、家父長制は変質し、支配者は、支配領域を分割し、幹部が各領域での役得を専有する権利を許すことになる。領域分割には、家産制と封建制という 2 つの対照的な類型がありうる。家産制は、行政幹部は非世襲的に、一代限りで役得を専有。家産制的支配、とりわけ身分制的＝家産制的支配は、その純粋な類型においては、すべてのヘル権力とヘルのすべての経済的権利とを、占有された私的な経済的チャンスと同様な仕方でとり扱う。(Weber1956(a):137, 訳 56) 事例としては、科挙による中国の家産官僚制やヨーロッパ中世の封建制 (レーエン制)[3] などがある。家産制的支配は、家父長制が拡大したものだが、支配者は、いつまでも伝統に頼ってばかりというわけにはいかなくなり、社会秩序を守るために社会はやがて官僚制化していき、官僚制的支配にならざるを得ない。封建制は、領域の世襲的な専有が認められるが、支配者 (王) と幹部 (家臣) との間には古来の契約による支配関係があるにすぎず、王は相対的に弱い立場である。

しかしながら、伝統的な規範は法のようにはっきりしていないため、権限は不明確な部分が多い。支配者が好き勝手に命令を下すことができる可能性はあるが、実際には伝統的な規範によって制約されているため、自由に命令を下しにくい状況が作り出されているのである。

2-3 カリスマ的支配 (charismatische Herrschaft)

「カリスマ」とは、非日常的なものとされるような資質をもつ人のことである。この資質をもつことで、超自然的・超人間的、特殊で非日常的、普通の人がもつことができない力や性質をもつ、または神から遣わされた者、あるいは模範的ということから指導者として評価されるのである。(Weber1956(a):140, 訳 70) カリスマ的支配とは、「カリスマ的な資格をもった指導者その人に対して、啓示や英雄性や模範性への人的な信仰によって、彼のこのカリスマへの信仰が妥当している範囲内において、服従がなされる。」(Weber1956(a):124, 訳 11) とウェーバーは定義した。つまり、支配者が非日常的な資質を有しているとの信仰に基づく支配である。例えば、治癒力をもつとされる宗教教祖 (呪術カリスマ) による支配や不敗の天才と信じられた将軍 (軍事カリスマ) による支配である。何をもってカリスマとするかの基準は、社会的な承認が必要であり、社会的に決定される。

ところで、カリスマ的支配における社会関係が、一時的なものにとどまらず、永続的な関係としての性格をもってくると、カリスマ的支配は、伝統化されるか、または合理化 (合法化) されるか、あるいはある点では伝統化され別の点では合理化される。つまり、カリスマ的支配は、非日常的化し、合理的支配、伝統的支配へと移行するのである。(Weber1956(a):141, 訳 73) ウェーバーは、カリスマ的支配はを伝統的支配または合法的支配に先立って出現する支配形態として位置付けている。

支配装置は、弟子や従士集団にすぎないことも多いが、熱狂的な個人崇拝のゆえに強力な服従も期待できる。その資質が、カリスマ的被支配者、すなわち「帰依者」によって、事実上どのように評価されるか、ということだけが問題なのである。(Weber1956(a):140, 訳 70) カリスマ的支配は、カリスマとされる力や資質を有する間は支配者として正当とみなされるため、カリスマを所有していることを服従者に常に示さなければならないのである。そのため、カリスマ的支配は一時的で不安定なものなのであり、やがては日常化するのである。

では、カリスマ的支配が必要とされるのはどのような状況なのだろうか。向井守によると、「カリスマ的支配はいかなる文化領域においてであれ、ある共同体が非日常的危機的状況に陥った場合に生じる。」(向井 1979:72) という。それは、生の危機にさらされている実存的混迷の状況であり、確かだと思っていた日常は崩壊しまっている時である。このような状況では、超自然的・超人間的な力や資質をもつ人が求められるのである。強力なリーダーシップで危機を乗り越え、誰もがその支配に服従することができる人が必要とされる。つまり、非日常的な危機に陥った共同体は、カリスマ的支配を必要とし、カリスマ的支配によって危機を脱しようとするが、それはどの文化領域でも出現する可能性があるのである。

　さて、ウェーバーは、カリスマ的支配は、その支配のおよぶ範囲内では過去を変革する力をもっているとし、伝統に拘束された諸時代における偉大な革命的力そのものであるとしている。(Weber1956(a):141, 訳 73)「理性」も革命的な力をもっているが、生活状況や生活上の問題を変更することによって間接的に生活に対する態度を変更したり知性化を通じてのように外面から作用する。これに対して、カリスマは、苦悩や熱狂から生まれ、あらゆる個々の生活形式や全く新たな志向を生み出すことによって、心情や行為の中心的な方向を変更するような内面から作用する変革である。(Weber1956(a):142, 訳 75-76) つまり、カリスマによる変革は人びとに内包化されるのであり、理性的変革よりも大きな影響があるのである。理性的変革は「頭」が、カリスマ的変革は「心」が変革するのである。

　ところで、ウェーバーは、世襲カリスマの発展の古典的な国はインドであるとしている。(Weber1956(a):147, 訳 99) カースト制は業と輪廻による身分秩序という一面をもっている。どのカーストに生まれるかは前世の業によるものであり、カーストは血統によって世襲される。インドにおいては、カリスマ的支配は、個人のカリスマというよりもその氏族の血筋、つまり血統カリスマとして現われるのである。カースト制では、どのカーストに所属するかはどのカーストに生まれるかで決まる。何よりも血統が重視され、支配階層の血統に生まれることで支配の正当性が与えられる。カーストは、業と輪廻により決定され、宗教的正当性を与えられているため、反論するにはヒンドゥー教を否定するしかないのである。しかし、もし改宗しても、元のカーストは完全には消滅しないし、村社会では死を意味する。これは、アンベードカルの仏教への集団改宗の事例を見てもわかるだろう。そして、血統カリ

スマの継承は、その血統から選ばなければならないため、慣習あるいは伝統で決定するか、ふさわしい人を選別するかである。そして、カリスマ的支配は、その人のにカリスマ性が消失した場合、支配の正当性も失われるが、カースト制の血統カリスマは、その人個人ではなく血統にカリスマがあるため、個人的なカリスマよりも正当性は消失しにくい。ヒンドゥー教では、血統カリスマの構造は、業による輪廻であり、前世の業によって現世のカーストに輪廻し、現世の業が来世のカーストを決定することから、現世での支配を受け入れなければ来世で低いカーストとなってしまう。このような構造により、支配者の支配を被支配者が受け入れ、服従するのである。血統カリスマは、インドにおいてはヒンドゥー教によって権威付けられることによって支配の正当性をもち、被支配者は服従するのである。いわば、インドは血統カリスマ支配によるカースト制が社会の秩序を維持しているといえるだろう。

ところで、合法的支配や伝統的支配からカリスマ的支配へは移行するのだろうか。これは、カリスマによる革命などが起こった場合、合法的支配が崩壊し、カリスマ的支配へと逆行することもあると考えられる。例えば、イラン革命は伝統的支配からカリスマ的支配へ移行したといえよう。

3. 支配の正当性

ウェーバーの支配論においては、服従者が支配者に対してその支配を正当とみなすかどうかが重要となっている。それは、ウェーバーの行為の理解にもとづく社会の分析である理解社会学にとって、行為者の主観的意味が込められている行為が社会的行為として社会学の対象となるからである。行為の内容や結果が行為者の主観的意味よって変わる可能性があることから支配論では、服従者が支配者の支配を正当とみなすかどうかという点を重視したのである。

そこで中野敏男は、正当的支配をめぐるウェーバーの古典的な定式の意味を権威の源泉という観点から捉え直すことが有用であるとした。(中野 1996:80)「カリスマ」による権威は、カリスマが常にカリスマを持つことを示すことによって服従者が支配を正当化することから、適切な結果をもたらすことができなければ権威は正当性を失うのである。例えば、軍事的カリスマが戦争で敗け続けた場合、そのカリスマを失い、権威の正当性も失う場合などである。「伝統」による権威は、一定の生活形式を継続しているという

生活と内容の形式の範囲で一貫した行為選択をすることによる権威である。伝統から大きく逸脱するならば権威の正当性は失われる。例えば、カースト制ではバラモンが肉を食べないという伝統を逸脱して肉を食べたなら権威の正当性を失う。そして、「法」による権威は、全体社会に対する法の機能的分化によっている。法の正当性は、法が支配を正当化するのである。

さて、社会学では、「支配の正当性」という問題は、主として服従者に対する「正当化」がどのような根拠から可能になるのかという点から論じられてきた。正当性の根拠に関わる最も有名な論争は、「合意なのか、あるいは、手続きなのか」というハーバーマスとルーマンの論争であり[4]、視点は、支配を有効とするようなチャンスという点にある。

また、中野は、「「支配の正当性」という問いは、今日、そもそもそうした問いが成り立つのかが危ぶまれるという意味で、もっと根底的な「危機」に直面しているように、われわれには思われる。そうした危機の様相は、少なくとも二つの面から表れてきている。」(中野 1996:67-68)というように指摘している。その理由として、一つは、人々の間で共有されるべき究極的価値の存在が信じられなくなった今日の状況において、制度的な秩序や集合的な決定の規範的な「正しさ」という問いが、なおアクチュアルでありうるのかという問題である。(中野 1996:68) これは、多様な価値観を特徴とする現代社会において、社会の秩序にとって、多様な利害関心を平和的に調整して安定した秩序を維持するという課題だけではないのかという問題である。そうであるならば、支配の正当性というよりは、社会秩序の維持をするための多様な価値観を調整・管理するシステムこそが必要なのである。もう一つは、社会の諸領域が多様に分化し複雑化した今日、人々の社会における地位もまた多様に錯綜するようになり、かつては明らかに見えた「支配‐服従」という関係が、もはや単純に明瞭なものではなくなっているということである。(中野 1996:68) 現代社会の複雑な社会制度は、特定の誰か、あるいは特定の階級や階層に支配されているという関係が認識しにくくなっている。当り前であった支配者と服従者の関係は、あいまいなものとなり、そこに正当であるかどうかという認識は欠如しているのである。そもそも支配されているとか、服従しているという感覚がなければ、支配の正当性は問いようがないのである。

ところで、ウェーバーはなぜ「非正当的」支配の可能な類型を全く考慮せずに、「正当的」支配についてだけ語ったのだろうか。この問題をとりあげ

ているのはW・J・モムゼンである。彼は、ウェーバーがいつも「正当的」支配についてだけ語るのは、ウェーバーが機能主義的方法でアプローチしたことから、ある程度説明がつくとしている。(Mommsen1974:84, 訳111) ウェーバーは、正当的支配の三類型が現実的には混合型であると指摘することにより、互いの支配要素が欠落しているならば安定した支配は存続することができないという機能主義的アプローチから、非正当性を言及する必要がないというのである。

4. ウェーバー支配論の意義

　ウェーバーの研究テーマは、近代資本主義・近代合理主義がなぜ、どのようにしてヨーロッパにおいてのみ成立したのかである。そこでウェーバーは宗教と支配という二つの側面からアプローチした。宗教的側面は、プロテスタンティズムの禁欲主義という宗教的エートスから解明したが、ではなぜその宗教的エートスがヨーロッパにおいてのみ生まれ、近代資本主義・近代合理主義の発展につながったのかを支配構造から明らかにした。つまり、ウェーバーの支配論は、彼の研究テーマを解明するために支配構造からアプローチを行なったものであり、支配そのものを前提とした分析ではない。しかしながら、支配に関して系統的に分析したものとして社会学において大きな功績を残したといえよう。服従という結果から支配へと因果的にさかのぼって支配のあり方を解明したものであり、まさにウェーバーの定義する社会学を実践したものである。つまり、ウェーバーの支配論は、支配者ではなく服従者の社会的行為に着目したものであり、それまでの支配論の視点を転換させたジンメルの研究をさらに発展させ、理解社会学の立場から分析したものである。

　さらに、ウェーバーは中国の場合は科挙制度、インドの場合はカースト制が近代官僚制への発展を妨げたことを支配論から明らかにし、なぜ西洋にのみ近代的資本主義が発展したのかという命題の一部を説明している。

　そして、ウェーバーの支配論の後、パーソンズ、フーコーやブルデューらが違うアプローチで支配と権力について分析を行なっているが、肯定するにしろ、批判するにしろその基盤となる支配論がウェーバーである。ウェーバーは、社会学において支配という概念が重要であるということを提示したのである。

おわりに

　社会学は、支配の問題にたいして、誰が支配者であり誰が従属しているのかを明らかにしようとするもの、支配者がなぜ支配できるのかという問題を問うもの、支配の有り様をを問題にするもの、という三つの接近方法をとってきた。(早川 2003:78-79) ウェーバーは、理解社会学の立場から、支配者がなぜ支配できるのかを支配される服従者の正当性から論じているのである。支配者への命令権力、被支配者の服従、被支配者の「正当性信念」の三つの構成要素から権威と利害の関係、正当化と組織化との関係を明らかにした。
　また、シュルフターは、「ウェーバーは、彼の支配の社会学において、新カント主義的な妥当論と国家学との結びつきを、つまり一方においてはロッツェ、ヴィンデルバント、リッカート、ラスク、他方においてがゲオルク・イエリネックの結びつきを、追求しているのである。」と指摘している。(シュルフター :66) ウェーバーは、それ以前の知を結集し、さらに発展させ、後世へと繋いでいったのである。

【注】
(1) 『経済と社会』は、初版(1921-1922)では第一部第三章「支配の諸類型」、第三部「支配の諸類型」であるが、ヴィンケルマン版(1964)では、第一部第三章「支配の諸類型」、第二部第九章「支配の社会学」となっている。
(2) ヘル(Herr)は、他人から授権されたものではない、自分固有の命令権力をもつ者。君主、領主、支配者、封主など。
(3) ウェーバーはレーエンを「占有されたヘル権力。レーエン封建制とは、原理的にレーエンを扶持された行政幹部が存在するとき、これをレーエン封建制と呼ぶことにしよう。」としている。(Weber1956(a):136, 訳 53-54)
(4) Habermas,Jürgen.1973,*Legitimationsprobleme im Spätkapitalismus*,Suhrkamp. と Luhmann,Niklas.1988,*Macht*,2.Aufl.,Enke. を参照のこと。

【参考文献】
Bendix,Reinhard.1962 *MAX WEBER :An IIntellectual Portrait"* 2nd.ed, NewYork: Doubleday & Company,Inc. ラインハルト・ベンディクス、折原浩訳『マックス・ウェーバー(下)』三一書房、1988 年

Clastres,Pierre.1974 *La société contre l'État : recherches d'anthropologie politique*, Éditions de minuit. ピエール・クラストル、渡辺公三訳『国家に抗する社会：政治人類学研究』風の薔薇、1987 年

Mommsen,W.J.,1974*The Age of Bureaucracy;Perspectives on the Political Sociology of Max Weber*,Blackwell,W.J. モムゼン、得永新太郎訳『官僚制の時代 - マックス・ヴェーバーの政治社会学』未来社、1984 年

Simmel,Georg.1994(1908) *Soziologie:Unter suchungen über die Formen der Vergesellschaftung,Georg Simmel,Gesamtausgabe,Band.II*,Suhrkamp. ゲオルク・ジンメル、居安正訳『社会学 - 社会化の諸形式についての研究』(上) 白水社、1994 年

Weber, Max 1922 *Wirtschaft und Gesellschaft*, Tubingen,J.C.B. Mohr. マックス・ウェーバー、清水幾太郎訳『社会学の根本概念』岩波書店,1972 年

_____, 1956(a) *Wirtschaft und Gesellschaft,Grundrifi der verstehenden Soziologie,vierte,neu herausgegebene Auflage,besorgt von Johannes Winckelmann,erster Teil,Kapitel III,IV* (S.122-180). マックス・ウェーバー、世良晃志郎訳『支配の諸類型』創文社、1970 年

_____, 1956(b) *Wirtschaft und Gesellschaft, Grundriss der verstehenden Soziologie,vierte,neu herausgegebene Auflage,besorgt von Johannes Winckelmann,Kapitel IX.Soziologie der Herrschaft*(S.541-632) . マックス・ウェーバー、世良晃志郎訳『支配の社会学 I』創文社、1960 年

阿閉吉男 1976『ウェーバー社会学の視圏』勁草書房

大澤真幸 1996「支配の比較社会学に向けて」、井上俊・上野千鶴子・大澤真幸・見田宗介・吉見俊哉編『権力と支配の社会学』岩波講座現代社会学 16、岩波書店、所収

シュルフター , ヴォルフガング、河上倫逸編『ヴェーバーの再検討 - ヴェーバー研究の新たなる地平 - 』風行社、1990 年

中野敏男 1996「支配の正当性 - 権力と支配を新たに概念構成する視野から」、井上俊・上野千鶴子・大澤真幸・見田宗介・吉見俊哉編『権力と支配の社会学』岩波講座現代社会学 16、岩波書店、所収

早川洋行 2003『ジンメルの社会学理論』世界思想社

向井守 1979「『経済と社会』の構造と「支配の社会学」」、向井守・石尾芳久・筒井清忠・居安正『ウェーバー支配の社会学』有斐閣新書，所収

第17章　支配の神学
——無支配を目指す未来学

福嶋　揚

はじめに

　本書の最終章は、キリスト教神学の視点からの「支配」についての考察である。神学という学問に馴染みがない日本人の読者にとって、それがどのような学問であるかという手引きも兼ねることにしたい。

　さて「支配の神学」という表題は、「神学とは人間を支配する学問である」とも、あるいは「神学とは支配について考察する学問である」ともとれる。たしかに神学には前者の可能性、例えば国家宗教の御用学となる危険性がある。しかし本稿の目的は後者の可能性、つまり支配について考察し、さらに支配からの解放を目指す神学の可能性を明らかにすることである。

　そもそもイエスが宣教した「神の国(支配)」は、非差別と無条件の共生を意味するものだった[1]。イエス以後の二千年のキリスト教史が、たとえどれほどその原点からかけ離れてきたとしても。

　また二十世紀後半には「解放の神学」と呼ばれる神学的運動がラテン・アメリカの貧困層のなかから生まれ、様々な国や地域へと波及した[2]。国家の独裁や大資本による搾取によって人間と生態系が危機に瀕していることは、世界最大の信徒数を擁するキリスト教という一宗教にとって、無視することのできない現実である。

　本稿ではこのことを二十世紀最大の神学者カール・バルト (Karl Barth: 1886～1968)、さらに哲学者柄谷行人 (1941～) を主な手がかりとして論じたい。バルトと柄谷という、時代も傾向も異なる東西の大思想家のあいだには、近年注目すべき接点が現われたからである。

　まず第1節では、神学とはどのような学問であるかを簡単に紹介する。次に第2節では、旧新約聖書が描く「支配」観を概観する。さらに第3節では「支配」と関連する「主」「全能」「力」といった概念を考察する。そして第4節では、社会倫理的な視点から無支配への可能性を論じる[3]。それによって神

学が「自由」と「愛」以外の何ものも支配しない未来を指し示す未来学となる可能性を明らかにしたい。

1. 神学とは何か

政治理論に関心を持つ本書の読者にとって、神学 (theology) という分野は馴染みがうすいかもしれない。古代ギリシャ語の語源にさかのぼれば、神学 (theologia) は神 (theos) について語る (legein) 営みである。キリスト教という一宗教においてそれは、旧新約聖書および教会の伝統に基づくキリスト教の自己検証の学であると言ってよい。この「自己検証 (Selbstprüfung)」という言葉は、神学者バルトの主著『教会教義学』の冒頭に登場する (Barth 1932: 1)。またバルトが重視する中世のカンタベリーのアンセルムス (Anselm von Canterbury : 1033 〜 1109) の言葉を用いれば、神学とは「知解を求める信仰 (fides quaerens intellectum)」、つまり信仰の知的検証であるとも言える[4]。

神学という学問は、a. 旧新約聖書の研究、b. 教会の様々な教えを論じる組織神学、c. 教会奉仕者の働きを論じる実践神学、d. キリスト教の歴史研究、などの諸分野から成り立っている。キリスト教会のメッセージ(宣教)が何に基づくのか、つまり「どこから」来るのかを明らかにするのがaの聖書研究(釈義)である。次に教会が「何を」宣べ伝えるのかを体系(組織)的に明らかにするのがbの組織神学である。この組織神学は教義学と呼ばれることもある。また教義学は倫理学や宗教哲学とも関係する。さらに教会の宣教を「いかに」行うかを明らかにするのがcの実践神学である。そしてこれらの諸研究を百科全書的に補佐するのがdの歴史研究(教会史・教義史)である。

以上をまとめると、神学とは教会が「どこから・何を・いかに」語り伝えるかを検証する学問であると言ってよい[5]。

2. 聖書における「支配」

さて「支配」は旧新約聖書において、そして聖書に基づく神学の伝統において、まさしく中心的なテーマの一つである。それをごく手短に概観してみたい。

天地創造物語においては、神ヤーヴェが自らの似姿として人間を創造した

後、この人間に被造世界の支配を委託する (創世記一 28)[6]。この「地の支配 (dominium terrae)」をめぐるテキストは後世、人間が自然を支配するイデオロギーであるかのように、また西欧キリスト教文明による環境破壊の元凶であるかのように語られてきた。しかし創造物語において、人間は創造主に対して責任を負う一被造物である。恣意的で暴力的な支配ではなく、「土地を耕して守る」(創世記二 15) ことが人間には委託されている。その他にも旧約聖書には、安息日や安息年など、人間と生態系を保護する戒めや知恵が含まれていることを指摘しておきたい。

　旧約聖書において、古代イスラエルの為政者は神ヤーヴェの意志に服従すべきものとされる。地上の為政者は神の代理人として、内政的および対外的な平和、民の幸福、祭祀の維持といった事柄につとめねばならない。地上における人間の支配としては、王の支配[7]のほかに、長老による支配行使[8]、ヨシュア、デボラ、士師たちのように、カリスマ的能力を受けた指導者による支配の例がある。いずれの支配者にも無条件の支配は許されていない。

　王や上層階級が権力を濫用する時、旧約聖書の預言者たちは厳しい批判を加える[9]。この批判は最終的に、神から派遣された真の支配者、すなわちメシア (救世主) への期待 (イザヤ書九 5) へ、またただ神のみによる支配への期待へと連なっていく。

　まさにそのような神の支配の到来を告げ知らせるのが、新約聖書のイエスである。それは「神の国 (Βασιλεία τοῦ Θεοῦ)」と呼ばれる。これは地上の支配者たちの支配を決定的に制限する。例えば「皇帝のものは皇帝に、神のものは神に返せ」とイエスは言う (マルコ福音書十二 17)[10]。イエスはローマ皇帝を頂点とするあらゆる力の支配を相対化する。その意味で、イエスの次のような言葉も重要である。

「あなたがたも知っているように、異邦人の間では、支配者と見なされている人々が民を支配し、偉い人たちが権力を振るっている。しかし、あなたがたの間では、そうではない。あなたがたの中で偉くなりたい者は、皆に仕える者になり、いちばん上になりたい者は、すべての人の僕になりなさい。人の子は仕えられるためではなく仕えるために、また、多くの人の身代金として自分の命を献げるために来たのである」(マルコ福音書十 42 〜 45)。

　この言葉が示すように、イエスにとって真に重要なことは人に権力を振る

うことではなく、「僕」となって人に仕えることである。イエス自らが十字架に至る生涯を通してそれを体現する。

パウロはローマ書十三 1～7 において、国家権力を神の意志によって基礎づけている。このローマ書十三章とはある意味で対照的に、ヨハネ黙示録は地上の人間的支配を批判し (黙示録十七)、イエスによる支配を対置している。その他にもコロサイ書一 16 やエフェソ書一 20～21 によれば、複数形の諸々の「支配」は、「神の右」に座す「キリストの支配」に従属するものとされる。

3.「主」「全能」「力」

「支配 (Herrschaft)」と関係が深いのは「主 (Herr)」の「力」、「全能」といった諸概念である。聖書が語る「神の支配」の内実を理解するためには、こうした「主」、「力」、「全能」といった関連概念をあわせて見ることが役に立つ。

前節で見たように、「主 (Herr)」となることはただ「僕 (Knecht)」となることを通してのみ成就される。聖書はこのような下降と上昇の逆説的な一体性をイエスの十字架の死と復活という形で、最も先鋭的に表現する[11]。例えばパウロはそのようなキリストの下降と高挙を「キリスト賛歌」と呼ばれるテキスト (フィリピ書二 6-11) において表現している。

さて「全・能 (All-macht; omni-potentia)」とは文字通りに取れば、あらゆる力 (Macht; potentia) の所有を意味する。実際そのような神の全能に関する多くの記述が聖書に見られる[12]。古代キリスト教会以来、「全能の神」という表象は一般的なものであった。例えば四世紀に成立してキリスト教世界において広く認められてきた「ニカイア・コンスタンティノポリス信条」は、その冒頭において神を「全能の父、天地の造り主 (Patrem omnipotentem, factorem caeli et terrae)」と呼ぶ。

ただし、この「全能」は聖書が描く神のさまざまな述語、属性の一つにすぎないことに注意しなければならない。つまり神の特徴を理解する上で、「全能」はあくまで他の属性との関連において理解すべきものなのである。

例えば神の「全能」は祝福や憐みをもたらす[13]。またイエスにとって「神の支配 (国)」の到来は、人々にたいする「罪の赦し」の告知と共におきる[14]。それは罪人という烙印によって差別されてきた人々に解放をもたらす福音である。「全能」は単なる無差別で恣意的な力の行使ではない。

255

そもそも力それ自体はプラスにもマイナスにも働きうる。例えば力は生を高める力ともなれば、生を破壊する暴力ともなる。自己目的化して増大し続ける力は、ニヒル (nihil) であり虚無的 (nichtig) である。この意味で、バルトはナチス・ドイツの力崇拝を破壊的なニヒリズムと見なして批判する (Barth 1947: 52-56)。

そのような虚無的な力とは異なって、聖書が描く神の力あるいは支配は、ある方向性を持っていることに注目すべきである。それは過去 (起源)・現在 (道)・未来 (目標) という方向性である。つまり、世界を根源的に善きものとして贈り与え、あらゆる破壊や損傷にもかかわらず修復し、完成へと導くという方向性である。これは創造 (Schöpfung)・和解 (Versöhnung)・救贖 (Erlösung) とも言われる。聖書の描く神は伝統的に、創造者・和解者・救贖者から成る三位一体の神と捉えられてきた。すなわち父なる創造者・子なる和解者・聖霊なる救贖者という三位一体である。

しかしこのような方向性は、宇宙や世界史の進行から導き出すことは困難であり、むしろその背後に隠された歴史と言わねばならない。このヴェールに覆われた歴史は、キリストという一点において「ヴェールを脱ぎ (re-velare)」明らかにされる、つまり啓示 (reveal) されるという考え方がある。このような考え方は、自然を観察することによって神の存在を推論する「自然神学」とは異なって、「啓示神学」あるいは「キリスト論的集中」と呼ばれる。自然現象や歴史事象から超越者の意志や計画を読みとろうとする自然神学は、ナチズムの台頭に神の摂理を期待することへと陥った。そのような世界観や政治に対抗するものが、バルトが主張したキリスト論的集中であり、またナチズムに抵抗する彼らのドイツ教会闘争であった。

バルトによれば、聖書の神のさまざまな属性のうち、最も包括的な属性は「自由」と「愛」である。神は「自由に愛する者 (der in der Freiheit Liebende)」である (Barth 1940: 288)。自由に愛する力こそが神の全能なのであって、全能が自由と愛を制限するのではない。それは他者を生かし祝福する力、罪悪の力に屈することなく自由な愛を貫く力である。そのような大いなる自由と愛をキリストの十字架という一点に見てとる姿勢こそが、キリスト論的集中である。

4. 社会倫理的に見た「支配」

4-1. 国家と資本への対抗運動としてのバルト神学

以上において見てきた「神の支配」、神の「自由に愛する」力といった神学的表象は、政治社会において果たしてどのような意義を持つであろうか。

バルトは「主 (Herr)」の力に対して、主 (あるじ) を持たない、言いかえれば方向性を持たない野放図な力を「主なき権力 (herrenlose Gewalten)」と呼ぶ。「主を失った権力」とは、無制限な自己正当化、自己増殖を図る様々な「絶対主義」である (Barth 1959-61: 368)。バルトはこのような「主なき権力」として、「政治的絶対主義」や「マモン」等を挙げている[15]。

まず政治的絶対主義とは、絶対化した国家権力である。そこでは、法 (正義) が国家を規制するのではなく、国家が法 (正義) を規制する事態が生じる。バルトによれば「正義 (法) の力 (die Macht des Rechts)」が「力の正義 (das Recht der Macht)」へと転倒されるとき、政治における悪魔的なものが成立する (同書: 378)。いかなる国家もそのような自己絶対化の危険と無縁ではない。

次に「マモン」[16]とは「人間にとって最高度に活発な悪魔となった」財産や能力を意味する。「マモン」に相当する現代のものは金 (マネー) である。人間は金を持つ量に応じて支払う能力があり、信用に値するものとなる。しかしマモンは真の保証も安定ももたらさない。イエスによれば財産は「衣魚や虫や強盗や泥棒にとられてしまう」可能性がある (マタイ六 19)。それにもかかわらず、人間はマモンから容易に逃れられない。金は実体経済から遊離した金融資本となって人間社会を翻弄する。人間がマモンを持つのではなく、マモンが人間を持つという転倒が生ずる (Barth 1959-61: 378-380)。

バルトによれば、マモンはリヴァイアサンの「最も近い親戚」である (同書: 379)。互いに異なる原理を持つ資本と国家が癒着して、強大な支配力となるのである。バルトは、このような主なき「国家の力」と「資本の力」とは異なる力として、神の自由な愛という第三の力を聖書から見出し、それを抵抗の拠点としたと言ってよい。バルトの神学は彼の政治社会的活動と一体のものであった。若き日の牧師バルトは、イエスに依拠する社会主義者として工場労働者を支援した。バルトはその後、ナチス・ドイツとのドイツ教会闘争に参加し、さらに冷戦時代は東西両陣営のいずれにも与さない第三の道を模

索し続けた[17]。

4-2. 柄谷行人の交換様式論

2015 年 1 月の『現代思想』誌の「柄谷行人の思想」特集号において、柄谷はバルトの思想への共鳴を表明した[18]。冷戦終結後、歴史の理念や意味について積極的に語るようになった柄谷の思想は、キリスト教の歴史観と接点を持つようになったのである。大著『世界史の構造』においてそれを見ることができる。

『世界史の構造』は、世界史の移行を複数の交換様式に基づいて解明し、さらにそのことによって、未来の「世界共和国への移行に関する手掛かり」を探求する「構造論的」で「超越論的」な洞察である (柄谷 2010: 44)。それは世界史を四種類の交換様式 (A 〜 D) の複合体として捉えるものである。

交換様式 A は「贈与と返礼」である。贈与はそれを受けた者に負債を課し、さらに返礼できない者を共同体から排斥する。このような互酬制は、成員の共同性や平等性を目指すが、真の意味で自由ではない。

交換様式 B は「支配と服従」あるいは「略奪と再分配」である。これは、ある共同体が他の共同体を略奪するところから始まる。支配共同体は、服従する被支配共同体を他の侵略者から保護し、灌漑などの公共事業によって育成する。それが国家の原型である (同書 : 10)。

交換様式 C とは、商品および貨幣の交換である。それは、交換様式 A のように贈与によって他者を拘束できない時、また交換様式 B のように暴力によって他者から強奪できない時に成立する。それは互いに他を自由な存在として承認する時にのみ成立する。ただし、相互の自由は相互の平等を意味しない。商品は交換されるかどうかわからないので、貨幣を持つ者が優位に立つ。そこから貨幣を蓄積しようとする欲動、資本が発生する。それは他者を物理的に強制することなく、合意にもとづく交換によって使役することができるがゆえに、新しい階級支配をもたらす (同書 : 11-12)。

交換様式 D は、以上の三種類の交換様式とは異なる第四の交換様式である。それは B がもたらす国家を否定し、さらに C がもたらす階級分裂を越えて、「A を高次元で回復するもの」である (同書 : 188-189)。それは「自由で同時に相互的であるような交換様式」である (同書 : 12)。ただし D は他の三つとは異なって、「理念」であって「現実には存しない」ものとも言われる (同書 : 189)。

柄谷は以上の四種類の交換様式を以下のように図式化する。横軸があらわすのは、不平等(左)・平等(右)である。縦軸があらわすのは、拘束(上)・自由(下)である。

B 略取と再分配（支配と保護）	A 互酬(贈与と返礼)
C 商品交換（貨幣と商品）	D 自由の相互性

近代の社会構成体

B 国家	A ネーション
C 資本	D X

　柄谷によれば、そのような交換様式Dを最初に開示したものが、様々な「普遍宗教」である。それは共同体・国家・商人資本に対抗し、相互的な「アソシエーション」を目指すものだった(同書：218)。普遍宗教は、帝国すなわち広域国家(交換様式B)の支配下で、商人資本(交換様式C)によって共同体(交換様式A)が解体されていった時、それらに対抗する交換様式Dとして現れた(同書：199)。

　普遍宗教はまた「一定の人格」によってもたらされたという。それは例えば預言者である。預言者は王権や祭祀階級を否定する(同書：219)。柄谷はその典型をイエスに見出す。だがイエスの批判の徹底性は、交換様式A・B・Cに対抗し、交換様式Dとしての共同体を実現することにあった(同書：218)。

　このようなイエスの教えはパウロを経て、ローマ帝国という「世界帝国」に浸透した。しかし、それとともにキリスト教は「ハイアラーキカルな集団」へと変じる。それは、普遍宗教が「国家や共同体に浸透すると同時に、それらに回収されてしまった」ことを意味する。「だが、そうであるかぎり、キリスト教は世界宗教（世界帝国の宗教）ではあろうが、普遍宗教ではない」と柄谷は言う(同書：220)。このようにして「世界宗教」と「普遍宗教」は、厳密に区別される。

　その後の世界史においてDは様々な形で回帰する。『世界史の構造』が重視するのはカントである。カントこそが「宗教を批判しつつ、なお且つ宗教の倫理的核心すなわち交換様式Dを救出」したからである。カントは「他者を手段としてのみならず同時に目的として扱え」という格率を普遍的な道

徳法則であると考えた。それが実現された状態は「目的の国」と名づけられる。他者を目的として扱うということは、他者を自由な存在として扱うということ、「他者の尊厳、すなわち、代替しえない単独性を認めること」である。自らの自由が他者を手段にしてしまってはならない。カントが普遍的道徳法則として見出したのは、まさに「自由の相互性(互酬性)」であり交換様式Dに他ならない(同書：345-346)。

　カントは世界史の全体が永久平和を実現する「世界共和国」へと進んでいると考えた。それは「国家の揚棄」、国家間の戦争放棄を含む。世界史が「目的の国」ないし「世界共和国」へと向かうということは、一種の「仮象」である。しかしそれは「それなくしてはやっていけない」仮象、理性が必要とする「超越論的な仮象」である。それはまた「統整的理念(regulative Idee)」であると柄谷は言う。つまり、社会を暴力的に作り変えるような「構成的理念(konstitutive Idee)」ではなく、「無限に遠いものであろうと人が指標に近づこうと努めるような」ものが統整的な理念である(同書：350-351)。以上が『世界史の構造』の骨子である。

4-3. 交換様式論とキリスト教

　すべての歴史事象と同様、キリスト教と呼ばれる一宗教もまた、四種類の交換様式の混合体である。柄谷は、交換様式BやCに従属する「世界宗教」ではなく、D—すなわち高次元におけるAの回復—を開示する「普遍宗教」である限りにおいて、キリスト教に意義を見出す。本稿の序文で述べた神学の二つの可能性とは、「世界宗教」の神学か、「普遍宗教」の神学かという二つの可能性と言ってもよい。

　交換様式Dは、自由と愛を真に実践することができない交換様式A・B・Cを超えなければいけないことを指し示している。A(贈与と返礼)は、たとえどれほど相互扶助的であっても、拘束的で閉鎖的な共同体にとどまる。B(支配と服従)は、たとえどれほど平穏に見えても、国家による「暴力の独占」を前提とする。C(貨幣および商品の交換)は、たとえどれほど自由で平等であるかのように見えても、他者や生態系を剰余価値の獲得のための手段へと貶める。

　注目すべきことは、国際政治における交換様式Dのいわば最大規模の実践が、非暴力、武装放棄という逆説的な「贈与」だということである。それは、国家と資本という双頭の権力構造—言い換えれば軍・産複合体—を脱構

築する、平和創造の力である。このような非暴力の贈与は、十字架刑という国家の暴力装置を、平和と和解の象徴と源泉へと変革した、キリストの十字架と相通じるものである。

さらにまた、交換様式論とキリスト教には共通する未来志向がある。「統整的理念の声は小さい。しかし、その声は、現実に実現されるまで、けっしてやまない」と柄谷は言う(同書:351)。交換様式 A・B・C を超える D の「声」は、どれほど「抑圧」されても「回帰」することを止めない。そしてそれこそが、普遍宗教が「神の力」として表象してきたものだと言う(同書:212-216)。かつて史的唯物論が、観念的上部構造と物質的下部構造の「上下」を逆転させたのに対して、交換様式論はこれをいわば「前後」に転倒する(同書:xii)。それは垂直軸を水平軸へと転倒し、「神の国の到来」という神学的表象を交換様式 D として捉え直すことである。交換様式 D とキリスト教的「神の国」は、人間がそれにたいして受動的でありつつ、能動的に目指す未来という意味で、共通性を持つのである。これは神学において「終末論 (eschatology)」と呼ばれる重要なテーマであるが、ここでこれ以上論じることはできない。

おわりに——未来学としての神学

「主 (Herr)」なる「神」による「支配 (Herr-schaft)」という聖書的・神学的な概念は、それが厳密に理解されれば、地上の諸力による支配、とりわけ現代においては国家の力と資本 (マモン) の力による支配を克服し続ける理念、国家と資本の支配への対抗運動となる。

「神が支配する」ということは、自由と愛以外の「何ものも支配しない」ということ、あらゆる支配が疑問視され相対化されるということである。パウロは「神がすべてにおいてすべてとなる」(一コリント十五 28) 究極の未来について語った。それは自由と愛以外の何ものも支配しない未来と言いかえられる。それはあらゆる力の支配を揚棄する未来の地平と言えるのではないだろうか。

バルトはまた同時代の神学者パウル・ティリッヒ (Paul Tillich: 1886-1965) に倣って「神を超える神 (Gott über Gott)」という表現を用いている (Barth 1967: 161)。神がそもそも「それ以上大いなるものが考えられないもの」であり、既存のいかなる神概念によっても捉えがたいほど自由と愛に満ちた存

在であるとすれば、その存在は「到来する至高の未来」とも言えるだろう。その意味で神学は、自由と愛以外の何ものも支配しない未来を指し示す未来学となりうるだろう。

【注】
(1) 佐藤研『聖書時代史―新約篇』によれば、イエスの説く神の王国あるいは支配は「独特の共生的コミュニティへのヴィジョンを特徴とし、人間の間の差別的要素のラディカルな止揚を標榜」するものであった(41)。
(2) 梶原寿『解放の神学』を参照。
(3) 本論文の4-2と4-3は、2017年12月19日に東京基督教大学で行った講演「希望の神学と憲法九条」、またそれに先立つ学会発表「柄谷行人の交換様式論―『世界史の構造』の中のキリスト教」(2015年3月20日、日本基督教学会関東支部会、於上智大学)に基づく。
(4) Barth, Fides quaerens intellectum. Anselms Beweis der Existenz Gottes im Zusammenhang seines theologischen Programms.
(5) この神学の諸学科の分類は、バルトの『教義学要綱』を参考にしたものである。Barth, Dogmatik im Grundriss, 9-15.
(6) 聖書の引用は日本聖書協会編『新共同訳聖書』に基づく。
(7) これに対する批判としては士師記八23、一サムエル記八11～18等を参照。
(8) 士師記十一5以下、サムエル記上十一3等を参照。
(9) アモス書六、ホセア書七3～7等を参照。
(10) イエスはローマ皇帝の姿が刻まれた銀貨をめぐってこう語った。これを敷衍すれば、「神の姿」が刻まれた人間を皇帝の支配へと譲り渡すな、ということにもなるだろう。
(11) バルトの『教会教義学』第四巻は、キリストのこのような「降下」と「上昇」の弁証法を二千頁以上にわたって解明する大規模なキリスト論である。伝統的キリスト論は、キリストを祭司・王・預言者という三重の権能(munus triplex)によって説明する。バルトはこれを「僕としての主」たる祭司、「主としての僕」たる王、さらにこの二つの側面を統合する神の「真の証者」たる預言者として、詳述する。Barth, Die Kirchliche Dogmatik IV, Zollikon-Zürich 1953-1967.
(12) 詩編十16; 二四7～10; 二九3～10; 一三五6; エレミヤ三二17～19; ゼカリヤ十四16; マタイ十九26; 一テモテ六15～16；黙示録十九6。
(13) 創世記十七1、同二八3、同三五11、同四三14、ヨブ記四二1～3を参照。
(14) 例えばマルコ福音書二5を参照。
(15) 福嶋揚『カール・バルト―破局のなかの希望』, 250-254を参照。バルトは前掲書において、「主なき権力」として四種類のもの、すなわち「政

治的絶対主義」と「マモン」、「イデオロギー」と「地霊的なもの」を論じている。ここでは行論の必要上、最初の二つのみを取り上げる。
(16) ルカ福音書六 13 やマタイ福音書六 24 を参照。
(17) 宮田光雄『カール・バルト―神の愉快なパルチザン』を参照。
(18) 巻頭対談の柄谷行人＋佐藤優「柄谷国家論を検討する―帝国と世界共和国の可能性」。

【参考文献】
Karl Barth, Fides quaerens intellectum. Anselms Beweis der Existenz Gottes im Zusammenhang seines theologischen Programms (1931), hg. von Eberhard Jüngel und Ingolf Dalferth, Zürich 1981.
Ders., Die Kirchliche Dogmatik, I/1, München 1932.
Ders., Die Kirchliche Dogmatik II/1, Zürich 1940.
Ders., Dogmatik im Grundriss. Vorlesungen gehalten im Sommersemester 1946 an der Universität Bonn, Zollikon 1947.
Ders., Die Kirchliche Dogmatik IV, Zollikon-Zürich 1953-1967.
Ders., Das christliche Leben, Die Kirchliche Dogmatik IV/4, Fragmente aus dem Nachlaß, Vorlesungen 1959-1961, hg. von Hans-Anton Drewes und Eberhard Jüngel, Zürich 1999.
Ders., Die Kirchliche Dogmatik IV/4, Zürich 1967.

梶原寿『解放の神学』、清水書院、1997 年。
柄谷行人『世界史の構造』、岩波書店、2010 年。
柄谷行人・佐藤優「柄谷国家論を検討する―帝国と世界共和国の可能性」、『現代思想』2015 年 1 月臨時増刊号「総特集＝柄谷行人の思想」、青土社、8 ～ 29。
佐藤研『聖書時代史―新約篇』、岩波書店、2003 年。
福嶋揚『カール・バルト―破局のなかの希望』、ぷねうま舎、2015 年。
日本聖書協会『新共同訳聖書』、1987 年。
宮田光雄『カール・バルト―神の愉快なパルチザン』、岩波書店、2015 年。

執筆者紹介

《編著者》
田上孝一（たがみ　こういち）
1967 年　東京生まれ
1989 年　法政大学文学部哲学科卒業
1991 年　立正大学大学院文学研究科哲学専攻修士課程修了
2000 年　博士（文学）（立正大学）
現在　立正大学非常勤講師・立正大学人文科学研究所研究員
- 主要著書

『初期マルクスの疎外論──疎外論超克説批判──』（時潮社、2000 年）、『実践の環境倫理学──肉食・タバコ・クルマ社会へのオルタナティヴ──』（時潮社、2006 年）、『フシギなくらい見えてくる！　本当にわかる倫理学』（日本実業出版社、2010 年）、『マルクス疎外論の諸相』（時潮社、2013 年）、『マルクス疎外論の視座』（本の泉社、2015 年）、『環境と動物の倫理』（本の泉社、2017 年）、『マルクス哲学入門』（社会評論社、2018 年）

《各章執筆者》
隠岐 - 須賀麻衣（おき - すが　まい）
1985 年生まれ　テュービンゲン大学客員研究員　政治思想史専攻　博士（政治学）
- 主要業績

「プラトン『ポリテイア』における詩と物語」（日本政治学会編『年報　政治学』2014 年 I 号、木鐸社、2014 年）、『古代ギリシャ語語彙集』（共訳、大阪公立大学共同出版会、2016 年）、"An Invitation from Plato: A Philosophical Journey to Knowledge"（*Paths of Knowledge : Interconnection(s) between Knowledge and Journey in the Graeco-Roman World*, Edition Topoi 近刊）

村田　玲（むらた　あきら）
1978 年生まれ　金沢大学客員研究員　政治哲学史専攻　博士（政治学）
- 主要業績

『喜劇の誕生─マキァヴェッリの文芸諸作品と政治哲学』（風行社、2016 年）、"Machiavelli's La Umana Commedia: key thoughts on understanding his major political works", A Journal of Political Philosophy, No.24, Summer, 2018、レオ・シュトラウス『哲学者マキァヴェッリについて』（共訳、勁草書房、2011 年）

服部美樹（はっとり　みき）
政治思想専攻
- 主要業績

「17世紀ネーデルラント共和国と啓蒙——ネーデルラント・カルテジアンとスピノザ」(佐藤正志編『啓蒙と政治』、早稲田大学出版部、2009年、所収)、「スピノザにおける神政国家と民主政の関係——法の可能性と民主政の不可能性」(飯島昇藏・中金聡・太田義器編『「政治哲学」のために』、行路社、2014年、所収)、「スピノザにおけるコナトゥスと自然権（一）」(2002年5月20日「早稲田政治公報研究」第69号)

玉手慎太郎（たまて　しんたろう）
1986年生まれ　東京大学大学院医学系研究科医療倫理学分野特任研究員　経済学専攻　博士（経済学）
- 主要業績：

『権利の哲学入門』（共著、社会評論社、2017年）、"External Norms and Systematically Observed Norms"（*Japanese Economic Review*, Volume 66, Issue 2, 2015）、「健康の自己責任論に対する2つの反論とその前提」(『医学哲学・医学倫理』36号、2018年)

小沢佳史（おざわ　よしふみ）
1985年生まれ　九州産業大学経済学部経済学科講師　経済学史・社会思想史専攻　博士（経済学）
- 主要業績

『権利の哲学入門』（共著、社会評論社、2017年）、「停止状態に関するJ. S. ミルの展望——アソシエーション論の変遷と理想的な停止状態の実現過程——」(経済理論学会編『季刊・経済理論』第49巻第4号、桜井書店、2013年)、「J.S.ミルの保護貿易政策論——一時的な保護関税をめぐって——」(マルサス学会編『マルサス学会年報』第23号、雄松堂書店、2014年)

飯田明日美（いいだ　あすみ）
お茶の水女子大学大学院人間文化創成科学研究科博士後期課程　比較社会文化学専攻
- 主要業績

「『根源的一者』再考——芸術的遊戯としての『根源＝一』へ——」(日本ショーペンハウアー協会『ショーペンハウアー研究』別巻3号、2016年)

斉藤　尚（さいとう　なお）
東北学院大学経済学部共生社会経済学科准教授　公共哲学専攻　博士（政治学）

- 主要業績

『社会的合意と時間:「アローの定理」の哲学的含意』(木鐸社、2017年)、"The Transformation of Kenneth Arrow's Attitude toward War"(共著, War in the History of Economic Thought: Economists and the question of war (Routledge Studies in the History of Economics), Routledge, 2018)

楠 秀樹(くすのき　ひでき)

1970年生まれ　東洋大学・東京理科大学非常勤講師　社会学理論・社会学史・社会思想史専攻　博士(社会学)

- 主要業績

『ホルクハイマーの社会研究と初期ドイツ社会学』(社会評論社、2008)、『<社会のセキュリティ>を生きる―「安全」「安心」と「幸福」との関係』(共編著、学文社、2017)、『ケアの始まる場所―哲学・倫理学・社会学・教育学からの11章』(共著、ナカニシヤ出版、2015)

宮本雅也(みやもと　まさや)

1989年生まれ　早稲田大学教育・総合科学学術院助手　早稲田大学大学院政治学研究科博士後期課程　現代政治哲学専攻

- 主要業績

『ロールズを読む』(共著、ナカニシヤ出版、2018年)、「分配的正義における功績概念の位置づけ―ロールズにおける功績の限定戦略の擁護」(『政治思想研究』第15号、風行社、2015年)

奥田 恒(おくだ　ひさし)

1985年生まれ　京都大学大学院人間・環境学研究科博士後期課程　神戸学院大学非常勤講師　政治学・公共政策学専攻

- 主要業績

「『ゲームの継続』のための公共政策」(『立命館言語文化研究』28巻1号、2016年)、「『心理的な事実』にもとづく世界の貧困削減」(『人間・環境学』第25巻、2016年)、「ナッジ政策による公共問題解決のアプローチ」(『政策情報学会誌』第11巻第1号、2017年)

木山幸輔(きやま　こうすけ)

1989年生まれ　日本学術振興会特別研究員PD　政治理論・開発学専攻

- 主要業績

『ロールズを読む』(共著、ナカニシヤ出版、2018年)、「J・ラズの人権構想の検討:人権の哲学の対立において」『法哲学年報』2016号(有斐閣、2017年)、「人権の哲学の対立において自然本性的構想を擁護する:チャールズ・ベイツによる批判への応答」『法と哲学』4号(信山社、2018年)

福原正人（ふくはら　まさと）
1984 年生まれ　高崎経済大学経済学部他非常勤講師　政治哲学専攻
- 主要業績

「領有権の正当化理論――国家は何をもって領土支配を確立するのか」『法と哲学』第三号（信山社、2017 年）、「人の移動と国境管理――参入、離脱、受容可能性」松元雅和、井上彰編『人口問題の正義論』（世界思想社、2018 年）、「民主主義の境界画定――正当性と正統性」『年報政治学』2018 年度第 II 号（掲載予定）

三羽恵梨子（みわ　えりこ）
1986 年生まれ　東京大学大学院医学系研究科医療倫理学分野博士後期課程　上尾中央看護専門学校非常勤講師
- 主要業績

「出力型 Brain-Computer Interface に関する倫理的論点とその考察」（『生命倫理』29 号、日本生命倫理学会、2018 年)

笠井高人（かさい　たかと）
1986 年生まれ　鹿児島大学教育学部特任講師　経済学史専攻　博士（経済学）
- 主要業績

「カール・ポランニーの功利主義批判とベンサムへの評価：二重の運動と社会主義」『経済学論叢』第 68 巻第 3 号，同志社大学経済学部、2016 年)、"The Cause of War and Role of People by Karl Polanyi: A Change in Realm of International Relations after The Great Transformation" (*Journal of Economic and Social Thought*, Volume 4, Issue 1, 2017)、「カール・ポランニーの『複合社会』と公共の射程」(『社会科学研究年報』第 47 号，龍谷大学社会科学研究所，2017 年)

宮崎智絵（みやざき　ちえ）
立正大学・日本大学・二松学舎大学非常勤講師　社会学専攻
- 主要業績

「カースト社会の＜不浄＞・＜ケガレ＞と浄化儀礼」(沼義昭博士古稀記念論文集編集委員会編『宗教と社会生活の諸相』隆文社、1998 年、所収)、「カースト制における権力と教育の作用」(『二松学舎大学国際政経論集』第 17 号、二松学舎大学、2011 年)、「差別と平等から見るカースト制の形成と構造」(『二松学舎大学論集』第 57 号、二松学舎大学、2014 年)

福嶋　揚（ふくしま　よう）
1968 年生まれ　青山学院大学・東京神学大学・日本聖書神学校兼任講師

神学・倫理学専攻　神学博士
- 主要業績

Aus dem Tode das Leben. Eine Untersuchung zu Karl Barths Todes- und Lebensverständnis (Theologischer Verlag Zürich 2009)、『カール・バルト　破局のなかの希望』(ぷねうま舎、2015 年)、『カール・バルト　未来学としての神学』(日本基督教団出版局、2018 年)

支配の政治理論
2018年12月10日　初版第1刷発行

編　著────田上孝一
装　幀────右澤康之
発行人────松田健二
発行所────株式会社 社会評論社
　　　　　　東京都文京区本郷2-3-10
　　　　　　電話：03-3814-3861　Fax：03-3818-2808
　　　　　　http://www.shahyo.com

組　版────Luna エディット .LLC
印刷・製本──株式会社 ミツワ

Printed in japan

ドイツ帝国時代を読む
──権威主義的国民国家の岩盤とその揺らぎ

五十嵐一郎／著

ビスマルクの「上からの革命」によって確立したドイツ帝国時代。本書は同時代人の発言を手引きとして、都市住民の意識や生活実態、教養知識人の思考様式を読み取り、その時代の社会構造、政治体制の実相に迫る歴史読本。

248頁　定価＝本体2400円＋税

[主要目次]
第1章　ドイツ帝国時代の見取り図
第2章　強権的支配体制と忠誠心
第3章　生活苦にあえぐ大都市住民
第4章　「臣民」の培養装置
第5章　排除の壁を乗り越えた時
第6章　民族主義の偏見とそれへの警鐘
第7章　教養知識人に特有な思考様式
第8章　国民の政治的「成熟」への問いかけ
補　章　W・J・モムゼンのドイツ帝国時代史研究についてのスケッチ

立ち上がる夜
＜フランス左翼＞探検記

村上良太 著　　　Ａ５判320頁　定価＝本体2600円＋税

"左翼発祥の地"パリ。フランス革命からおよそ230年間、左翼は脈々とパワーを保ってきた。ところが2017年のＷ選挙で社会党は大敗、マクロンが率いる中道政党が議席の大半をさらって行った。そして社会党は崩壊の危機に陥っている。

ところがその一方で、混迷の中から新しい左翼も生まれていた。彼らは政党や労組などの既存組織に失望し、夜毎に数千人が共和国広場に集まり自分たちで討論会を開くようになった。

「立ち上がる夜」と名づけられたこの運動は「隷属することを拒否し、立ち上がろう」というメッセージを持つ。事実、「立ち上がる夜」はとてつもない潜在力を持ち、2017年の大統領選挙でもあと一歩で独自の大統領を生み出す直前にまで至っていたのだ。

フランス政界はまだまだ大きな変動が今後起きるだろう。その時、鍵を握るのは「立ち上がる夜」に参加した人々に違いない。哲学者、画廊主、映画助監督、公務員、経済学者、ＩＴ起業家、書店主、デザイナー、ジャーナリスト、学生、映像作家など、「立ち上がる夜」に参加したこれらの人々を訪ね歩き、個性的で魅力あふれる一人一人の物語を描き出す。本書は現代フランスを体験したい人々のための新しいガイドブックとなるだろう。